USKON
MITTA

Sillä sen armon kautta,
mikä minulle on annettu,
Minä sanon teille jokaiselle,
Ettei tule ajatella itsestänsä enempää,
kuin ajatella sopii,
Vaan ajatella kohtuullisesti,
sen uskonmäärän mukaan,
Minkä Jumala on kullekin suonut.
(Room. 12:3)

USKON MITTA

DR. JAEROCK LEE

 URIM BOOKS

USKON MITTA

Englanninkielinen alkuteos
The Measure of Faith by Dr. Jaerock Lee

Julkaisija Urim Books (Edustaja: Seongnam Vin)
235-3, Guro-dong 3, Guro-gu, Seoul, Korea
www.urimbooks.com

Copyright © 2010 by Dr. Jaerock Lee
ISBN: 978-89-7557-389-7 (03230)
Suomenkielisen laitoksen Copyright © 2010 Dr. Esther K Chung.
Käytetty luvalla.

Julkaistu aikaisemmin koreaksi 2002, Urim Books, Seoul, Korea
ISBN: 89-7557-015-0 (03230)

Ensimmäinen painos kesä/heinäkuu 2010

Toimittanut: Geumsun Vin
Kääntäjä: Petri Suila
Suunnittelu: Editorial Bureau of Urim Books
Painaja: Yewon Printing Company
Lisätietoja varten ota yhteyttä: urimbook@hotmail.com

ALKUSANAT

Toivoen, että jokainen teistä tulee omaamaan täyden hengellisen määrän uskoa ja nauttimaan ikuisesta ja taivaallisesta kunniasta Uudessa Jerusalemissa missä Jumalan valtaistuin sijaitsee!

Yhdessä äskettäin julkaistun *Ristin Sanoma*:in kanssa *Uskon Mitta* on keskeisin ja tärkein ohjeistus hyvään kristilliseen elämään. Annan kaiken kiitoksen ja kunnian Isä Jumalalle, joka siunauksellaan julkaisi tämän arvokkaan teoksen, ja joka avaa hengellisen maailman lukemattomille ihmisille.

Nykyään useat ihmiset sanovat uskovansa olematta kuitenkaan varmoja pelastumisestaan. He eivät tiedä uskon määristä eivätkä sitä, kuinka paljon uskoa heillä pitäisi olla pelastuakseen. Puhuessaan toisistaan ihmiset sanovat, että "Tällä miehellä on paljon uskoa", tai että "Tämän miehen usko on hyvin vähäinen." Silti ei ole helppoa tietää kuinka suuren osan sinun uskostasi Jumala oikeasti hyväksyy, tai kuinka suuri sinun uskosi on tai kuinka suureksi se on kasvanut. Jumala ei halua meidän omaavan lihallista uskoa vaan hengellistä, tekojen säestämää uskoa. Ihmisten sanotaan omavaan lihallisen uskon jos he vain kuulevat ja oppivat Jumalan sanan ja säilövät sen sitten muistiinsa tietona. Hengellistä uskoa ei voi saada omasta tahdosta; sen voi saada vain Jumalan antamana.

Tämän tähden Roomalaiskirje 12:3 sanoo meille, *"Sillä sen armon kautta, mikä minulle on annettu, minä sanon teille jokaiselle, ettei tule ajatella itsestänsä enempää, kuin ajatella sopii, vaan ajatella kohtuullisesti, sen uskonmäärän mukaan, minkä Jumala on kullekin suonut."* Tämä raamatunkohta kertoo meille, että jokaisella henkilöllä on oma määrä Jumalan antamaa uskoa, ja että Hänen vastauksensa ja siunauksensa vaihtelevät ihmisen henkilökohtaisen uskon määrän mukaan.

1. Joh. 2:12 ja sitä seuraavat jakeet kuvaavat yksilön uskon kasvua verraten sitä imeväisten, lasten, nuorten ja isien uskoon. 1. Kor. 15:41 sanoo, *"Toinen on auringon kirkkaus ja toinen kuun kirkkaus ja toinen tähtien kirkkaus, ja toinen tähti voittaa toisen kirkkaudessa."* Tämä raamatunkohta muistuttaa meitä siitä, että jokaisen henkilön taivaallinen asuinsija ja kunnia on oleva erilainen hänen uskonsa määrän mukaan. On tärkeää tulla pelastetuksi ja päästä taivaaseen, mutta on tärkeämpää tietää minkälaiseen asuinsijaan me taivaassa muutamme, ja minkälaisia kruunuja ja palkkioita me saamme ottaa siellä vastaan.

Rakkauden Jumala haluaa Hänen lastensa kasvavan uskon täyteen määrään ja odottaa innokkaasti heidän saapumistaan Uuteen Jerusalemiin, missä Hänen valtaistuimensa sijaitsee, ja missä Hän saa elää heidän kanssaan ikuisesti.

Jumalan sydämen ja Sanan opetuksen mukaisesti *Uskon Mitta* tuo esiin taivaan valtakunnan ja uskon viisi eri tasoa, sekä auttaa lukijaa mittaamaan oman uskonsa määrän. Uskon määrä ja taivaan valtakunnan asuinsijat on kenties jaettu useampaan kuin viiteen tasoon, mutta tämä teos syveltyy näihin viisitasoisina helpottaakseen lukijoiden ymmärtämystä. Toivon, että voitte edetä taivasta kohti entistä määrätietoisemmin vertaamalla uskonne määrää Raamatussa esiintyvien uskon esi-isien uskoon.

Vuosia sitten rukoilin eräiden vaiketajuisten raamatunjakeiden merkityksen aukeamisen puolesta. Sitten, eräästä päivästä lähtien Jumala alkoi selittää minulle että taivaan valtakunta on jaettu eri osiin, ja että taivaalliset asuinsijat jotka annetaan jokaiselle Hänen lapsistaan eroavat näiden lasten uskon määrien mukaan.

Myöhemmin saarnasin taivaallisista asuinsijoista sekä uskon määrästä ja työstin saamani sanomat julkaistakseni tämän teoksen. Kiitän Geumsun Viniä ja monia uskollisia työntekijöitä toimituksessa. Kiitokseni myös käännöstoimitukselle.

Rukoilen Jeesuksemme Kristuksemme nimessä että jokainen *Uskon Mitan* lukija saisi osakeen täyden määrän uskoa, täyden hengen uskon, ja että he saisivat nauttia ikuisesta kunniasta Uudessa Jerusalemissa, missä Jumalan valtaistuin sijaitsee!

Rukoushuoneestani,

Jaerock Lee

ESIPUHE

Toivoen, että tämä teos tulee olemaan mittaamattoman arvokas ohjeistus ihmisten uskon määrän mittaamisessa, ja että se tulee johdattamaan lukuisat ihmiset sellaiseen uskon määrään joka miellyttää Jumalaa...

Uskon Mitta tutkii viittä uskon tasoa. Se alkaa uskosta jonka omaavat hengelliset imeväiset jotka ovat juuri hyväksyneet Jeesuksen Kristuksen ja ottaneet vastaan Pyhän Hengen, ja se päättyy sellaiseen uskon määrään jonka omaavat uskon isät jotka tuntevat Jumalan, Hänet joka on ollut alusta lähtien. Tämän työn kautta kuka tahansa voi arvioida oman uskonsa määrän.

Luku 1, "Mitä on Usko?" määrittelee uskon ja syventyy Jumalaa miellyttävään uskoon sekä niihin vastauksiin ja siunauksiin, jotka seuraavat tätä Jumalan hyväksymää uskoa. Raamattu jakaa uskon kahteen leiriin: "lihalliseen uskoon" eli "uskoon tietona" sekä "hengelliseen uskoon." Tämä luku kertoo meille kuinka saada hengellisen uskon ja kuinka elää siunattu elämä Kristuksessa.

Suurelta osin 1. Joh. 2:12-14 perustuva toinen luku, "Hengellisen Uskon Kasvu", kuvaa hengellisen uskon kasvuprosessia, verraten sitä ihmisen kasvuun imeväisistä lapsiin, nuoriin ja isiin. Toisin sanoen, sen jälkeen kun ihminen hyväksyy Jeesuksen Kristuksen hänen uskonsa kasvaa hengellisesti aina imeväisen uskosta aikuisen uskoon.

Luvussa 3 "Henkilökohtaisen Uskon Määrä" yksilön uskon määrä selitetään verraten sitä siihen työmäärään joka oljen, heinän, puun, arvokkaiden kivien, hopean ja kullan usko jättää taakseen tulikokeen jälkeen. Jumala haluaa meidän omaavan kultaisen uskon jota minkäänlainen tulikoe ei voi polttaa.

Luku 4, "Usko Pelastuksen Vastaanottamiseksi", tuo valoon vähäisimmän tai pienimääräisimmän uskon – ensimmäisen uskon viidestä tasosta. Tämänkaltaisella uskolla ihminen saa osakseen häpeällisen pelastuksen. Tätä uskoa kutsutaan myös "imeväisten uskoksi" tai "heinän kaltaiseksi uskoksi." Yksityiskohtaisten esimerkkien kautta tämä luku kannustaa meitä pikaisesti kypsyttämään uskoamme.

Luku 5, "Usko Yrittääkseen Elää Sanan Mukaisesti", kertoo meille että meidän sanotaan olevan uskon toisella tasolla kun me yritämme totella Sanaa siihen kuitenkaan kykenemättä. Tässä vaiheessa uskostamme Herraan on kaikesta vaikeinta pitää kiinni. Tämä luku opettaa meille myös kuinka saattaa uskomme uskon kolmannelle tasolle.

Luku 6, "Usko Sanan Mukaisesti Elämiseen", käy läpi sen lyhyen prosessin jossa usko, aloitettuaan alimmalta tasolta, kypsyy toiselle tasolle, siirtyy kolmannen tason ensivaiheille ja kohoaa sitten uskon kalliolle, missä vaiheessa olet saavuttanut jo yli 60 prosenttia kolmannen tason uskosta. Tämä luku täsmentää myös kolmannen tason ensivaiheen ja uskon kallion vaiheen välisiä eroja sekä selittää meille miksi meidän ei tarvitse tuntea oloamme rasittuneeksi seistessämme vakaasti uskon kalliolla. Luku tuo myös esiin tärkeyden taistella syntejä vastaan aina oman veremme vuodatukseen saakka.

Luku 7, "Usko Rakastaa Herraa Jumalaa Äärimmäisyyksiin Saakka", selittää erilaisia eroavaisuuksia kolmannen ja neljännen tason uskojen välillä mitä tulee Herran rakastamiseen, ja sekä käy läpi erilaisia siunauksia jotka kohtaavat ihmisiä jotka rakastavat Herraa äärimmäisyyksiin saakka.

Luku 8, "Usko Miellyttääkseen Jumalaa", selittää minkälaista viidennen tason usko on. Tämä kappale kertoo meille, että saavuttaaksemme tämän viidennen tason uskon meidän ei pidä vain pyhittää itsemme täysin kuten Eenok, Elia, Aabraham tai Mooses, vaan myös olla uskollinen Jumalalle täyttämällä Hänen säätämänsä velvollisuudet. Tämän lisäksi meidän pitää olla täydellisiä aina oman elämämme Kristukselle antamiseen saakka ja omata Kristuksen usko, täyden hengen usko. Lopuksi tämä luku selventää minkälaisia siunauksia voimme odottaa saavamme osaksemme kun miellytämme Herraa viidennen tason uskolla.

Seuraava luku, "Merkit Jotka Seuraavat Niitä Jotka Uskovat", kertoo meille että kun olemme saavuttaneet täydellisen uskon ihmeelliset merkit seuraavat uskoamme. Tämän lisäksi perustuen Jeesuksen jakeissa Mark. 16:17-18 olevaan lupaukseen tämä luku tutkii nämä merkit yksi kerrallaan. Tässä luvussa tekijä myös painottaa että saarnaajan tulisi välittää voimallisia, ihmeiden säestämiä sanomia, ja käyttää näitä merkkejä todistaakseen Elävästä Jumalasta ja antaakseen vahvan uskon lukemattomille ihmisille aikana, jolloin maailma on täynnä syntiä ja pahuutta.

Lopulta, luku 10, "Taivaan Eri Asuinsijat Ja Kruunut", kertoo että taivaan valtakunnassa on useita eri asuinsijoja ja että kuka tahansa saattaa saada paremman asuinsijan uskonsa perusteella. Luku puhuu myös siitä kuinka taivaan eri valtakuntien palkkiot ja kruunut eroavat toisistaan. Auttaakseen lukijoita kiirehtimään kohti parempia taivaan asuinsijoja uskon ja Taivaan toivossa tämä luku päättyy kuvaten lyhyesti sen Uuden Jerusalemin kauneuden ja ihmeellisyyden, missä Jumalan valtaistuin sijaitsee.

Jos me ymmärrämme että taivaan asuinsijojen ja palkintojen välillä on selviä eroja meidän uskomme määrästä riippuen, meidän asenteemme kohti elämää Jeesuksessa Kristuksessa muuttuu epäilemättä perusteellisesti.

Toivon, että jokainen *"Uskon Mitan"* lukija saisi omata uskon joka miellyttää Jumalaa ja että hän saisi vastaanottaa, mitä on anonut ja tuottaa Jumalalle runsaasti kunniaa.

Geumsun Vin
Director of the Editorial Bureau

SISÄLTÖ

Luku 3

{ Henkilökohtaisen Uskon Määrä } • 45

1. Jumalan antama uskon määrä
2. Jokaisen uskon eri määrä
3. Tulessa koeteltu uskonmäärä

Luku 4

{ Usko Pelastuksen Vastaanottamiseksi } • 61

1. Uskon ensimmäinen taso
2. Vastaanotitko Pyhän Hengen?
3. Katuvan rikollisen usko
4. Älä tukahduta Pyhää Henkeä
5. Pelastuiko Aatami?

Luku 1

MITÄ ON USKO?

Mutta usko on luja luottamus siihen, mitä toivotaan,

Ojentautuminen sen mukaan, mikä ei näy.

Sillä sen kautta saivat vanhat todistuksen.

Uskon kautta me ymmärrämme,

että maailma on rakennettu Jumalan sanalla,

niin että se, mikä nähdään, ei ole syntynyt näkyväisestä.

(Hepr. 11:1-3)

Lukiessamme Raamattua me usein huomaamme että sellaiset asiat joiden emme itse uskaltaisi edes toivoa tapahtuvan itseasiassa tapahtuivat, ja että Jumalan voima sai aikaan asioita joiden toteuttaminen ihmisten voimin oli mahdotonta.

Mooses johti Israelin kansan Punaisen meren poikki halkaisten siihen kahden meren välisen käytävän, ja siten he saattoivat ylittää meren kuin kuin kuivalla maalla kävellen. Joosua tuhosi Jerikon kaupungin marssimalla sen ympäri kolmetoista kertaa. Elian rukouksen tähden taivaat avautuivat ja antoivat sateen langeta kolme ja puoli vuotta kestäneen kuivuuden jälkeen. Pietari sai raajarikkona syntyneen miehen nousemaan ylös ja kävelemään, kun taas apostoli Paavali sai nuorukaisen, joka oli pudonnut alas kolmannesta kerroksesta ja kuollut, nousemaan. Jeesus käveli vetten päällä, rauhoitti myrskyisät aallot ja tuulen, antoi sokeille näön, ja herätti henkiin miehen joka oli maannut neljä päivää hautaholvissa.

Uskon voima on mittaamaton ja sen avulla mikä tahansa on mahdollista. Sen mukaisesti mitä Jeesus meille sanoo jakeessa Mark 9:23: *"Jos voit?" vastasi Jeesus. "Kaikki on mahdollista sille, joka uskoo"*, sinä saat vastaanottaa kaiken sen mitä olet anonut jos sinun uskosi on Jumalan hyväksymää.

Minkälaisen uskon Jumala sitten hyväksyy ja kuinka sinä voit omata sen?

1. Jumalan hyväksymän uskon määritelmä

Nykyään monet ihmiset tunnustavat uskovansa kaikkivoipaan Jumalaan mutta eivät silti saa rukouksiina vastauksia sillä heillä ei ole todellista uskoa. Heprealaiskirje 11:6 sanoo, *"Mutta ilman uskoa on mahdoton olla otollinen; sillä sen, joka Jumalan tykö tulee, täytyy uskoa, että Jumala on ja että hän palkitsee ne, jotka häntä etsivät."* Jumala ilmaisee meille selvästi että meidän tulee miellyttää häntä todellisella uskolla.

Usko on toivottujen asioiden aineellistumista ja todiste näkymättömistä asioista

Mitä sitten on Jumalan hyväksymä usko? *Sõnaraamat* määrityksen mukaan 'usko' on "kyseenalaistamaton uskomus joka ei vaadi todisteita" tai "kyseenalaistamaton usko Jumalaan, uskonnollisiin periaatteisiin tms." Usko on kreikaksi pistis, mikä tarkoittaa "olla vakaa tai uskollinen." Se määritellään jakeessa Hepr. 11:1 seuraavasti: *"Mutta usko on luja luottamus siihen, mitä toivotaan, ojentautuminen sen mukaan, mikä ei näy."*

"Luja luottamus siihen, mitä toivotaan" viittaa meidän toivomiemme asioiden todelliseen ilmaantumiseen sen johdosta että olemme niistä yhtä varmoja kuin jos ne olisivat jo ilmestyneet. Mitä esimerkiksi kovista kivuista kärsivä sairas ihminen halajaa eniten? Luonnollisesti hänen suurin toiveensa on tulla parannetuksi sairauksistaan ja hyvän terveyden saavuttaminen. Hänellä pitäisikin olla tarpeeksi uskoa ollakseen varma parantumisestaan. Toisin sanoen hyvästä terveydestä tulee hänelle tosi asia jos hänellä on täydellinen usko.

Seuraavaksi, "ojentautuminen sen mukaan, mikä ei näy" viittaa niihin voimiin ja asioihin joiden olemassaolosta voimme hengellisen uskon kautta olla varmoja maailmassa, jossa kaikkea ei voi nähdä paljaalla silmällä.

Täten usko auttaa sinua uskomaan että Jumala loi kaikkeuden tyhjästä. Uskon esi-isät pitivät uskonsa avulla "luottamusta siihen mitä toivotaan" tosiasiana, sekä "ojentautumista sen mukaan, mikä ei näy" konkreettisena asiana ja tapahtumina. Siten he saivat kokea sen Jumalasta lähtevän voiman joka luo asioita tyhjästä.

Ne, jotka uskon esi-isien tavoin uskovat että Jumala luo kaiken tyhjästä, uskovat että alussa Jumala loi kaiken maassa ja taivaassa olevan Hänen Sanallaan. On totta, että kukaan ei ollut paikalla todistamassa omin silmin kuinka Hän loi taivaat ja maat, sillä tämä kaikki tapahtui ennen ihmisen luomista. Silti ihmiset joilla on uskoa eivät koskaan epäile etteikö Jumala olisi luonut kaikkea tyhjyydestä, sillä he uskovat tämän todella tapahtuneen.

Sen tähden Heprealaiskirje 11:3 muistuttaa meitä: *"Uskon kautta me ymmärrämme, että maailma on rakennettu Jumalan sanalla, niin että se, mikä nähdään, ei ole syntynyt näkyväisestä."* Kun Jumala sanoi, *"Tulkoon valkeus"*, valkeus tuli (Genesis 1:3). Kun Jumala sanoi, *"Kasvakoon maa vihantaa, ruohoja, jotka tekevät siementä, ja hedelmäpuita, jotka lajiensa mukaan kantavat maan päällä hedelmää, jossa niiden siemen on"*, kaikki tapahtui niin kuin Jumala käski (Genesis 1:11).

Mikään minkä voimme nähdä paljain silmin tässä maailmankaikkeudessa ei ole tehty konkreettisista aineista. Tästä huolimatta monet ihmiset uskovat kaiken rakentuneen fyysisistä esineistä tai aineista, eivätkä he usko Jumalan luoneen näitä tyhjästä. Nämä ihmiset eivät ole koskaan oppineet, nähneet tai kuulleet, että jotain voitaisiin tehdä tyhjästä.

Kuuliaisuuden teot ovat todiste uskosta

Jotta sinä voisit toivoa mahdottomia ja saada sen käydä toteen sinulla pitää olla Jumalan hyväksymä todiste uskosta. Toisin sanoen, sinun pitää todistaa että noudatat Jumalan sanaa sen tähden, että luotat Hänen Sanaansa. Heprealaiskirje 11:4-7 mainitsee uskon esi-isät jotka julistettiin vanhurskaiksi uskonsa tähden heidän esitettyään selvän todisteen tästä uskosta: Aabel todistettiin vanhurskaaksi hänen tarjottuaan Jumalalle Hänen hyväksymän uhrilahjan; Eenokin todistetaan miellyttäneen Jumalaa tulemalla kokonaan pyhitetyksi; ja Nooasta tuli vanhurskauden perillinen rakennettuaan uskollaan pelastuksen arkin.

Tutkikaamme Kainin ja Aabelin tarinaa (Genesis 4:1-15) ymmärtääksemme Jumalan hyväksymää todellista uskoa. Kain ja Aabel olivat Aatamin ja Eevan lapsia jotka syntyivät sen jälkeen kun Aatami ja Eeva oli karkoitettu Eedenin puutarhasta heidän rikottuaan Jumalan käskyä, *"Hyvän- ja pahantiedon puusta älä syö"* (Genesis 2:16-17).

Aatami ja Eeva katuivat syntiinlankeemustaan, sillä

kirotussa maassa he olivat kokeneet otsa hiessä raatamisen tuskan ja sitäkin suuremman synnytyksen kivun. Tunnollisesti Aatami ja Eeva opettivat lapsilleen kuuliaisuuden tärkeyden. Lisäksi he varmasti opettivat Kainille ja Aabelille että heidän tuli elää Jumalan Sanan mukaisesti ja painottivat, että heidän ei tulisi koskaan olla tottelematon Jumalaa kohtaan.

Tämän lisäksi vanhempien on täytynyt kertoa lapsilleen että näiden pitäisi ottaa eläin ja ja uhrata Jumalalle veriuhri heidän syntiensä anteeksiantamiseksi. Täten Kain ja Aabel tiesivät että heidän oli annettava Jumalalle veriuhri saadakseen syntinsä anteeksi.

Pitkän ajan kuluttua Kain petti Jumalan niinkuin hänen äitinsä Eeva, joka oli rikkonut Jumalan Sanaa. Kain oli maanviljelijä, ja hän antoi uhrinaan maan hedelmiä kuten kuvitteli olevan sopivaa. Aabel puolestaan oli paimen ja antoi uhrilahjanaan laumansa esikoisia ja niiden rasvoja niinkuin Jumala oli heitä käskenyt heidän vanhempiensa kautta. Jumala hyväksyi tämän Aabelin uhrilahjan mutta ei Kainin uhria, sillä tämä oli rikkonut hänen käskyään. Tämän tuloksena Aabelin todistettiin olevan vanhurskas mies (Heprealaiskirje 11:4). Tämä tarina Kainista ja Aabelista opettaa meille että Jumala luottaa meihin ja hyväksyy meidät saman verran kuin mitä me luotamme Hänen Sanaansa ja tottelemme sitä. Tästä todistavat myös Mooseksen ja Eenokin tarinat.

Uskon todiste löytyy kuuliaisuudesta. Sen tähden sinun täytyy muistaa että Jumala hyväksyy sinut ja pitää sinusta huolen kun sinä todistat uskosi Hänelle olemalla joka hetki kuuliainen Hänen Sanalleen sanoin ja teoin, ja yrittämällä olla hänelle kuuliainen kaikissa olosuhteissa.

Usko tuo vastauksia ja siunauksia

Sinun tulisi siis seurata Jumalan Sanan viitoittamaa tietä voidaksesi uskosi kautta aloittaa pisteestä "missä sinä toivot" ja saavuttaa "toiveidesi aineellistumisen." Jos sinä et seuraa Jumalan tietä vaan harhaudut Kainin tavoin sen tähden, että sen seuraaminen on sinulle raskasta tai vaikeaa, et hengellisen maailman lakien mukaan voi vastaanottaa Jumalan vastauksia ja siunauksia.

Heprealaiskirje 11:8-19 kertoo meille yksityiskohtaisesti Aabrahamista, joka käytti todisteena uskostaan kuuliaisuuden tekoja Jumalan Sanalle. Jumalan käskettyä hän jätti taakseen jopa oman maansakin uskonsa avulla. Jopa silloin kun Jumala käski Aabrahamia uhraamaan hänen rakkaan ainoan poikansa Iisakin, jonka Jumala oli hänelle antanut yli sadan vuoden iässä, hän totteli epäröimättä, uskoen Jumalan voivan elvyttää hänen poikansa kuolleista. Aabraham sai Jumalalta osakseen runsaasti siunauksia ja vastauksia rukouksiinsa, sillä hänen uskonsa oli hyväksytty hänen kuuliaisuuden tekojen tähden:

Ja Herran enkeli huusi Aabrahamille toistamiseen taivaasta ja sanoi: "Minä vannon itse kauttani, sanoo Herra: Sen tähden että tämän teit etkä kieltänyt minulta ainokaista poikaasi, minä runsaasti siunaan sinua ja teen sinun jälkeläistesi luvun paljoks kuin taivaan tähdet ja hiekka, joka on meren rannalla, ja sinun jälkeläisesi valtaavat vihollistensa portit." (Genesis 22:15-18).

Tämän lisäksi me löydämme jakeesta Genesis 24:1, että

"*Aabraham oli vanha ja iälliseksi tullut, ja Herra oli siunannut Aabrahamia kaikessa.*" Myös Jaakobin kirje 2:23 muistuttaa meitä, "*Ja niin toteutui raamatun sana: 'Aabraham uskoi Jumalaa, ja se luettiin hänelle vanhurskaudeksi', ja häntä sanottiin Jumalan ystäväksi.*"

Aabrahamia siunattiin runsaasti kaikin tavoin sillä hän pyhitti kaiken Jumalalle ja luotti Häneen, joka hallitsee kaikkea elämää ja kuolemaa sekä kaikkia siunauksia ja kirouksia. Samalla tavoin sinäkin voit nauttia Jumalan siunauksista kaikilla elämän aloillasi ja saada rukousvastauksia mihin tahansa niitä ikinä pyydätkin. Sinun tulee vain ymmärtää uskon oikea määritelmä ja todistaa uskostasi täydellisellä kuuliaisuudella niinkuin Aabrahamkin teki monen kertaa.

2. Uskon voima on rajaton

Sinulla voi olla liitto Jumalan kanssa uskon kautta, sillä usko on kuin hengellisen maailman ensimmäinen portti neliulotteisessa maailmassa. Vasta sitten kun käyt läpi tuosta ensimmäisestä portista sinun hengelliset korvasi avautuvat voidaksesi kuulla Jumalan Sanan, ja sinun hengelliset silmäsi avautuvat nähdäksesi hengellisen maailman.

Tämän tuloksena sinä elät Jumalan Sanan mukaisesti, vastaanotat mitä ikinä anotkin uskossa, ja elät iloiten taivaan valtakunnan toivossa. Kaiken lisäksi kun sydämesi on täynnä iloa ja kiitosta ja kun toivosi päästä taivaaseen on ylitsevuotavainen sinä rakastat Jumalaa yli kaiken ja miellytät Häntä.

Tällöinin maailma ei ole enää sinun ja sinun uskosi arvoinen, sillä sinusta ei vain tule Herran todistajaa Pyhän Hengen sinulle antamin voimin vaan myös kuolemaan saakka uskollinen, ja sinä rakastat Jumalaa koko elämälläsi apostoli Paavalin tapaan.

Maailma ei ole uskon voiman arvoinen

Kuvaillessaan uskon voimaa, Heprealaiskirje 11:32-38 havainnollistaa esi-isien uskoa,

Ja mitä minä vielä sanoisin? Sillä minulta loppuisi aika, jos kertoisin Gideonista, Baarakista, Samsonista, Jeftasta, Daavidista ja Samuelista ja profeetoista, jotka uskon kautta kukistivat valtakuntia, pitivät vanhurskautta voimassa, saivat kokea lupauksien toteutumista, tukkivat jalopeurain kidat, sammuttivat tulen voiman, pääsivät miekanteriä pakoon, voimistuivat heikkoudesta, tulivat väkeviksi sodassa, ajoivat pakoon muukalaisten sotajoukot. On ollut vaimoja, jotka ylösnousemuksen kautta ovat saaneet kuolleensa takaisin. Toiset ovat antaneet kiduttaa itseään eivätkä ole ottaneet vastaan vapautusta, että saisivat paremman ylösnousemuksen; toiset taas ovat saaneet kokea pilkkaa ja ruoskimista, vieläpä kahleita ja vankeutta; heitä on kivitetty, kiusattu, rikki sahattu, miekalla surmattu; he ovat kierrelleet ympäri lampaannahoissa ja vuohennahoissa, puutteenalaisina, ahdistettuina, pahoinpideltyinä – he, jotka olivat liian hyviä tälle

*maailmalle - he ovat harhailleet erämaissa ja vuorilla ja
luolissa ja maakuopissa.*

Ihmiset, joiden usko on sellainen ettei maailma ole sen
arvoinen, voivat uhrata maanpäällisen kunnian ja rikkauden
lisäksi myös henkensä. Kuten 1. Joh 4:18 sanoo: *"Pelkoa ei
rakkaudessa ole, vaan täydellinen rakkaus karkottaa pelon,
sillä pelossa on rangaistusta; ja joka pelkää, se ei ole päässyt
täydelliseksi rakkaudessa"*, pelko tulee jättämään sinut
rakkautesi määrän mukaisesti.

Ihmisvoimin saavuttamattomissa olevat asiat on mahdollista
saavuttaa Jumalan voimalla. Elia, eräs Hänen profeetoistaan,
todisti Elävästä Jumalasta tuomalla taivaasta alas tulta. Elisha
pelasti maansa ottamalla Pyhän Hengen innoittamana selville
missä vihollisten leiri sijaitsi. Daniel selvisi elossa nälkäisten
leijonien luolasta.

Uudessa testamentissa monet ihmiset antoivat henkensä
Herran ilosanoman edestä. Jaakobista, yhdestä Herramme
Jeesuksen kahdestatoista opetuslapsesta, tuli heidän
ensimmäinen marttyyrinsa kun hänet tapettiin miekalla.
Pietari, Jeesuksen opetuslasten johtaja, ristiinnaulittiin pää
alaspäin. Suuressa rakkaudessaan Herran apostoli Paavali
iloitsi ja oli kiitollinen Herralle jopa vankisellissä ollessaan
siitä huolimatta että hänet melkein tapettiin ja pahoinpideltiin
useaan kertaan. Lopulta hänet mestattiin ja kuollessaan hänestä
tuli suuri marttyyri Herralle.

Lisäksi lukemattomat kristityt joutuivat joko leijonien
syömiksi Rooman Kolos-seumilla tai elivät elämänsä

katakombeissa näkemättä koskaan auringonvaloa ennen kuolemaansa. Tämä kaikki johtui Rooman valtakunnan taholta peräisin olevista ankarista vainoista. Apostoli Paavali piti tiukasti kiinni uskostaan kaikissa koettelemuksissa ja hän päihitti maailman suurella uskollaan. Hän saattoi täten tunnustaa. *"Kuka voi meidät erottaa Kristuksen rakkaudesta? Tuskako, vai ahdistus, vai vaino, vai nälkä, vai alastomuus, vai vaara, vai miekka?"* (Room. 8:35).

Usko antaa vastauksen kaikkiin ongelmiin

Eräässä tapauksessa Jeesus pani merkille halvaantuneen miehen ja hänen ystäviensä uskon sanoen tälle Markuksen evankeliumin toisessa luvussa *"Poikani, sinun syntisi annetaan anteeksi"* parantaen halvaantuneen miehen välittömästi. Ihmisten kuultua että Jeesus oli Kapernaumissa saapuivat niin useat paikalle, ettei muille jäänyt tilaa edes oven ulkopuolella. Suuren väentungoksen vuoksi ystäviensä kantama halvaantunut mies ei päässyt tapaamaan Jeesusta, joten hänen ystävänsä kaivoivat reiän kattoon sen kohdan yläpuolelta missä Jeesus oli, ja he laskivat sen kautta halvaantuneen miehen vuoteen alas huoneeseen. Jeesus piti heidän tekoaan todisteena uskosta ja antoi halvaantuneelle miehelle hänen syntinsä anteeksi, sanoen: *"Poikani, sinun syntisi annetaan anteeksi"* (jae 5).

Eräät paikalla olleet kirjanoppineet olivat kuitenkin epäuskoisia ja he ajattelivat itsekseen. *"Kuinka tämä näin puhuu? Hän pilkkaa Jumalaa. Kuka voi antaa syntejä anteeksi paitsi Jumala yksin?"* (jae 7). Heille Jeesus sanoi:

Ja heti Jeesus tunsi hengessänsä, että he mielessään niin ajattelivat, ja sanoi heille: "Miksi ajattelette sellaista sydämessänne? Kumpi on helpompaa, sanoako halvatulle 'Sinun syntisi annetaan anteeksi' vai sanoa: 'Nouse, ota vuoteesi, ja käy?'" (Mark. 2:8-9).

Sitten Jeesus käski halvaantunutta: *"Minä sanon sinulle: nouse, ota vuoteesi ja mene kotiisi."* (jae 11). Tämä mies, joka oli ollut halvaantunut, nousi seisomaan, nosti vuoteensa ylös ja käveli ulos talosta kaikkien talon sisä- ja ulkopuolella olleiden ihmisten nähden. He olivat ihmeissään ja ylistivät Jumalaa sanoen, *"Tämänkaltaista emme ole ikinä nähneet."* (jae 12).

Tämä tarina kertoo meille että kaikki elämämme ongelmat voivat tulla ratkaistuksi kun saamme syntimme anteeksi uskomme kautta. Tämä on mahdollista sen tähden että noin 2000 sitten Jeesus, meidän Pelastajamme, avasi tien pelastukseen vapauttamalla meidät monenlaisista elämän ongelmista, kuten esimerkiksi synnistä, kuolemasta, köyhyydestä, sairauksista ja muista vaivoista. (Jos olet kiinnostunut aiheesta, siitä kerrottaan enemmän kirjassa *The Message of the Cross: Ristin Sanoma*).

Sinä voit saada mitä tahansa ikinä pyydätkin jos sinulle on annettu anteeksi Jumalan Sanan mukaan elämättä jättämisen synti. Hän lupaa sinulle Johanneksen ensimmäisessä kirjeessä 1. Joh. 3:21-22: *"Rakkaani, jos sydämemme ei syytä meitä, niin meillä on uskallus Jumalaan, ja mitä ikinä anomme, sen me häneltä saamme, koska pidämme Hänen käskynsä, ja teemme sitä, mikä on hänelle otollista."* Siten ihmiset joilla ei ole synnin muuria Jumalan ja itsensä välissä voivat anoa Häneltä rohkeasti ja vastaanottaa sen mitä ikinä pyytävätkin.

Sen tähden Jeesus painotti Matteuksen kuudennessa luvussa että sen sijaan että murehtisimme siitä mitä pukea päällemme tai mitä syödä tai missä elää, meidän tulisi ensin etsiä vanhurskautta Jumalassa sekä taivaan valtakuntaa.

Sentähden minä sanon teille: älkää murehtiko hengestänne, mitä söisitte tai joisitte, älkääkä ruumiistanne, mitä päällenne pukisitte. Eikö henki ole enemmän kuin ruoka ja ruumis enemmän kuin vaatteet? Katsokaa taivaan lintuja: eivät ne kylvä eivätkä leikkaa eivätkä kokoa aittoihin, ja teidän taivaallinen Isänne ruokkii ne. Ettekö te ole paljon suurempiarvoiset kuin ne? Ja kuka teistä voi murehtimisellaan lisätä ikäänsä kyynäränkään vertaa? Ja mitä te murehditte vaatteista? Katselkaa kedon kukkia, kuinka ne kasvavat; eivät ne työtä tee eivätkä kehrää. Kuitenkin minä sanon teille: ei Salomo kaikessa loistossansa ollut niin vaatetettu kuin yksi niistä. Jos siis Jumala näin vaatettaa kedon ruohon, joka tänään kasvaa ja huomenna uuniin heitetään, eikö paljoa ennemmin teitä, te vähäuskoiset? Älkää siis murehtiko sanoen: "Mitä me syömme?" tahi: "Mitä me juomme?" tahi: "Millä me itsemme vaatetamme?" Sillä tätä kaikkea pakanat tavoittelevat. Teidän taivaallinen Isänne kyllä tietää teidän kaikkea tätä tarvitsevan. Vaan etsikää ensin Jumalan valtakuntaa ja hänen vanhurskauttansa, niin myös kaikki tämä teille annetaan. (Matt. 6:25-33).

Uskoessasi todella Jumalan Sanaan Sinä etsi ensin Jumalan valtakuntaa ja Hänen vanhurskauttaan. Jumalan lupaukset ovat luotettavuudessaan kuin varmennettuja rahamääräyksiä, ja Hän antaa sinulle kaiken tarvitsemasi lupauksensa mukaisesti niin ettet vastaanota pelkästään pelastusta ja ikuista elämää, vaan voit myös menestyä tässä maailmassa mitä tahansa sitten teetkin.

Usko hallitsee jopa luonnoilmiöitä

Matteus 8:23-27:n kautta me opimme siitä uskon voimasta joka suojelee sinua jopa vaaralliselta säältä ja ilmoilta sekä antaa sinulle voiman hallita niitä. Totisesti kaikki asiat ovat mahdollisia uskon avulla.

Ja hän astui venheeseen, ja hänen opetuslapsensa seurasivat häntä. Ja katso, järvellä nousi kova myrsky, niin että venhe peittyi aaltoihin; mutta hän nukkui. Niin he menivät ja herättivät hänet sanoen: "Herra, auta, me hukumme". Hän sanoi heille: "Te vähäuskoiset, miksi olette pelkureita?" Silloin hän nousi ja nuhteli tuulia ja järveä, ja tuli aivan tyven. Ja ihmiset ihmettelivät ja sanoivat: "Millainen tämä on, kun sekä tuulet että meri häntä tottelevat?"

Tämä tarina kertoo meille että meidän ei tarvitse pelätä raivoavia myrskyjä tai aaltoja, sillä uskon avulla voimme hallita jopa luonnovoimia. Voidaksemme kokea sen valtavan voiman, joka on peräisin sellaisesta uskosta joka hallitsee sään ja ilmaston, meidän täytyy Jeesuksen tavoin saavuttaa täysi uskon varmuus jonka avulla kaikki on mahdollista. Siksi Heprealaiskirje 10:22 muistuttaa meitä, *"..niin käykäämme esiin totisella sydämellä, täydessä uskon varmuudessa, sydän vihmottuna puhtaaksi pahasta omastatunnosta ja ruumis puhtaalla vedellä pestynä."*

Raamattu sanoo meille että me saamme vastaanottaa mitä tahansa ikinä anommekin ja tehdä jopa suurempia ihmetöitä kuin Jeesus jos meillä on uskon täysi varmuus.

> *Totisesti, totisesti minä sanon teille: joka uskoo minuun, myös hän on tekevä niitä tekoja, joita minä teen, ja suurempiakin, kuin ne ovat, hän on tekevä; sillä minä menen isän tykö, ja mitä hyvänsä te anotte minun nimessäni, sen minä teen, että Isä kirkastettaisiin Pojassa. (Joh. 14:12-13).*

Joten sinun täytyy ymmärtää että uskon voima on erittäin valtava, ja että sinun tulee omata sellainen usko minkä Jumala haluaa sinun omaavaan ja mikä Häntä miellyttää. Vasta silloin voit sekä vastaanottaa mitä tahansa sitten anotkin että tehdä jopa suurempia ihmetekoja kuin mitä Jeesus teki.

3.Lihallinen usko ja Hengellinen usko

Kun Jeesus lausui sadanpäämiehelle joka saapui Hänen

luokseen uskoen *"Niinkuin sinä uskot, niin tapahtukoon"* tämän palvelija parantui välittömästi. (Matt. 8:13). Täten todellisen uskon luonnollinen seuraus on Jumalan rukousvastaus. Miksi sitten useat ihmiset eivät saa vastausta rukouksiinsa vaikka he väittävätkin uskovansa Herraan? Tämä johtuu siitä, että on olemassa hengellistä uskoa minkä kautta voit saavuttaa liiton Jumalan kanssa sekä saada rukousvastauksia, ja lihallista uskoa, jonka kautta et voi saada rukousvastauksia, sillä tällä ei ole mitään tekemistä Hänen kanssaan. Tutkikaamme näiden kahden uskon välisiä eroja.

Lihallinen usko on tiedon uskomista

"Lihallisella uskolla" viitataan sellaiseen uskoon jolla uskotaan johonkin sen tähden että se voidaan nähdä omin silmin ja että tämä jokin täsmää sen kanssa mitä jo tiedetään ja mitä pystytään päätelemään. Tällaista uskoa nimitetään usein "tiedon uskoksi" tai "tiedon kanssa täsmääväksi uskoksi."

Esimerkiksi ne, jotka eivät ole vain nähneet puisen työpöydän valmistumisprosessia vaan myös kuulleet siitä, uskovat epäilemättä jos joku sanoo heille: "Tuo pöytä on tehty puusta." Kuka tahansa voi omata tällaisen uskon sillä he uskovat että jokin on valmistettu jostakin. Toisin sanoen, ihmiset aina uskovat että silminnähtävien asioiden luomiseen tarvitaan toisia silminnähtäviä asioita.

Ihmiset omaksuvat ja säilövät tietoja aivojensa muistilokeroihin syntymästään saakka. He painavat mieleensä asioita joita he näkevät, kuulevat ja oppivat niin vanhemmiltaan, sisaruksiltaan, naapureiltaan kuin koulustakin, käyttäen aina tarvittaessa näitä omaksumiaan asioita.

Näiden omaksumien tietojen joukossa on monia epätotuuksia, jotka ovat Jumalan sanan vastaisia. Hän sanansa on totuus, joka ei muutu koskaan, kun taas suurin osa sinun tiedoistasi ovat epätotuuksia jotka muuttuvat ajan mukana. Kaikesta huolimatta ihmiset pitävät epätotuuksia totuutena koska he eivät tiedä mitä totuus oikein on. Ihmiset esimerkiksi pitävät evoluutiota totena koska niin heille on opetettu koulussa. Siten he eivät usko että jotakin voidaan luoda tyhjästä.

Lihallinen usko on kuollutta uskoa ilman tekoja

Ensinnäkin, ihmiset joiden usko on lihallista eivät voi hyväksyä että Jumala olisi luonut jotakin tyhjästä. Näin on, vaikka he käyvätkin kirkossa ja kuuntelevat Jumalan Sanaa. Tämä johtuu siitä, että heidän syntymästään lähtien omaksumat tiedot ovat ristiriidassa Hänen Sanansa kanssa eivätkä he usko Raamattuun kirjattuihin ihmeisiin. He uskovat Jumalan Sanaan ollessaan Pyhän Hengen ja armon täyttämiä mutta menetettyään tämän armon he alkavat epäillä. He alkavat jopa epäillä että heidän Jumalalta saamansa merkit olivatkin sattumalta tapahtuneita asioita.

Lihallisen uskon omaavat ihmiset kantavat sydämessään ristiriitoja eivätkä he tunnusta uskoa sydämensä pohjasta vaikka suullaan he väittävätkin uskovansa. Heillä ei ole liittoa Jumalan kanssa eivätkä he ole Jumalan suosiossa, sillä he eivät elä Hänen Sanansa mukaan.

Minä annan teille esimerkin. Kaiken kaikkiaan on

ymmärrettävää haluta kostaa vihollisellensa siitä huolimatta että Raamattu opettaakin meitä rakastamaan vihamiehiään ja kääntämään vasemman posken kun joku lyö meitä oikelle poskelle. Lihallisen uskon omaavan ihmisen täytyy lyödä takaisin tunteakseen tyydytystä jonkun lyötyä häntä. Koska hän on elänyt koko elämänsä tähän tapaan ovat viha, kateus ja mustasukkaisuus hänelle helpompia vaihtoehtoja kuin toisen posken kääntäminen. Jumalan sanan mukaan eläminen on hänelle raskasta ja hänen on vaikea elää täynnä iloa ja kiitollisuutta, sillä se ei käy yksiin hänen ajatustensa kanssa.

Jaakobin kirjeen Jaak. 2:26 mukaisesti *"Sillä niinkuin ruumis ilman henkeä on kuollut, niin myös usko ilman tekoja on kuollut"*, lihallinen usko on kuollut ilman tekoja. Ihmiset joiden usko on lihallista eivät voi vastaanottaa pelastusta tai rukousvastauksia. Jeesus puhuu tästä *"Ei jokainen, joka sanoo minulle, 'Herra, Herra!', pääse taivasten valtakuntaan, vaan se, joka tekee minun taivaallisen Isäni tahdon."* (Matt. 7:21).

Jumala hyväksyy hengellisen uskon

Hengellinen usko annetaan silloin kun sinä uskot siitä huolimatta ettet voi nähdä jotakin paljaalla silmällä tai että jokin ei käy yksiin sen kanssa mitä tiedät tai mitä voit päätellä. Hengellinen usko on uskomista siihen että Jumala loi jotakin tyhjästä.

Hengellistä uskoa omaavat ihmiset uskovat epäilemättä että Jumala loi Sanallaan taivaat ja maat ja että Hän loi ihmisen maan tomusta. Hengellinen usko on jotakin mitä ei voi omata vain haluamalla, vaan vain Jumala voi antaa sen. Ihmiset joiden usko on hengellistä uskovat Raamatun ihmeisiin niitä epäilemättä, joten heille ei ole vaikeaa elää Jumalan sanan mukaan. Niinpä he saavat ottaa vastaan mitä tahansa he uskoen anovatkin.

Jumala hyväksyy tekojen säestämän hengellisen uskon ja sen kautta sinä voit tulla pelastetuksi, päästä taivaaseen ja saada vastauksia rukouksiisi.

Hengellinen usko on tekojen säestämää "elävää uskoa"

Kun sinulla on hengellistä uskoa Jumala hyväksyy ja takaa elämäsi vastauksillaan ja siunauksillaan. Kuvittele esimerkiksi, että kaksi maanviljelijää työstävät isäntänsä maata. Samoissa oloissa toinen kerää viisi säkillistä riisiä ja toinen kolme säkillistä. Kumpaan työläiseen isäntä on tyytyväisempi? Luonnollisesti se työläinen, joka keräsi viisi säkillistä riisiä olisi isännän silmissä suositumpi ja mieluisampi.

Kaksi maanviljelijää korjasivat erikokoiset sadot samasta maasta vaivojensa mukaan. Sen työläisen, joka keräsi viisi säkillistä on täytynyt kitkeä tunnollisesti rikkaruohoja ja kastella satoa hikeä säästämättä. Toinen työläinen onnistui päinvastoin korjaamaan vain kolme säkillistä, sillä hän oli kovin laiska ja vältteli sen mukaan työtänsä.

Jumala punnitsee jokaisen ihmisen hänen hedelmiensä mukaan. Vasta sitten kun sinä näytät Hänelle uskosi sen tekoineen pitää Hän sitä hengellisenä uskona ja siunaa sinua.

Sinä yönä kun Jeesus pidätettiin sanoi Pietari, eräs Hänen opetuslapsistaan, näin: *"Vaikka kaikki loukkaantuisivat sinuun, niin minä en koskaan loukkaannu"* (Matteus 26:33). Jeesus kuitenkin vastasi: *"Totisesti, minä sanon sinulle: tänä yönä, ennenkuin kukko laulaa, sinä kolmesti minut kiellät."* (jae 34). Pietari kielsi tämä koko sydämellään mutta Jeesus tiesi, että Pietari kieltäisi Hänet kun hänen henkensä olisi vaarassa.

Pietari ei ollut vielä vastaanottanut Pyhää Henkeä ja kun henkensä oli vaarassa Jeesuksen pidätyksen jälkeen hän kielsi tämän kolmasti. Vastaanotettuaan Pyhän Hengen Pietari kuitenkin muuttui täysin. Hänen tietoon perustuva uskonsa muuttui hengelliseksi uskoksi ja hän sai voiman saarnata evankeliumia rohkeasti apostolina. Hän kulki vanhurskaana kunnes hänet ristiinnaulittiin pää alaspäin

Sinä voit luottaa Jumalaan ja olla Hänelle kuuliainen kaikissa tilanteissa jos sinulla on hengellistä uskoa. Omataksesi hengellisen uskon sinä täytyy pyrkiä olemaan kaikessa kuuliainen Jumalalle ja pitämään Hänen sanansa sekä saavuttamaan järkkymättömän sydämen. Tekojen säestämän hengellisen uskon kautta sinä voit saavuttaa pelastuksen ja ikuisen elämän, tulla täydellisen totuuden ihmiseksi, sekä nauttia niin sielun kuin ruumiinkin ihanista siunauksista.

Tekoja kaipaavalla lihallisella uskolla et voi saada pelastusta tai saada rukousvastauksia Jumalalta siitä huolimatta kuinka kovasti tätä yrität tai kuinka pitkän aikaa olet käynyt kirkossa.

4. Hengellisen uskon omaaminen

Miten voit muuttaa lihallisen uskon hengelliseksi uskoksi ja samalla muuttaa "asiat joita toivot" todellisuudeksi ja "asiat joita ei voi nähdä" konkreettisiksi todisteiksi? Mitä sinun tulee tehdä omataksesi uskoa?

Lihallisten ajatusten ja teorioiden heittäminen pois

Suuri osa syntymäsi jälkeen omaksumistasi tiedoista estää sinua saavuttamasta hengellisen uskon, sillä ne ovat Jumalan sanan vastaisia. Esimerkiksi sellainen teoria kuin evoluutio kieltää Jumalan luoneen maailmankaikkeuden. Tämän seurauksena evoluutioteorian seuraajat eivät voi uskoa että Jumala olisi luonut jotain tyhjästä. Miten he voivat uskoa, että *"Alussa Jumala loi taivaan ja maan"*? (Genesis 1:1).

Joten voidaksesi omata hengellisen uskon sinun pitää pyyhkiä mielestäsi kaikki mikä on Jumalan sanan vastaista sekä kaikki teoriat, kuten Jumalan kieltävän evoluutioteorian, jotka estävät sinua uskomasta Hänen Sanaansa Raamatussa. Sinä et voi uskoa Raamattuun kirjattuun Jumalan Sanaan miten kovasti sitä yrittäisitkin jos et ensin hankkiudu eroon ajatuksista ja teorioista jotka ovat Jumalan vastaisia.

Miten uskollisesti tahansa käytkin kirkossa ja jumalanpalvelustilaisuuksissa et voi niillä saada hengellistä uskoa. Tämän tähden monet ihmiset ovat kaukana pelastuksesta eivätkä he saa rukousvastauksia vaikka käyvätkin säännöllisesti kirkossa.

Apostoli Paavalilla oli vain lihallista uskoa ennenkuin hän tapasi Herran Jeesuksen ilmestyksessä tiellä Damaskokseen. Hän ei ollut tunnustanut Jeesusta kaikkien ihmisten Pelastajana vaan sen sijaan vanginnut ja vainonnut monia kristittyjä.

Jotenn sinun tulee hankkiutua eroon kaikista ajatuksista ja

teorioista jotka ovat Jumalan sanan vastaisia voidaksesi muuttaa lihallisen uskosi hengelliseksi uskoksi. Apostoli Paavalin kautta Jumala muistuttaa meitä seuraavasti:

Sillä meidän sota-aseemme eivät oli lihalliset, vaan ne ovat voimalliset Jumalan edessä hajottamaan maahan linnoituksia. Me hajotamme maahan järjen päätelmät ja jokaisen varustuksen, joka nostetaan Jumalan tuntemista vastaan, ja vangitsemme jokaisen ajatuksen kuuliaiseksi Kristukselle ja olemme valmiit rankaisemaan kaikkea tottelemattomuutta, kunhan te ensin olette täysin kuuliaiseksi tulleet. (2 Kor. 10:4-6).

Paavalista tuli suuri evankeliumin saarnaaja vasta sen jälkeen kun otti hän vastaan hengellisen uskon pyyhittyään mielestään kaikki Jumalan vastaiset ajatukset, teoriat ja mielipiteet. Hän johti muukalaisten (ei-juutalaisten) evankelioimista ja näin hänestä tuli maailmanmission kulmakivi. Lopulta Paavali pystyi seuraavaan rohkeaan tunnustukseen:

Mutta mikä minulle oli voitto, sen minä olen Kristuksen tähden lukenut tappioksi. Niinpä minä todella luen kaikki tappioksi tuon ylen kalliin, Kristuksen Jeesuksen, minun Herrani, tuntemisen rinnalla, sillä hänen tähtensä minä olen menettänyt kaikki ja pidän sen roskana – että voittaisin omakseni Kristuksen ja minun havaittaisiin olevan hänessä ja omistavan, ei omaa vanhurskautta, sitä, joka laista tulee, vaan sen, joka tulee Kristuksen uskon kautta, sen

vanhurskauden, joka tulee Jumalasta uskon perusteella.
(Fil. 3:7-9).

Jumalan sanan innokas opetteleminen

Roomalaiskirje 10:17 opettaa meille, *"Usko tulee siis kuulemisesta, mutta kuuleminen Kristuksen sanan kautta."* Sinun pitää kuunnella ja opetella Jumalan sanaa, sillä sinä et voi elää Jumalan Sanan mukaisesti jos et tunne sitä. Hän ei voi antaa sinulle Hengellistä uskoa jos et toimi Jumalan sanan mukaisesti vaan olet sen sijaan vain säilönyt sen pelkkänä tietona, sillä sinä saatat tulla ylpeäksi tiedoistasi.

Kuvittele, että on olemassa tyttö joka haluaa tulla maailmankuuluksi pianistiksi. Huolimatta siitä miten monta kertaa hän lukee oppikirjoja ja opettelee teoriaa hänestä ei voi tulla hyvää pianistia ilman harjoitusta. Sama koskee Jumalan Sanaa. Sillä ei ole merkitystä miten kovasti sinä luet, kuuntelet tai opettelet sitä ellet elä sen mukaan, sillä ilman sitä et voi saada hengellistä uskoa.

Jumalan sanan noudattaminen

Joten sinun tulee uskoa elävään Jumalaan ja pitää Hänen sanansa kaikissa olosuhteissa. Jos kuultuasi uskot epäilyksittä Hänen sanaansa niin sinä tulet myös noudattamaan sitä. Tämän johdosta voit tuntea varmuuden sydämessäsi, sillä Jumalan sanasta on tullut todellisuutta. Tämän jälkeen sinä pyrit yhä innokkaammin elämään Jumalan sanan mukaisesti.

Toistamalla tämän prosessin sinä voit vastaanottaa uskon,

joka antaa sinun elää täysin Sanan mukaisesti ja Hänen armonsa ja voimansa tulevat sinun päällesi. Sinä tulet täytetyksi Pyhällä Hengellä ja kaikki tulee olemaan sinulla hyvin. Exoduksen aikoihin Israelin heimossa oli vähintään kuusisataatuhatta yli 20-vuotista miestä. Loppujen lopuksi heistä vain kaksi – Joosua ja Kaaleb – pääsivät Kanaanin Luvattuun Maahan. Näitä kahta lukuunottamatta kukaan muu ei sydämellään luottanut Jumalan lupaukseen ja totellut Häntä.

Mooseksen neljännessä kirjassa Herra sanoo Moosekselle: *"Kuinka kauan tämä kansa pitää minua pilkkanaan eikä usko minuun, huolimatta kaikista tunnusteoista, jotka minä olen tehnyt sen keskuudessa?"* (4. Moos. 14:11).

He tiesivät Jumalasta paljon ja koska he olivat todistaneet Hänen voimansa joka oli tuonut Egyptiin kymmenen vitsausta ja jakanut Punaisen meren kahtia, he luulivat tuntevansa myös Hänet. Päivisin he saivat osakseen Jumalan opastuksen ja kokivat Hänen läsnäolonsa tulisen pylvään kautta ja öisin pilvipylvään kautta, ja joka päivä he söivät taivaasta satavaa mannaa.

Tästä huolimatta kun Jumala käski heitä jatkamaan Kanaanin maahan he eivät totelleet Häntä, sille he pelkäsivät kanaanilaisia. Sen sijaan he valittivat Moosekselle ja Aaronille ja panivat heille vastaan. Tämä johtui siitä, että vaikka heillä olikin lihallista uskoa todistettuaan ja kuultuaan useaan otteeseen Jumalan ihmetöistä, heiltä silti puuttui hengellistä uskoa Jumalan sanan tottelemiseen.

Omataksesi hengellisen uskon sinun tulee uskoa Jumalaan ja elää Hänen sanansa mukaan kaikkina aikoina. Jos sinä todella rakastat Häntä, niin sinä olet myös kuulianen Hänelle, ja Hän puolestaan vastaa rukouksiisi ja johdattaa sinut ikuiseen elämään.

Roomalaiskirje 10:9-10 muistuttaa meitä, *"Sillä jos sinä tunnustat suullasi Jeesuksen Herraksi ja uskot sydämessäsi, että Jumala on hänet kuolleista herättänyt, niin sinä pelastut; sillä sydämen uskolla tullaan vanhurskaaksi ja suun tunnustuksella pelastutaan."*

"Sydämessä uskomisella" ei viitata uskoon tietona vaan hengelliseen uskoon, millä sinä uskot johonkin ilman epäilyksen häivääkään sydämessasi. Ne jotka uskovat Jumalan sanaan sydämellään elävät sen mukaisesti, tulevat vanhurskaiksi ja hiljalleen tulevat Herran kuvaksi. Heidän tunnustuksensa "minä uskon Herraan" on tosi ja he pelastuvat.

Herran nimessä minä siunaan että sinä saisit omata tekojen säestämän hengellisen uskon Jumalan sanan noudattamiseksi! Siten voit miellyttää Häntä ja elää elämän, joka on täynnä Hänen voimaansa jonka kautta kaikki on mahdollista.

Luku 2

HENGELLISEN USKON KASVU

Minä kirjoitan teille, lapsukaiset

Sillä synnit ovat teille anteeksi annetut

Hänen nimensä tähden.

Minä kirjoitan teille, isät,

sillä te olette oppineet tuntemaan hänet, joka alusta on ollut.

Minä kirjoitan teille, nuorukaiset,

sillä te olette voittaneet sen, joka on paha.

Minä olen kirjoittanut teille, lapsukaiset,

sillä te olette oppineet tuntemaan Isän.

Minä olen kirjoittanut teille, isät,

sillä te olette oppineet tuntemaan hänet, joka alusta on ollut.

Minä olen kirjoittanut teille, nuorukaiset,

Sillä te olette väkevat,

ja Jumalan Sana pysyy teissä,

ja te olette voittaneet sen, joka on paha

(1. Joh. 2:12-14)

S inä voit nauttia Jumalan lapsen oikeuksista ja siunauksista jos sinun uskosi on hengellistä. Sinä et pelkästään tule pelastetuksi ja pääse taivaaseen, vaan saat myös vastaan kaiken mitä rukouksessa pyydät. Sinun omatessasi Jumalaa miellyttävän uskon jonka olet saanut noudattamalla Hänen Sanaansa mikä tahansa on tälle uskolle mahdollista.

Tämän tähden Jeesus sanoo meille Markuksen evankeliumin jakeissa 16:17-16: *"Ja nämä merkit seuraavat niitä, jotka uskovat: minun nimessäni he ajavat ulos riivaajia, puhuvat uusilla kielillä, nostavat käsin käärmeitä, ja jos he juovat jotakin kuolettavaa, ei se heitä vahingoita; he panevat kätensä sairasten päälle, ja ne tulevat terveiksi."*

Pienestä sinapinsiemenestä kasvaa suuri puu

Jeesus torui opetuslapsiaan ja sanoi heidän omaavan liian vähän uskoa nähdessään heidän olevan kykenemättömiä ajamaan ulos riivaajia, ja hän lisäsi että kaikki on mahdollista sille, jolla on vain sinapinsiemen verran uskoa. Hän sanoo Matteuksen evankeliumissa 17:20 näin: *"Teidän epäuskonne tähden: jos teillä olisi uskoa sinapinsiemenenkään verran, niin te voisitte sanoa tälle vuorelle: 'Siirry täältä tuonne', ja se siirtyisi, eikä mikään olisi teille mahdotonta."*

Sinapinsiemen on kooltaan yhtä pieni kuin merkki, joka

syntyy kun kuulakärkikynän kärki painetaan paperiarkkiin. Silti jos sinulla on vain tämän verran uskoa niin sinä voit siirtää vuoria eikä mikään ole sinulle mahdotonta.

Onko sinulla sinapinsiemenen verran uskoa? Siirtyvätkö vuoret paikasta toiseen käskystäsi? Onko kaikki sinulle mahdollista? Koska on mahdotonta ymmärtää tämän katkelman merkitystä ilman sen hengellisen merkityksen ymmärtämistä, keskittykäämme ensin Jeesuksen meille antamaan vertauskuvaan sinapinsiemenestä.

Taivasten valtakunta on sinapinsiemenen kaltainen jonka mies otti ja kylvi peltoonsa. Se on kaikista siemenistä pienin, mutta kun se on kasvanut, se on suurin vihanneskasveista ja tulee puuksi, niin että taivaan linnut tulevat ja tekevät pesänsä sen oksille. (Matt. 13:31-32).

Sinapinsiemen on pienempi kuin mikään muu siemen, mutta kasvaessaan siitä tulee suuri puu jonka oksille useat linnut mahtuvat istumaan. Jeesus käytti tätä vertauskuvaa opettaakseen meitä että me voimme siirtää vuoria täältä tuonne, ja että kaikki on mahdollista jos meidän pieni uskomme kypsyy. Jeesuksen opetuslasten olisi pitänyt omata suuren uskon jonka avulla kaikki on mahdollista, sillä he olivat olleet Hänen kanssaan kauan aikaa ja nähneet omin silmin Jumalan monet ihmeteot. Sen tähden että heiltä tämä usko kuitenkin puuttui Jeesus torui heitä.

Uskon täysi mitta

Kun vastaanotat Pyhän Hengen ja saat hengellisen uskon niin sinun uskosi pitäisi kypsyä siihen uskon täyteen mittaan joka tekee kaiken mahdolliseksi. Jumala haluaa sinun saavan rukousvastauksia mihin ikinä niitä pyydätkin lisäämällä uskosi määrää.

Efesolaiskirje 4:13-15 muistuttaa meitä : *"Kunnes me kaikki pääsemme yhteyteen uskossa ja Jumalan Pojan tuntemukseen täyteen miehuuteen, Kristuksen täyteyden täyden iän määrään, ettemme enää olisi alaikäisiä, jotka ajelehtivat ja joita viskellään kaikissa opintuulissa ja ihmisten arpapelissä ja eksytyksen kavalissa juonissa, vaan että me, totuutta noudattaen rakkaudessa, kaikin tavoin kasvaisimme häneen, joka on pää, Kristus."*

Lapsen syntyessä on luonnollista että hänen syntymänsä rekisteröidään tietylle valtion taholle, ja että hänestä ensin kasvaa lapsi ja sitten nuori, ja että tietyn iän saavutettuaan hän menee naimisiin, saa lapsia ja tulee isäksi. Jos sinusta tulee Jumalan lapsi Jeesuksen Kristuksen kautta ja sinun nimesi kirjataan Elämän Kirjaan taivasten valtakunnassa, niin samalla tavalla sinun uskosi tulisi kasvaa päivittäin saavuttaaksesen ensin lasten, sitten nuorten ja lopulta isien uskon.

Tämän tähden 1. Korinttolaiskirje 3:2-3 opettaa meille: *"Maitoa minä juotin teille, en antanut ruokaa, sillä sitä ette silloin sietäneet ettekä vielä nytkään siedä; olettehan vielä lihallisia. Sillä kun keskuudessanne on kateutta ja riitaa, ettekö silloin ole lihallisia ja vaella ihmisten tavoin?"*

Kuten vastasyntyneen vauvan tulee juoda maitoa elääkseen, hengellisen vauvan täytyy juoda hengellistä maitoa kasvaakseen. Miten hengellinen imeväinen voi sitten kasvaa isäksi?

1. Imeväisten usko

1. Joh. 2:12 sanoo: *"Minä kirjoitan teille, lapsukaiset, sillä synnit ovat teille anteeksi annetut hänen nimensä tähden."* Tämä jae kertoo meille että henkilö joka ei ole tuntenut Jumalaa saa syntinsä anteeksi hänen hyväksyessään Jeesuksen Kristuksen ja että hän saa osakseen oikeuden tulla Jumalan lapseksi Pyhän Hengen kautta joka tulee asumaan hänen sydämeensä (Joh. 1:12).

Sinä voit saada syntisi anteeksi ja tulla pelastetuksi vain ja ainostaan Jeesuksen Kristuksen nimen kautta. Maallistuneet ihmiset pitävät kristinuskoa uskontona jonka ainoa tarkoitus on tarjota henkistä hyvinvointia ja he kysyvät syyttävästi "Miksi sinä sanot että me voimme pelastua vain Jeesuksen Kristuksen kautta?"

Miksi sitten Jeesus Kristus on meidän ainoa Pelastajamme? Ihmiset eivät voi pelastua minkään muun nimen kautta kuin Jeesuksen Kristuksen, ja he voivat saada syntinsä anteeksi vain ristillä kuolleen Jeesuksen veren kautta.

Apostolien teot 4:12 julistaa: *"Eikä ole pelastusta yhdessäkään toisessa; sillä ei ole taivaan alla muuta nimeä ihmisille annettu, jossa meidän pitäisi pelastuman"*, ja Ap. t. 10:43 sanoo: *"Hänestä kaikki profeetat todistavat, että jokainen, joka uskoo häneen, saa synnit anteeksi hänen nimensä kautta."* Joten Jumalan johdatuksen ja tahdon tähden ihmiset pelastuvat Jeesuksen Kristuksen kautta.

Koko ihmiskunnan historian ajan on ollut olemassa ihmisiä joita on kutsuttu "suuriksi" tai "mahtaviksi", kuten Sokrates, Kungfutse, Buddha ja niin edespäin. Jumalan silmissä nämä miehet olivat tavallisia ihmisiä ja syntisiä, sillä kaikki ihmiset ovat syntyneet alkuperäisen perisynnin tahraamina. Tämän he ovat perineet isiensä kautta Aatamilta, joka rikkoi Jumalan käskyä vastaan.

Kuitenkin Jeesuksella oli hengellinen voima ja tarvittavat ominaisuudet ihmiskunnan pelastajaksi. Hän ei ollut perisynnin tahraama sillä Hän oli Pyhän Hengen siittämä eikä Hän myöskään tehnyt syntiä elämänsä aikana. Siten Hänellä oli ihmiskunnan pelastamiseen tarvittavat voimat. Hän oli syyntakeeton ja niin täynnä rakkautta, että Hän uhrasi jopa oman elämänsä syntisten puolesta.

Joten, jos sinä uskot että Jeesus Kristus on ainoa oikea tie pelastukseen ja sinä hyväksyt Hänet Pelastajaksesi, niin sinä saat kaikki syntisi anteeksi. Sinä saat myös vastaanottaa Pyhän Hengen Jumalan lahjana ja sinut sinetöidään Jumalan lapseksi.

Jeesuksen rinnalla olleen rikollisen usko

Kun Jeesus naulittiin ristille ihmiskunnan syntien tähden, toinen Hänen rinnallaan olleista kahdesta rikollisesta katui syntejään ja hyväksyi Hänet Pelastajakseen juuri ennen kuolemaansa. Tämän seurauksena hänet sinetöitiin Jumalan lapseksi ja hän pääsi paratiisiin. Jumala kutsuu "lapsikseen" kaikkia niitä, jotka ovat syntyneet uudelleen Jeesuksen

Kristuksen hyväksyttyään!

Jotkut ihmiset voivat sanoa "Rikollinen hyväksyi Jeesuksen Pelastajakseen ja pelastui juuri ennen kuolemaansa. Aion nauttia maailmasta niin paljon kuin haluan ja hyväksyn Jeesuksen Kristuksen pelastajakseni juuri ennen kuolemaani ja pääsen silti taivaaseen." Tämänkaltainen ajattelutapa on kuitenkin perinpohjin väärin.

Kuinka rikollinen pystyi hyväksymään Jeesuksen jota pilkattiin ja joka oli kuolemassa ristillä? Rikollinen oli jo aiemmin ajatellut että Jeesus saattaisi olla Messias hänen kuunnellessaan Hänen sanomaansa. Hän tunnusti syntinsä Jeesukselle ja hyväksyi Hänet Pelastajakseen kun hänet naulittiin ristille Jeesuksen rinnalle. Tällä tavoin hän pelastui ja sai oikeuden astua Paratiisiin.

Samalla tavoin kuka tahansa saa oikeuden tulla Jumalan lapseksi kun hän hyväksyy Jeesuksen Pelastajakseen ja vastaanottaa Pyhän Hengen. Siksi Jumala kutsuu häntä "lapsekseen." Kun lapsi syntyy hänen syntymänsä rekisteröidään ja hänestä tulee sen maan kansalainen jossa hän on syntynyt. Samalla tavoin sinä voit saada taivaallisen kansalaisuuden ja tulla tunnustetuksi Hänen lapsenaan jos sinun nimesi on kirjattu Elämän Kirjaan.

Joten imeväisten usko viittaa niiden ihmisten uskoon, jotka ovat juuri hyväksyneet Jeesuksen Kristuksen, saaneet syntinsä anteeksi, ja tulleet Jumalan lapsiksi koska heidän nimensä on kirjattu Elämän Kirjaan taivaassa.

2. Lasten usko

Ihmiset, jotka ovat syntyneet uudestaan Jumalan lapsiksi hyväksymällä Jeesuksen Kristuksen ja saamalla hengellisen elämän, kypsyvät uskossaan ja he saavat lasten uskon. Kun lapsi on syntynyt ja vieroitettu äidinmaidosta se pystyy tunnistamaan vanhempansa ja erottamaan toisistan ympäristön, ihmiset ja eri asiat.

Silti lapset tietävät hyvin vähän maailmasta ja heidän täytyy olla vanhempiensa suojeluksessa. Kun heiltä kysytään tietävätkö he ketkä heidän vanhempansa on he vastaavat "Kyllä." Kun heiltä kuitenkin kysytään vanhempiensa kotikaupungista tai heidän sukupuustaan nämä lapset eivät pysty antamaan vastauksia. Eli nämä lapset eivät tunne vanhempiaan yksityiskohtaisesti vaikka he voivatkin sanoa "Minä tunnen isäni ja äitini."

Jos vanhemmat ostavat lapselleen lelun tämä pystyy kyllä kertomaan onko se leluauto vai nukke, mutta ei sitä kuinka auto on valmistettu tai kuinka nukke on ostettu. Lapset ymmärtävätkin osan siitä mitä näkevät omin silmin mutta he eivät pysty käsittämään yksityiskohtia asioista joita he eivät voi nähdä.

Hengellisesti puhuttaessa lapsilla on aloittelevien usko Isä Jumalan tuntemiseen. He nauttivat uskossaan armosta tunnustettuaan Jeesuksen Kristuksen ja vastaanotettuaan Pyhän Hengen. 1 Joh. 2:13 sanoo *"Minä olen kirjoittanut teille, lapsukaiset, sillä te olette oppineet tuntemaan Isän."* Tässä "te olette oppinneet tuntemaan Isän" tarkoittaa sitä että lapsenuskoiset ovat hyväksyneet Jeesuksen Kristuksen ja oppineet Jumalan sanan käymällä kirkossa.

Kuten vauva, joka tietää aluksi hyvin vähän mutta oppii kasvaessaan tunnistamaan isänsä ja äitinsä, samoin uudet uskovaiset tulevat myös hiljalleen oppimaan Isä Jumalan tahdon ja sydämen käydessään kirkossa ja kuunnellessaan Hänen Sanaansa. Silti he eivät ole vielä kykeneväisiä noudattamaan sanaa, sillä heillä ei ole tarpeeksi uskoa.

Joten lasten usko on sellaisten ihmisten uskoa jotka tietävät totuuden kuunneltuaan sen sanomaa, mutta jotka joskus tottelevat sanaa ja joskus eivät. Tämän tason usko ei ole vielä täydellistä.

Kuka kutsuu Jumalaa "Isäksi?"

Se, joka ei ole hyväksynyt Jeesusta Kristusta mutta sanoo "tuntevansa Jumalan", on valehtelelija. Silti on olemassa niitä, jotka sanovat "en käy kirkossa mutta tunnen Jumalan." He ovat niitä, jotka ovat lukeneet Raamatun kerran tai pari ja jotka tapasivat ennen käydä kirkossa, tai niitä, jotka ovat kuulleet Jumalasta siellä tai täällä. Mutta tuntevatko he todella Luojan?

Jos he todella tuntevat Jumalan niin heidän pitäisi ymmärtää miksi Jeesus on Jumalan ainoa Poika, miksi Jumala lähetti Hänet tähän maailmaan, ja miksi Jumala asetti hyvän ja pahan tiedon puun Eedenin puutarhaan. Heidän täytyy myös tietää taivaasta ja maasta ja siitä, kuinka he voivat tulla pelastetuksi ja päästä taivaaseen.

Jos he todella tietäisivät nämä asiat niin kukaan heistä ei kieltäytyisi menemästä kirkkoon ja elämästä Jumalan sanan mukaan. Silti, he eivät käy kirkossa tai kutsu Jumalaa "Isäksi", sillä he eivät usko Jumalaan tai tunne Häntä.

Samalla tavalla monet maallistuneet ihmiset jotka eivät usko Jumalaan voivat sanoa tuntevansa Hänet vaikkei tämä ei ole totta. He eivät voi tunnistaa Jumalaa tai kutsua Häntä "Isäksi", sillä he eivät tiedä Jeesusta Kristusta eivätkä elä Hänen sanansa mukaisesti. (Joh. 8:19).

Ihmiset kutsuvat Jumalaa eri nimillä

Uskovat kutsuvat samaa Jumalaa eri nimillä uskonsa määrän mukaan. Kukaan ei kutsu Häntä "Isä Jumalaksi" ennenkuin on kutsunut Jeesuksen Kristuksen Pelastajakseen. On varsin luonnollista ettei tämä henkilö kutsu Jumalaa "Isäksi", sillä hän ei ole vielä syntynyt uudestaan.

Miksi uudet uskovat kutsuvat Jumalaa? He ovat vähän ujoja ja kutsuvat häntä yksinkertasesti "Jumalaksi." He eivät voi kutsua Häntä "Isä Jumalaksi", vaan sen sijaan tuntevat olonsa kiusaantuneeksi sillä he eivät ole palvelleet Häntä Isänä.

Ihmisten Jumalasta käyttämä nimitys kuitenkin muuttuu sen mukana kun heidän uskonsa kypsyy lapsen uskoon. He kutsuvat häntä "Isäksi" kun he ovat saavuttaneet lasten uskon, aivan kuten lapsetkin kutsuvat isiään "isiksi." Tietenkään siinä ei ole mitään vikaa että he kutsuvat Häntä yksinkertaisesti "Jumalaksi" tai "Herra Jumalaksi." Jos heidän uskonsa kypsyy yhä enemmän he tulevat kutsumaan Häntä "Isä Jumalaksi" "Herra Jumalan" sijaan. Kun he rukoilevat Jumalaa he kutsuvat häntä yksinkertaisesti "Isäksi."

Kumpi sinusta kuulostaa suloisemmalta ja läheisemmältä Jumalan korvissa: hän, joka kutsuu Häntä "Jumalaksi", vaiko hän, joka kutsuu Häntä "Isäksi?" Kuinka iloinen Jumala tulee olemaankaan kun kutsut Häntä sydämesi pohjasta "Isäkseni!"

Sananlaskut 8:17 kertoo: *"Minä rakastan niitä, jotka minua rakastavat, ja jotka minua varhain etsivät, ne löytävät minut."* Mitä enemmän sinä rakastat Jumalaa, sitä enemmän Hän rakastaa sinua. Mitä enemmän sinä häntä etsit, sitä helpommin sinä saat Häneltä rukousvastauksia.

Itse asiassa sinä tulet asumaan taivaassa ikuisesti kutsuen Häntä "Isäksi" Hänen lapsenaan, joten on vain sopivaa että sinulla on läheinen ja sopiva suhde Jumalan kanssa tässäkin maailmassa. Sen tähden sinun täytyy tehdä velvollisuutesi Jumalan lapsena ja esittää Hänelle rakkautesi todiste tottelemalla kaikkia Hänen käskyjään.

3. Nuorukaisten usko

Kuten lapset, jotka kasvavat vahvoiksi ja ajattelukykyisiksi nuorukaisiksi, niin myös lapsen usko kasvaa nuorukaisen uskoksi. Tämä tarkoittaa sitä, että hengellisen lapsuuden jälkeen ihmisten usko kasvaa rukouksen ja Jumalan sanan kautta nuorukaisten uskoksi jolloin he osaavat kertoa mikä Jumalan tahto on ja mitä synti on.

Nuorukaiset ovat vahvoja ja rohkeita

Vain harvat lapset tuntevat maansa lain hyvin. He ovat vanhempiensa holhouksessa ja vaikka he rikkoisivatkin lakia heidän vanhempansa ovat tästä vastuullisia, sillä he eivät ole opastaneet lapsiaan kunnollisesti. Koska heidän oppimisprosessinsa on vielä kesken nämä lapset eivät tiedä tarkalleen mitä synti on, mitä vanhurskaus on, tai mitä heidän vanhempiensa sydämessä.

Entä sitten nuorukaiset? He ovat vahvoja, äkkipikaisia, ja todennäköisesti tekevät syntiä. He ovat innokkaita oppimaan ja kokemaan kaikkea ja heillä on taipumus matkia toisiaan. Heillä on myös taipumusta uteliaisuuteen kaikkea kohtaan sekä itsepäisyyteen, ja he luottavat siihen ettei ole olemassa mitään mihin he eivät pystyisi tai mitä he eivät voi tehdä.

Samoin hengelliset nuorukaiset eivät etsi maallisia asioita. Koska heillä on vahva usko he sen sijaan unelmoivat pääsevänsä taivaaseen Pyhällä Hengellä täytettyinä ja voittavansa synnin Jumalan sanalla. He elävät voitokkaita elämiä kaikissa olosuhteissa, voittaen maailman ja paholaisen peräksiantamattomalla rohkeudella, sillä heissä asuu sana.

Paholaisen voittaminen ja hallitseminen

Miten sitten vahvan ja rohkean uskon omaavat nuorukaiset voittavat tai päihittävät syntisen maailman ja paholaisen? Ne, jotka hyväksyvät Jeesuksen Kristuksen saavat oikeuden tulla Jumalan lapsiksi ja päihittää pahan totuudessa. Paholainen ei uskalla tehdä mitään Jumalan lasten edessä vaikka vahva onkin. Joten me löydämme jakeesta 1. Joh. 2:13: *"Minä kirjoitan teille nuorukaiset, sillä te olette voittaneet sen, joka on paha."*

Sinä voit voittaa paholaisen jos pysyt totuudessa sillä siten Jumalan sana pysyy sinussa. Aivan kuten ihmiset jotka eivät voi olla lainkuuliasia tuntematta lakia, sinäkään et voi elää Jumalan sanan mukaisesti jos et sitä tunne.

Sen tähden sinun tulee pitää Hänen sanansa sydämessäsi ja elää sen mukaisesti heittäen luotasi kaikenlaisen synnin. Siten nuorukaisten uskon omaavat voivat voittaa maailman Jumalan sanan avulla. Tämän tähden 1. Joh. 2:14 kuuluu seuraavasti: *"Minä olen kirjoittanut teille, nuorukaiset, sillä te olette väkevät, ja Jumalan sana pysyy teissä, ja te olette voittaneet sen, joka on paha. "*

4. Isien usko

Vahvan ja peräksiantamattoman uskon omaavien nuorten kasvaessa aikuisiksi he ovat kykeneväisiä arvioimaan ja ymmärtämään jokaisen tilanteen ja he – useiden kokemusten jälkeen – saavuttavat viisauden, jonka avulla he ymmärtävät nöyristää itsensä tarpeen mukaan. Ihmiset, jotka omaavat isien uskon tietävät Jumalan alkuperän yksityiskohtaisesti ja he ymmärtävät Hänen kaitselmuksensa sillä, heillä on syvä hengellinen usko.

Kuka tietää Jumalan alkuperän?

Isät eroavat nuorukaisista monella tapaa. Nuorukaiset ovat epäkypsiä, sillä huolimatta siitä että he ovat oppineet monia asioita heiltä silti puuttuu kokemusta. Siksi onkin monia tilanteita ja tapahtumia joita nuorukaiset eivät ymmärrä, kun taas isät ymmärtävät monia asioita sen johdosta että he ovat käyneet läpi useita elämänvaiheita.

Isät ymmärtävät myös miksi vanhemmat haluavat saada

lapsia, kuinka kivuliasta synnytys on, ja kuinka hankalaa lasten kasvattaminen on. He tuntevat myös perheensä: mistä heidän vanhempansa tulivat, kuinka he tapasivat, ja niin edelleen.

Korealainen sananlasku sanoo, että "vasta kun olet synnyttänyt ensimmäisen lapsesi voit todella ymmärtää vanhempiesi sydämen." Samoin vain ihmiset joilla on isien hengellinen usko voivat todella ymmärtää Isä Jumalan sydäntä. Tällaisista kypsistä kristityistä Joh. 2:13 sanoo *"Minä kirjoitan teille, isät, sillä te olette oppineet tuntemaan hänet, joka alusta asti on ollut."*

Lisäksi heistä, joilla on isien usko, tulee monille esikuva ja he hyväksyvät kaikenlaiset ihmiset sillä he ovat itse nöyriä ja kykeneväisiä seisomaan totuudessa vakaana ja siitä lipsumatta.

Jos me vertaisimme isien uskoa sadonkorjuukauteen niin nuorukaisten uskoa voitaisiin verrata epäkypsään hedelmään. Nuorukaisten uskon omaavia ihmisiä verrataan epäkypsään satoon sillä heillä on taipumus pitäytyä omissa mielipiteissään ja teorioissaan.

Kuitenkin, niin kuin Jeesus näytti meille esimerkkiä pesemällä opetuslastensa jalat, hengelliset isät – toisin kuin nuorukaiset – kantavat kypsiä tekojen hedelmiä, ja näillä teoilla he tuottavat Jumalalle kunniaa.

Jeesuksen Kristuksen sydämen omaaminen

Jumala haluaa Hänen lastensa saavuttavan Jumalan – joka on ollut alusta asti – ja Jeesuksen Kristuksen – joka alensi itsensä ja oli kuuliainen kuolemaan saakka (Fil. 2:5-8) – sydämen. Tästä syystä Jumalaa sallii lastensa tulevan koetelluiksi. Näiden koettelemuksien kautta heidän uskonsa kypsyy ja he löytävät kestävyyttä ja toivoa. Täten heidän uskonsa lisääntyy isien tasolle.

Luukaksen evankeliumin 17. jakeessa Jeesus käytti vertauskuvaa palvelijasta opettaessaan opetuslapsiaan. Palvelija työskenteli koko päivän pelloilla ja palasi kotiin iltahämärän aikaan. Siellä ei kuitenkaan ollut ketään joka olisi sanonut hänelle: "Hyvin tehty. Lepää ja syö illallisesi." Tämän sijaan palvelijan täytyi valmistaa isännälleen illallista ja palvella häntä ja vasta tämän jälkeen hän saattoi syödä oman illallisensa. Eikä kukaan sanonut hänelle "Kiitos paljon kovasta työstäsi", vaikka hän tekikin kaiken minkä hänen isäntänsä käski. Palvelija vain sanoi: "Olen arvoton palvelija; olen tehnyt vain sen, minkä minun on kuulunut tehdä."

Samalla tavoin sinun kuuluu olla nöyrä ja kuuliainen mies, joka sanoo. "Olen arvoton palvelija; olen vain täyttänyt velvollisuuteni", jopa silloin kun olet tehnyt kaiken minkä Jumala on käskenyt sinun tehdä.

Ihmiset, joilla on isien usko tuntevat Jumalan – joka on ollut alusta asti – sydämen syvyyden ja suuruuden, ja heillä on myös Jeesuksen Kristuksen sydän, joka nöyrtyi ja alensi itsensä ja joka oli kuuliainen kuolemaan saakka. Joten Jumala tunnistaa ja palkitsee suuresti tällaiset ihmiset ja he tulevat loistamaan kirkkaasti taivaan valtakunnassa.

Aivan kuten pieni sinapinsiemen kasvaa suureksi puuksi jossa monet linnut pesivät, niin kasvaa hengellinen usko imeväisten mitasta nuorukaisten ja isien mittaan. Kuinka suurenmoisesti siunattuja te olettekaan kun te tunnette tämän Yhden joka on ollut alusta asti, ja kun teillä on tarpeeksi uskoa ymmärtääksenne Hänen syvyyden ja suuruuden, ja kun te olette Jeesuksen tavoin kykeneväisiä kaitsemaan monia vaeltavia sieluja!

Rukoilen Herramme nimessä, että te saisitte osaksenne Jumalan anteliaan sydämen ja rakkauden, ja että te saisitte omata isien uskon, kantaa runsaasti hedelmää ja loistaa kirkkaasti taivaan valtakunnassa ikuisesti!

Luku 3

HENKILÖKOHTAISEN USKON MÄÄRÄ

USKON MITTA

Sillä sen armon kautta, mikä minulle on annettu,

minä sanon teille jokaiselle,

ettei tule ajatella itsestänsä enempää,

kuin ajatella sopii,

vaan ajatella kohtuullisesti, sen uskonmäärän mukaan

minkä Jumala on kullekin suonut.

(Room. 12:3)

J umala antaa sinun korjata kylvämäsi mukaan ja koska Hän on oikeudenmukainen Hän palkitsee sinut sen mukaan mitä olet tehnyt. Matteuksen evankeliumissa 7:7-8 Jeesus sanoo meille, *"Anokaa, niin teille annetaan; etsikää, niin te löydätte; kolkuttaa, niin teille avataan. Sillä jokainen anova saa, ja etsivä löytää, ja kolkuttavalle avataan."*

Sinä saat siunauksia ja rukousvastauksia hengellisen – et lihallisen – uskon kautta. Sinä voit saavuttaa lihallisen uskon kuuntelemalla ja opettelemalla Jumalan sanaa. Hengellistä uskoa ei kuitenkaan jaella vapaasti, sillä sinä voit saada sen vasta sitten kun Jumala sen sinulle antaa.

Täten Roomalaiskirje 12:3 kehottaa että meidän pitäisi *"Ajatella kohtuullisesti, sen uskonmäärän mukaan, minkä Jumala on kullekin suonut."* Jumalan antaman uskon mitta tai määrä on jokaiselle eri. Kuten me myös löydämme 1. Korinttolaiskirjeestä 15:41, *"Toinen on auringon kirkkaus ja toinen kuun kirkkaus ja toinen tähtien kirkkaus, ja toinen tähti voittaa toisen kirkkaudessa."* Taivaassa ihmisille jaettavat asuinsijat ja kunnia vaihtelevat heidän henkilökohtaisen uskonsa määrän mukaan.

1. Jumalan antama uskon määrä

"Mitta" on esineen paino, tilavuus, määrä tai koko. Jumala mittaa jokaisen ihmisen uskon ja vastaa heille heidän uskonsa mitan mukaan.

Yleisesti ottaen ihmiset joilla on paljon uskoa saavat vastauksia vain toivottuaan jotakin sydämessään, kun taas toiset saavat vastauksen rukouksiinsa vasta rukoiltuaan ja paastottuaan ankarasti koko päivän. Ihmiset, joilla on vain vähän uskoa voivat saada vastauksensa vasta rukoiltuaan sitä kuukauksien tai vuosien ajan. Jos sinä voisit "ansaita" hengellistä uskoa niin paljon kuin haluat niin silloin kaikki saisivat ne siunaukset ja rukousvastaukset mitä he ovat toivoneet. Maailmasta tulisi hyvin hämmentävä ja sekasortoinen paikka elää.

Kuvittele, että on olemassa mies joka ei elä Jumalan sanan mukaan ja hän pyytää näin: "Jumala, anna minusta tulla tämän maan suurimman yhtiön johtaja", tai: "Minä vihaan tuota miestä. Jumala, rankaise häntä." Kuvittele, että hänen rukouksiinsa vastattaisiin. Minkälainen maailma silloin olisi?

Hengellinen usko ja kuuliaisuus

Miten sinä voit saada hengellisen uskon? Jumala ei anna hengellistä uskoa kenelle tahansa. Sen saavat vain ne, jotka ansaitsevat sen olemalla Hänen Sanalleen kuuliaisia. Tämän mukaisesti sinä voit saada hengellistä uskoa sen mukaisesti kun sinä heität luotasi sellaiset epätotuudet kuin vihan, kiistanhalun, kateuden, haureuden, ja kun sinä opit rakastamaan jopa vihollisiasi.

Raamatussa Jeesus kehui eräitä, sanoen: "Sinun uskosi on suuri!", mutta torui muita, sanoen: "Sinun uskosi on vähäpätöistä!"

Esimerkiksi jakeissa Matteus 15:21-28 Kanaanilainen nainen tuli Jeesuksen luo ja pyysi Häntä parantamaan hänen riivatun tyttärensä. Hän vaikeroi: *"Herra, Daavidin poika, armahda minua. Riivaajaa vaivaa kauheasti minun tytärtäni."* (jae 22).

Jeesus halusi kuitenkin koetella naisen uskoa ja täten vastasi hänelle: *"Minua ei ole lähetetty kuin Israelin huoneen kadotettujen lammasten tykö"* (jae 24). Nainen polvistui Jeesuksen eteen. *"Herra, auat minua"*, hän sanoi (jae 25). Jeesus kieltäytyi toistamiseen sanoen: *"Ei ole soveliasta ottaa lasten leipää ja heittää penikoilla."* (jae 26). Hän sanoi näin koska Hänen aikakauden juutalaiset pitivät muukalaisia (eli ei-juutalaisia) koirina, ja tämä nainen oli muukalainen Tyre-nimiseltä alueelta.

Tässä tilanteessa useimmat ihmiset olisivat hävenneet tai tunteneet epätoivoa tai vihaa ja antaneet helposti periksi yrittää saada vastausta. Nainen ei kuitenkaan ollut pettynyt ja hän hyväksyi Jeesuksen sanat nöyrästi. Hän alensi itsensä kuin koirankaltainen alhainen olento ja anoi periksiantamatta Hänen armoaan. *"Niin, Herra, mutta syöväthän penikatkin niitä muruja, jotka heidän herrainsa pöydältä putoavat."* (jae 27)

Silloin Jeesus oli tyytyväinen naisen uskoon ja Hän vastasi: *"Oi vaimo, suuri on sinun uskosi, tapahtukoon sinulle, niinkuin tahdot"*, ja tytär parani välittömästi (jae 28).

Me luemme myös kuinka Jeesus torui opetuslapsiaan heidän vähästä uskosta Matteuksen jakeissa 17:14-20. Eräs mies toi kaatumataudista kärsivän poikansa Jeesuksen opetuslasten tykö mutta nämä eivät kyenneet parantamaan lasta. Myöhemmin mies toi poikansa Jeesuksen luokse ja hetkessä Hän ajoi pojasta riivaajan ulos ja paransi hänet. Sen jälkeen kun Jeesus oli parantanut pojan, Hänen opetuslapsensa tulivat ja kysyivät Häneltä: *"Miksi emme me voineet ajaa sitä ulos?"* (jae 19), johon Jeesus vastasi: *"Teidän epäuskonne tähden"* (jae 20).

Tämä lisäksi Jeesus torui Pietaria Matteus 14:22-23:ssa. Eräänä iltana Hänen opetuslapsensa olivat veneessä myrskyävien aaltojen keskellä kun Jeesus lähestyi heitä vetten päällä kävellen. Nähdessään Hänen kävelevän veden päällä opetuslapset olivat ensin kauhuissaan ja huusivat peloissaan: *"Se on aave!"* (jae 26). Jeesus sanoi heille: *"Olkaa turvallisella mielellä, minä se olen; älkää peljätkö"* (jae 27).

Pietari rohkaistui ja sanoi: *"Jos se olet sinä, Herra, niin käske minun tulla tykösi vettä myöten"* (jae 28). Jeesus sanoi: *"Tule"*, niinkuin Pietari oli halunnut kuulla. Pietari astui ulos veneestä, käveli veden päällä ja meni kohti Jeesusta. Kun hän kuitenkin huomasi tuulen kovuuden Pietari alkoi pelätä ja hänen alkaessaan vajota veden alle hän huusi: *"Herra, auta minua!"* (jae 30). Jeesus ojensi kätensä ja tarttui Pietariin, ja Hän torui opetuslastaan. *"Sinä vähäuskoinen, miksi epäilit?"* (jae 31).

Pietaria toruttiin hänen uskonsä vähäisyydestä, mutta vastaanotettuaan Pyhän Hengen ja Jumalan voiman hän suoritti useita ihmetekoja Herran nimessä kunnes hän kuoli suuren uskon omaten pää alaspäin ristiinnaulittuna.

2. Jokaisen uskon eri määrä

Raamatussa on useita vertauskuvia jotka puhuvat uskon mitasta tai määrästä. 1. Joh. 2 puhuu uskon mitasta verraten sitä ihmisen kasvuun ja Hesekiel 47:3-5 puhuu uskon mitasta verraten sitä veden syvyyteen.

Mennessänsä itää kohti mies, mittanuora kädessään, mittasi tuhat kyynärää ja antoi minun käydä veden poikki: vettä oli nilkkoihin asti. Sitten hän mittasi tuhat ja antoi minun käydä veden poikki: vettä oli polviin asti. Sitten hän mittasi tuhat ja antoi minun käydä poikki: vettä oli lanteisiin asti. Sitten hän mittasi tuhat: tuli virta, jonka poikki minä en voinut käydä, sillä vesi nousi uimavedeksi, virraksi, josta en voinut käydä poikki.

Hesekielin kirja on yksi Vanhan Testamentin viidestä suuresta profeetallisesta kirjasta. Jumala antoi Hesekielin kirjata profetioita kun Babylon tuhosi Juudean Eteläisen Kuningaskunnan ja paljon juutalaisia kuljetettiin pois sotavankeina. Hesekielin 40:stä luvusta eteenpäin kuvataan temppeliä jonka Hesekiel näki näyssä.

Hesekielin luvussa 47 profeetta kirjoittaa näystä, jossa hän näki kuinka vesi virtasi temppelin perustusten alta itään kohti. Vesi valui alttarin eteläpuolitse temppelin etelänpuoleisen sivuseinän alitse, ja siitä virta jatkui ulos pohjoisen portin kautta ja valui ulos temppelialueelta itäänpäin katsovan portin luokse.

Tässä vesi symboloi Jumalan sanaa (Joh. 4:14). Se, että vesi virtaa ulos temppelistä ja että se virtaa temppelin sisätilan ympäri ennen ulos virtaamistaan kertoo meille että Jumalan sanaa ei saarnata vain temppelin sisällä vaan myös maailmalle sen ulkopuolella.

Mitä Hesekiel sitten tarkoittaa miehellä joka mittaa tuhat kyynärää itää kohti mennessään? Tällä viitataan siihen, että Herra mittaa jokaisen ihmisen uskon ja siihen, että tuomiopäivänä hän punnitsee ihmiset täsmälleen heidän oman uskonsa mitan mukaan.

"Mies mittanuora kädessään" viittaa Herran palvelijaan, ja mitan omaaminen tarkoittaa sitä, että Herra mittaa jokaisen henkilökohtaisen uskon mitan tarkasti ja oikein ilman virheitä. Joten veden syvyyden muuttuminen symboloi vertauskuvallisesti ihmisten uskonmäärän eri tasoja.

Veden syvyyden mukaisesti

Nilkansyvyinen vesi kuvastaa hengellisten imeväisten uskoa, eli sitä uskoa, joka vain vaivoin antaa sinun pelastua. Kun tämän mitan määrää verrataan miehen pituuteen se tuskin ylettyy tämän nilkkoihin asti. Seuraava, polvensyvyinen vesi, viittaa lasten uskoon, ja lanteisiin ulottuva vesi nuorukaisten uskoon. Viimeinen vertaus, uimavesi, kuvaa isien uskoa.

Tällä tavoin tuomion päivänä jokaisen ihmisen henkilökohtainen usko tulee mitatuksi ja Herra päättää jokaisen henkilön taivaallisesta asuinsijasta sen mukaan miten tarkasti hän on elänyt Jumalan sanan mukaan tässä elämässä.

"Tuhannen kyynärän mitta" kuvaa Jumalan suurta sydäntä, Hänen tarkkuuttaan ilman pienintäkään virhettä, ja Hänen sydämensä syvyyttä mikä ottaa kaiken huomioon. Jumala ei mittaa ihmisten henkilökohtaista uskoa vain yhdestä perspektiivistä vaan Hän ottaa huomioon kaikki olosuhteet. Hän etsii meidän kaikki tekomme ja sydämiemme ytimen niin perinpohjaisesti, ettei kukaan tunne olevansa väärin tuomittu tai syytetty.

Täten Jumalaa etsii kaiken palavin silmin, ja Hän antaa jokaisen korjata sen mitä on kylvänyt ja palkitsee tekojen mukaan. Siksi Room. 12:3 sanoo: *"Sillä sen armon kautta, mikä minulle on annettu, minä sanon teille jokaiselle, etttei tule ajatella itsestänsä enempää kuin ajatella sopii, vaan ajatella kohtuullisesti, sen uskonmäärän mukaan, minkä Jumala on kullekin suonut."*

Ajattele kohtuullisesti uskonmääräsi mukaan

Nilkansyvyisessä vedessä kävely tuntuu erilaiselta ja on erilaista verrattuna lanteille ulottuvassa vedessä kävelyyn. Kun olet nilkkoihin ulottuvassa vedessä voit ajatella joko käveleväsi tai juoksevasi sillä se ei ole tarpeeksi syvää uimiseen. Lanteille ulottuvassa vedessä uiminen on kuitenkin kävelyä helpompaa.

Samoin kuin henkilön ajatukset riippuvat siitä miten syvässä vedessä hän on, lasten uskon omaavat ajattelevat eri tavoin kuin isien uskon omaavat. Joten on vain sopivaa että sinä ajattelet viisaasti oman uskosi määrän mukaan.

Aabraham sai Iisakin sen jälkeen kun Jumala oli luvannut tämän hänelle tunnustettuaan Aabrahamin uskon. Eräänä päivänä Jumala käski Aabrahamia uhraamaan oman poikansa Iisakin polttouhrina. Mitä Aabraham ajatteli Jumalan käskystä? Hän ei koskaan ajatellut tuskissaan, "Miksi Jumala käskee minua uhraamaan Iisakin polttouhrina kun Hän itse antoi Iisakin minulle lupauksensa perusteella? Rikkooko Hän nyt sanansa?"

Heprealaiskirje 11 muistuttaa meitä että Aabraham ajatteli Jumalan käskystä viisaasti: "Hän ei koskaan valehtele, joten Hän nostattaa minun poikani kuolleista." Aabraham ei ajatellut itsestään enempää kuin mitä hän oli. Hän ajatteli itsestään sen uskon määrän mukaan minkä Jumala oli hänelle antanut.

Aabraham ei valittanut tai nurissut vaan totteli Jumalaa nöyrin sydämin. Tämän tuloksena Jumala hyväksyi hänet ja suosi häntä entistäkin enemmän ja hänestä tuli uskon esi-isä.

Sinun täytyy ymmärtää, että Aabrahamin julistettiin omaavan hengellisen uskon ja hänet johdettiin siunauksiin vasta ankarien ja vaikeiden koettelemuksien jälkeen. Sinä voit saada osaksesi Jumalan suuren rakkauden ja Hänen siunauksensa kun läpäiset tuliset koettelemukset ajatellen itsestäsi viisaasti oman uskosi määrän mukaisesti.

3. Tulessa koeteltu uskonmäärä

1. Korinttolaiskirje 3:12-15 kertoo meille että Jumala koettelee jokaisen henkilön uskoa tulella ja punnitsee tästä jäljelle jäävän teon tulella.

*Mutta jos joku rakentaa tälle perustukselle, rakensipa
kullasta, hopeasta, jalokivistä, puusta, heinistä, tai
oljista, niin kunkin teko on tuleva näkyviin; sillä sen on
saattava ilmi se päivä, joka tulessa ilmestyy, ja tuli on
koetteleva, minkälainen kunkin teko on. Jos jonkun
tekemä rakennus kestää, hän on saava palkan; mutta jos
jonkun tekemä palaa, joutuu hän vahinkoon; mutta hän
itse on pelastuva, kuitenkin ikäänkuin tulen läpi.*

Tässä viitattu "perustus" on Jeesus Kristus, ja "teko" viittaa
siihen mitä on tehty täydellä sydämellä uskossa. Kuka uskoo
Jeesukseen Kristukseen, hänen tekonsa tulee paljastetuksi siksi
mitä se on, "sillä sen on saattava ilmi se päivä."

Milloin jäljelle jäävä teko näytetään?

Ensinnäkin, jokaisen henkilön teot tulevat ilmi kun
hänen työvuoronsa tai pestinsä on ohitse. Jos hänen pestinsä
on vuotuinen niin hänen tekonsa tulevat ilmi aina jokaisen
vuoden päättyessä.

Toiseksi, Jumala punnitsee jokaisen uskon heidän
kohdatessa tulikokeen. Jotkut ihmiset säilyttävät rauhansa jopa
vaikeiden koettelemusten edessä kun taas toiset eivät näistä
selviydy.

Lopulta, Jumala punnitsee kaikien ihmisten teot tuomion
päivänä joka tulee Jeesuksen Kristuksen Toisen Tulemisen
jälkeen. Hän tulee punnitsemaan jokaisen ihmisen pyhyyden
ja uskollisuuden ja asettamaan heille näiden mukaan heidän
taivaalliset asuinsijat ja palkkiot.

Tulen jälkeen jäljelle jäävä teko

Jälleen 1. Korinttolaiskirje 3:12-23 muistuttaa meitä, *"Mutta jos joku rakentaa tälle perustukselle, rakensipa kullasta, hopeasta, jalokivistä, puusta, heinistä tai oljista, niin kunkin teko on tuleva näkyviin; sillä sen on saattava ilmi se päivä, joka tulessa ilmestyy, ja tuli on koetteleva, minkälainen kunkin teko on."*

Jos Jumala testaa jokaisen ihmisen uskon tulella heidän uskonsa laatu paljastuu kullaksi, hopeaksi, jalokiviksi, puuksi, heinäksi, ruohoksi tai oljiksi. Jumalan koettelemusten jälkeen kullan, hopean, jalokivien, puun tai heinän usko johtaa taivaaseen kun taas olkinen usko johtaa kadotukseen, sillä se on sama kuin jos olisi hengellisesti kuollut.

Ihmiset, joiden usko on tehty joko kullasta, hopeasta tai jalokivistä, pystyvät voittamaan tuliset koettelemukset samalla tavoin kuin kulta, hopea tai jalokivet eivät tule tulen polttamaksi. Niiden ihmisten, joiden usko on kuin tehty puusta tai heinästä on kuitenkin vaikea selviytyä näistä vaikeista ja tulisista koettelemuksista.

Kullan, hopean ja jalokivien ominaisuuksia

Kulta on taottava, helposti muovailtava ja keltainen alkuainemetalli jota käytetään erityisesti kolikoissa, koruissa, ylellisyysesineissä ja taide-esineissä. Jo kauan aikaa kultaa on pidetty kaikkein arvokkaimpana jalometallina. Sen kaunis säihke ei himmene pitkänkään ajan kuluttua sillä kullan ja muiden aineiden välillä ei tapahdu kemiallisia reaktioita.

Tämän johdosta kultaa on pidetty arvokkaimpana jalometallina sen ollessa muuttumaton, hyvin käyttökelpoinen monia eri tarkoituksia varten, sekä tarpeeksi taipuisa tullakseen muovatuksi mihin tahansa muotoon.

Hopeaa on myös hyvin usein käytetty kolikoihin, ylellisyysesineisiin ja teollisuuden tarpeisiin, sillä se on kullan jälkeen paras muovattavuudeltaan ja se johtaa hyvin lämpöä. Hopea on kultaa keveämpää ja sitä vähäisempi kauneudeltaan ja säihkeeltään.

Jalokivet, kuten timantit, safiirit tai smaragdit loistavat eri värein ja kirkkauksin mutta niitä ei voida käyttää useaan tarkoitukseen. Ne myös menettävät arvoaan tai muuttuvat arvottomiksi jos ne rikkoontuvat tai naarmuuntuvat.

Tämän tähden Jumala mittaa jokaisen henkilön uskon sen mukaan minkälaiset teot jäävät tulikokeiden jälkeen jäljelle. Näistä kullan, hopean, jalokivien, puun tai heinän uskosta kullan kaltainen usko ja sen teot ovat Hänelle kaikkein arvokkaimpia.

Kultaisen uskon omaaminen

Ihmiset, joiden usko on kultaisen kaltaista eivät järkyty edes silloin kun he kohtaavat tulisia koettelemuksia. Hopeinen usko ei ole yhtä kestävää kuin kulta mutta se on vahvempaa kuin tulelle alttiit jalokivet. Toisaalta ihmiset, joiden usko on puun tai heinän kaltaista ja joiden teot Jumalan tuli polttaa tulevat vain vaivoin pelastetuksi ja he jäävät palkkiotta. Jumala palkitsee kaikki heidän tekojensa perusteella, sillä Hän on oikeudenmukainen ja vanhurskas. Siten Hän hyväksyy ihmiset joiden usko on kullan tavoin muuttumaton ja Hän palkitsee heidät taivaassa.

Muukalaisten apostoliksi omistautunut apostoli Paavali saarnasi evankeliumia järkkymättömällä sydämellä. Hän pysyi uskossaan siitä huolimatta että hän kohtasi lukuisia koettelemuksia ja vaikeuksia sen jälkeen kun hän kohtasi Herran.

Apostolien teot 16:25 kertoo meille seuraavasti: *"Mutta keskiyön aikaan Paavali ja Silas olivat rukouksissa ja veisasivat ylistystä Jumalalle; ja vangit kuuntelivat heitä."*

Paavali ja Silas oli julmasti ruoskittu ja vangittu evankeliumin saarnaamisesta ja vaikka heidän jalkansa oli kahlittu vankilassa he silti valittamatta ylistivät Jumalaa veisuin ja rukouksin.

Paavali ei kuolemaansa saakka koskaan kieltänyt Herraa eikä hän päästänyt yhtäkään valituksen sanaa suustaan. Hän oli aina riemumielin ja kiitollinen omaten taivaasta unelmoivan sydämen, ja hän oli Jumalalle uskollinen teoissaan aina oman henkensä uhraamiseen saakka.

Jos sinulla on apostoli Paavalin tavoin kullan kaltainen usko niin myös sinä tulet asumaan kunniallisella paikalla taivaassa ja sinä tulet loistamaan auringon tavoin ja vastaanottamaan Jumalan suuren rakkauden niiden tekojesi tähden joita ei voida polttaa tuhkaksi.

Puun ja heinän usko

Ihmiset, joiden usko on hopean kaltaista suorittavat velvollisuutensa niin kuin pitääkin siitä huolimatta, että heidän uskonsa onkin kultaista vähäisempää. Minkälaista on sitten jalokivien kaltainen usko?

Ihmiset, joilla on jalokivien kaltainen usko tunnustavat: "Minä haluan olla uskollinen Herralle! Minä haluan saarnata evankeliumia koko sydämelläni", sen jälkeen kun heidät on parannettu sairaudestaan tai täytetty Pyhällä Hengellä. Kun heidän rukouksiinsa vastataan, he väittävät "Tästä lähtien elän vain Jumalalle." He näyttävät siltä että omaisivat kultaisen uskon mutta he kompastelevat tai eksyvät tulikokeissa sillä heidän uskonsa ei ole kultaista. Heidän ollessa täytettyjä Pyhällä Hengellä he näyttävät omaavansa suuren uskon, mutta silti kääntyvät uskon tieltä ja lopulta heidän sydämensä särkyvät sirpaleiksi ikään kuin heillä ei olisi uskoa lainkaan.

Toisin sanoen: Jalokivien kaltainen usko näyttää kauniilta vain hetkisen ajan. Silti tämän uskon teot selviävät tulikokeesta aivan kuten jalokivien muotokin uhmaa tulen voimaa.

Puun tai heinän usko palaa kuitenkin tulikokeessa olemattomiin. Jälleen 1. Korinttolaiskirje 3:14-15 kertoo meille: *"Jos jonkun tekemä rakennus kestää, on hän saava palkan; mutta jos jonkun tekemä palaa, joutuu hän vahinkoon; mutta hän itse on pelastuva, kuitenkin ikään kuin tulen läpi."*

On totta, että ihmiset joiden usko on kullan, hopean tai jalokivien kaltaista tulevat pelastumaan ja saamaan palkkionsa taivaassa niiden tekojen tähden, jotka jäävät Jumalan tulikokeiden jälkeen jäljelle. Niiden ihmisten teot joiden usko on puun tai heinän kaltaista tulevat kuitenkin palamaan tuhkaksi näiden tulikokeiden kautta. Nämä ihmiset tulevat kuitenkin pelastetuiksi mutta he eivät saa taivaassa palkkioita.

Jumala hyväksyy sinut riemuiten ja palkitsee sinut runsaasti
kun sinä etsit Häntä vilpittömästi. Heprealaiskirje 11:6 kertoo
meille: *"Mutta ilman uskoa on mahdoton olla otollinen; sillä
sen, joka Jumalan tykö tulee, täytyy uskoa, että Jumala on ja
että hän palkitsee ne, jotka häntä etsivät."*

Hän punnitsee jokaisen ihmisen uskon tulikokeella. Jumala
antaa myös siunauksia maan päällä ja palkkioita taivaassa
kaikille, joiden usko on kullan tavoin muuttumatonta.

Sen tähden sinun tulee ymmärtää että on olemassa erilaisia
Jumalan antamia vastauksia ja rukouksia aivan kuten taivaassa
on olemassa erilaisia asuinsijoja ja kruunuja jokaisen uskon
mitan mukaisesti.

Minä rukoilen Herran nimessä, että sinä saattaisit saavuttaa
Jumalaa miellyttävän, kultaisen uskon voidaksesi nauttia Hänen
siunauksistaan kaikilla maallisilla vaelluksillasi, ja että saattaisit
asua kunniallisella paikalla taivaassa auringon tavoin loistaen.

Luku 4

Usko Pelastuksen Vastaanottamiseksi

Niin Pietari sanoi heille:

"Tehkää parannus ja ottakoon kukin teistä

kasteen Jeesuksen Kristuksen nimeen

syntienne anteeksisaamiseksi,

niin te saatte Pyhän Hengen lahjan.

Sillä teille ja teidän lapsillenne

Tämä lupaus on annettu ja kaikille,

jotka kaukana ovat,

ketkä ikinä Herra, meidän Jumalamme, kutsuu."

(Ap t. 2:38-39).

E dellisessä kappaleessa kävin läpi kuinka Jumala hyväksyy tekojen säestämän hengellisen uskon; kuinka jokaisella ihmisellä on eri määrä hengellistä uskoa; sekä kuinka tämä usko kypsyy sen mukaan kuinka kuuliainen ihminen on Jumalan sanalle.

Uskon määrä voidaan jakaa viiteen tasoon – kullan, hopean, jalokivien, puun, ja heinän uskoon. Jos kuuntelet Jumalan sanaa ja olet sille kuuliainen, niin uskosi kypsyy heinästä kultaan askel kerrallaan samaan tapaan kuin miten sinä nouset rappusia tai tikapuita.

Sinä voit saavuttaa taivaan vain uskon kautta. Voidaksesi vallata voimallisesti osan taivaan valtakunnasta sinun tulee lisätä uskoasi askel askeleelta. Kun sinä saavutat kultaisen uskon niin sinä tulet Herran kuvaksi ja Hän mieltyy sinuun ja suosii sinua, ja lopulta sinä saavutat Uuden Jerusalemin, missä Jumalan valtaistuin sijaitsee. Lisäksi jos sinulla on kullan kaltainen usko niin Jumala on sinuun tyytyväinen ja Hän kävelee sinun rinnallasi, vastaa sydämesi toiveisiin, ja siunaa sinut tekemään ihmetöitä.

Sen tähden minä toivon että sinä mittaisit uskosi ja pyrkisit saavuttamaan vielä täydellisemmän uskon kuin mitä sinulla nyt on.

1. Uskon ensimmäinen taso

Ennenkuin me hyväksyimme Jeesuksen Kristuksen me olimme paholaisen lapsia ja olimme matkalla kadotukseen, sillä me elimme synnissä. 1 Joh. 3:8 sanoo tästä: *"Joka syntiä tekee, se on perkeleestä, sillä perkele on tehnyt syntiä alusta asti. Sitä varten Jumalan Poika ilmestyi, että hän tekisi tyhjäksi perkeleen teot."*

Siitä huolimatta miten hyvältä ja tahrattomalta sinä saatatkin näyttää sinä tulet löytämään itsesi elämästä pimeydessä. Tämä johtuu siitä, että kun Jumalan täydellisen totuuden valo loistaa sinuun se tuo ilmi sinuun kätkeytyneen pahuuden.

Minä itse luulin joskus olevani niin hyvä ja jalo ihminen etten tarvinnut lakia. Kuitenkin kun Herran hyväksyttyäni minä katsoin kuvastustani totuuden peilissä huomasin kuinka huono ihminen minä olin ollut. Miten minä oli käyttäytynyt ja mitä olin sanonut ja kuunnellut ja ajatellut oli kaikki vastoin Hänen Sanaansa.

Jumala puhui Jobista jakeessa Job 1:8, sanoen: *"Sillä ei ole maan päälllä hänen vertaistansa; hän on nuhteeton ja rehellinen mies, pelkää Jumalaa ja karttaa pahaa."* Ja silti sama Job, jota pidettiin nuhteettomana ja rehellisenä miehenä, lausui valituksen ja surkuttelun sanoja ja huokaili käydessään läpi koettelemuksia.

Hän tunnusti: *"Tänäänkin on valitukseni niskoittelua! Minun käteni on raskas huokaukseni tähden."* (Job 23:2), ja *"Niin totta kuin Jumala elää, joka on ottanut minulta oikeuteni, ja Kaikkivaltias, joka on sieluni murehuttanut."* (Job

27:2).

Job paljasti pahuutensa ja huonoutensa henkeäuhkaavissa koettelumuksissa siitä huolimatta, että häntä oli kehuttu "nuhteettomaksi ja rohkeaksi mieheksi." Kuka sitten voi väittää olevansa synnitön Jumalan silmissä, joka itse on puhdasta valoa ilman pimeyden häivääkään?

Jumalan silmissä kaikki sydämessäsi olevat syntisi jäänteet kuten viha tai kateus, sekä kaikki syntiset teot kuten riitely tai varastaminen ovat syntiä. Jumalaa sanoo tästä meille selvästi: *"Jos sanomme, ettei meillä ole syniä, niin me eksytämme itseämme, ja totuus ei ole meissä."* (1. Joh. 1:8).

Jeesuksen Kristuksen vastaanottaminen

Rakkauden Jumala lähetti Hänen ainoan poikansa Jeesuksen maan päälle vapauttamaan meidät synneistämme. Jeesus ristiinnaulittiin ja meidän puolestamme Hän vuodatti tahratonta ja syyntakeetonta, kallisarvoista vertaan. Häntä rankaistiin synneistämme. Voitettuaan kuoleman voiman Jeesus kuitenkin nousi kolmantena päivänä kuolleista. Neljäkymmentä päivää ylösnousemuksensa jälkeen Jeesus kohosi taivaaseen opetuslastensa nähden luvaten palata takaisin ja viedä meidät taivaaseen (Ap t. 1).

Sinä saat ottaa vastaan lahjana Pyhän Hengen ja tulla sinetöidyksi Jumalan lapseksi kun uskot pelastuksen tiehen ja otat Jeesuksen Kristuksen vastaan sydämeesi. Sinä saat myös oikeuden tulla Jumalan lapseksi kuten Joh. 1:12 lupaa: *"Mutta kaikille, jotka ottivat hänet vastaan, hän antoi voiman tulla Jumalan lapsiksi, niille, jotka uskovat hänen nimeensä."*

Oikeus tulla Jumalan lapseksi

Oleta, että lapsi syntyy ja hänen vanhempansa ilmoittavat hänen syntymänsä viranomaisille ja antavat hänelle oman sukunimensä. Kun sinä synnyt uudelleen Jumalan lapsena niin samalla tavalla sinun nimesi rekisteröidään Elämän Kirjaan taivaassa ja sinulle annetaan taivaan kansalaisuus.

Sinusta tulee Jumalan lapsi ollessasi uskon ensimmäisellä tasolla vastaanotettuasi Jeesuksen Kristuksen ja saamalla syntisi anteeksi (1. Joh. 2:12), ja sinä kutsut Jumalaa "Isäksi" (Galatalaiskirje 4:6). Sinä myös iloitset siitä, että olet saanut omaksesi Pyhän Hengen vaikket tiedäkään Jumalan totuuden sanaa. Kun sinä katselet ympärillesi sinä tunnet Jumalan olemassaolon.

Joten uskon ensimmäistä tasoa kutsutaan "uskoksi pelastuksen vastaanottamiseksi" tai "uskoksi Pyhän Hengen vastaanottamiseksi", ja se vastaa hengellisten imeväisten uskoa tai – kuten yllä on kuvattu – heinän uskoa.

2. Vastaanotitko Pyhän Hengen?

Ap t. 19:1-2:ssa Paavali, vääräuskoisten apostoli joka uhrasi itsensä evankeliumin saarnaamiselle, tapasi muutaman opetuslapsen Efesoksessa ja kysyi heiltä: *"Saitteko Pyhän Hengen silloin, kun tulitte uskoon?"* Tähän nämä vastasivat: *"Emme ole edes kuulleet, että Pyhää Henkeä on olemassa."* He olivat saaneet parannuksen kasteen, jonka Johannes Kastaja antoi vedellä, mutta eivät Pyhän Hengen kastetta Jumalan lahjana.

Jumala lupasi jakeissa Jooel 2:28 ja Apostolien teot 2:17 että Hän vuodattaisi Hänen Henkensä ihmisten päälle viimeisinä päivinä. Tämä lupaus täytettiin ja ne ihmiset, jotka vastaanottivat Pyhän Hengen, perustivat kirkon. On kuitenkin monia ihmisiä jotka Efesoksen opetuslasten mukaisesti väittävät uskovansa Jumalaan tietämättä kuitenkaan kuka Pyhä Henki on tai mikä on Hänen kasteensa.

Jos sinä hyväksyt Jeesuksen Kristuksen sinä saat samalla oikeuden tulla Jumalan lapseksi, ja Hän antaa sinulle Pyhän Hengen lahjaksi tuon oikeuden takaamiseksi. Joten sinua ei voida kutsua tai pitää Jumalan lapsena jos sinä et tunne Pyhää Henkeä. 2. Korinttolaiskirje 1:21-22 sanoo: *"Mutta se, joka lujittaa meidät yhdessä teidän kanssanne Kristukseen ja joka on voidellut meidät on Jumala, joka on myös painanut meihin sinettinsä ja antanut Hengen vakuudeksi meidän sydämiimme."*

Pyhän Hengen vastaanottaminen

Apostolien teot 2:38-39 selittää meille yksityiskohtaisesti kuinka saada Pyhä Henki: *"Tehkää parannus ja ottakoon kukin teistä kasteen Jeesuksen Kristuksen nimeen syntienne anteeksisaamiseksi, niin te saatte Pyhän Hengen lahjan. Sillä teille ja teidän lapsillenne tämä lupaus on annettu ja kaikille, jotka kaukana ovat, ketkä ikinä Herra, meidän Jumalamme, kutsuu."*

Kuka tahansa saa syntinsä anteeksi ja saa vastaanottaa Pyhän Hengen lahjan jos hän tunnustaa syntinsä, katuu nöyrästi ja uskoo että Jeesus on hänen Pelastajansa.

Esimerkiksi apostolien teoissa 10 on ei-juutalainen mies Cornelius Caesareasta. Eräänä päivänä apostoli Pietari vieraili hänen talossaan ja saarnasi Jeesuksen Kristuksen evankeliumia Corneliukselle ja hänen perheelleen. Pietarin saarnatessa Pyhä Henki laskeutui heidän päälleen ja he alkoivat puhua kielillä.

Ihmiset, jotka saavat Pyhän Hengen hyväksymällä Jeesuksen Kristuksen pelastajakseen ovat uskon ensimmäisellä tasolla. Silti he tulevat vain vaivoin pelastetuksi, sillä he eivät ole vielä heittäneet pois syntejään kamppailemalla niitä vastaan, täyttäneet Jumalan asettamia velvollisuuksia tai tuottaneet Herralle kunniaa.

Rikollinen joka ristiinnaulittiin Jeesuksen rinnalle hyväksyi Hänet henkilökohtaiseksi Pelastajakseen, ja niin hänen uskonsa ylsi sen ensimmäiselle tasolle.

3. Katuvan rikollisen usko

Luukas kertoo meille, että kaksi rikollista ristiinnaulittiin Jeesuksen rinnalle, yksi Hänen molemmin puolin. Toisen heistä pilkatessa Jeesusta toinen rikollinen torui tätä ja hyväksyi Jeesuksen Pelastajakseen katumalla syntejään. Hän sanoi: *"Jeesus, muista minua, kun tulet valtakuntaasi"*, ja Jeesus vastasi hänelle: *"Totisesti minä sanon hänelle: tänä päivänä pitää sinun oleman minun kanssani paratiisissa."* (jakeet 42-43).

Jeesuksen rikolliselle lupaama "paratiisi" on taivaan rajojen liepeillä. Sinne pääsevät ihmiset, joiden usko on ensimmäisellä tasolla, ja siellä he tulevat asumaan ikuisesti. Pelastetuille sieluille ei anneta paratiisissa mitään palkkioita. Pelastettu rikollinen tunnusti syntinsä omatuntoaan seuraten ja hän sai syntinsä anteeksi hyväksyttyään Jeesuksen Kristuksen Pelastajakseen.

Rikollinen ei kuitenkaan tehnyt elämänsä aikana mitään Herran hyväksi. Sen tähden hänelle luvattiin paikka Paratiisista, jossa ei ole mitään palkkioita. Jos ihmisten sinapinsiemenen kokoinen usko ei kasva edes sen jälkeen kun he ovat ottaneet Pyhän Hengen vastaan niin he pelastuvat vain vaivoin ja he elävät ikuisesti Paratiisissa, jossa ei ole palkkioita.

Sinun ei tule kuitenkaan uskoa että vain tuoreet uskovat tai uskontiellään aloittelevat voivat olla uskon ensimmäisellä tasolla. Vaikka sinä olet elänyt kristillistä elämää jo kauan aikaa ja palvellut seurakunnan vanhimpana tai diakonina niin sinä saat osaksesi häpeällisen pelastuksen jos sinun tekosi palavat tuhkaksi tulikokeessa.

Sen tähden sinun tulee rukoilla ja pyrkiä elämään Jumalan sanan mukaan vastaanotettuasi Pyhän Hengen. Sinun nimesi pyyhitään Elämän Kirjasta etkä sinä pääse taivaaseen jos et ole sanalle kuuliainen vaan sen sijaan jatkat synnissä elämistä

4. Älä tukahduta Pyhää Henkeä

On olemassa myös ihmisiä jotka vain tulevat vain vaivoin pelastetuksi vaikka he ovatkin olleet joskus uskollisia, mutta joiden uskon on kuitenkin eri syistä johtuen muuttunut hiljalleen haaleaksi.

Eräs kirkossani seurakunnan vanhimpana toiminut mies palveli uskollisesti monissa kirkon eri tehtävissä. Tästä johtuen hänen uskonsa vaikutti ulkopuolisten silmissä vahvalta. Eräänä päivänä hän kuitenkin sairastui vakavasti. Hän menetti jopa puhekykynsä ja tuli luokseni rukoiltavakseni.

Parantamisen sijaan minä rukoilin miehen pelastuksen puolesta. Sillä hetkellä hänen sielunsa kärsi kovasti enkeleiden – jotka yritivät viedä häntä taivaaseen – ja pahojen henkien – jotka yrittivät viedä häntä helvettiin – välisen taistelu aiheuttamasta pelosta.

Jos hän olisi omannut tarpeeksi uskoa eivät pahat henget olisi alun perin tulleet hakemaan häntä. Rukoilin välittömästi ajaakseni pahat henget ulos ja että Jumala ottaisi tämän miehen vastaan. Heti rukouksen jälkeen tämä mies tunsi olonsa paremmaksi ja itki. Hän katui juuri ennen kuolemaansa ja tuli näin vaivoin pelastuneeksi.

Samoin olisi Jumalan silmissä häpeällistä jos sinä saisit Pyhän Hengen ja tulisit nimitetyksi vanhimmaksi tai diakoniksi ja silti eläisit synnissä. Jos sinä et käänny pois tämänkaltaisesta haaleasta hengellisyydestä niin Pyhä Henki tulee vähittäin katoamaan sinusta ja sinä et tule pelastumaan.

Minä tiedän sinun tekosi: sinä et ole kylmä etkä palava; oi, jospa olisit kylmä tai palava! Mutta nyt, koska olet penseä, etkä ole palava etkä kylmä, olen minä oksentava sinut suustani ulos. (Ilmestyskirja 3:15-16).

Sen tähden sinun tulee ymmärtää että Paratiisiin

pääseminen on häpeällinen asia ja olla innokkaampi ja toimeliaampi uskosi kypsentämiseksi. Tämä kyseinen mies jonka mainitsin aiemmin oli parantunut rukouksillani jo aikaisemmin, ja jopa hänen vaimonsa tuli takaisin kuoleman kynnykseltä rukousteni kautta. Tämä jälkeen hänestä kypsyi tekojensa kautta Jumalan uskollinen palvelija ja hän oli uskollinen velvollisuuksilleen.

Kun kirkko kuitenkin kohtasi koettelemuksia hän ei yrittänyt puolustaa tai suojella sitä vaan sen sijaan antoi paholaisen hallita ajatuksiaan. Sanat jotka hän päästi suustaan rakensivat suuren synnin muurin hänen ja Jumalan välille. Lopulta hän ei enää voinut turvautua Jumalan suojeluun ja vakava sairaus kohtasi häntä.

Jumalan palvelijana hänen ei olisi pitänyt sanoa tai kuunnella mitään, mikä oli totuuden ja Jumalan tahdon vastaista, mutta sen sijaan hän tahtoi kuunnella näitä asioita ja levittää niitä. Koska mies oli kääntynyt pois Jumalan suuresta armosta Hänen täytyi kääntää kasvonsa pois tästä miehestä jonka oli aiemmin parantanut vaikeasta sairaudesta. Hänen palkkionsa murenivat eikä hän saanut kerättyä voimia rukoilemiseen. Hänen uskonsa rapistui ja lopulta hän saavutti pisteen missä hän ei voinut olla enää varma edes pelastumisestaan.

Koska Jumala onneksi muisti hänen menneen palveluksensa kirkossa, tämä mies sai vastaanottaa pelastuksen sen jälkeen kun Jumala oli antanut hänelle armon katua mitä oli tehnyt.

Tämän tähden sinun tulee ymmärtää että Jumalalle sinun sydämesi oleva asenne Häntä kohtaan ja sinun käytöksesi Häntä kohtaan ovat tärkeämpiä kuin sinun uskosi vuodet.

Vaikka sinä käyt kirkossa vakituisesti mutta silti rakennat synnin muurin rikkomalla Jumalan sanaa vasten niin Pyhä Henki sinussa katoaa, sinä kadotat sinapinsiemenen kokoisen (1. Tess. 5:19) uskosi etkä sinä et saa vastaanottaa pelastusta.

Heprealaiskirjeessä 10:38 Jumala sanoo: *"Mutta minun vanhurskaani on elävä uskosta, ja jos hän vetäytyy pois, ei minun sieluni mielisty häneen."* Kuinka kurja sinä olisitkaan jos sinä olet kasvanut uskossa vuosien ajan vain palataksesi takaisin maailmaan! Sinun täytyy pysyä hereillä kaiken aikaa jottet tulisi kiusatuksi tai kokisi uskosi rapistuvan.

5. Pelastuiko Aatami?

Monet ihmiset ihmettelevät mitä Aatamille ja Eevalle tapahtui sen jälkeen kun he söivät hyvän ja pahan tiedon puusta. Pystyivätkö he tulemaan pelastetuiksi jopa sen jälkeen kun heidät oli kirottu ja ajettu ulos paratiisista tottelemattomuutensa tähden?

Keskittykäämme niihin tapahtumiin joiden aikana Aatami, ensimmäinen mies, rikkoi Jumalan käskyä. Luotuaan maan ja taivaat Jumala loi maan tomusta ihmisen omaksi kuvakseen. Kun Hän puhalsi hengen mieheen miehestä tuli elävä. Sitten Hän istutti erillisen puutarhan Eedenin itäpuolelle jonne Hän johdatti Aatamin.

Eedenin puutarhassa kaikki oli kauniimpaa ja runsaampaa kuin missään muualla maailmassa, eikä Aatamilla ei ollut täällä mistään puutetta. Hän nautta ikuisen elämän siunauksesta ja hänellä oli oikeus hallita kaikkea mitä puutarhassa oli. Tämän lisäksi Jumala antoi hänelle apulaisen ja siunasi heidät olemaan hedelmällisiä, lisääntymään ja täyttämään maan. Joten Jumala siunasi ensimmäistä ihmisen elämään parhaimmassa kaikista ympäristöistä ilman mitään puutetta.

Oli kuitenkin yksi asia jonka Jumala oli kieltänyt. Hän sanoi: *"Mutta hyvän- ja pahantiedon puusta älä syö, sillä sinä päivänä, jona sinä siitä syöt, pitää sinun kuolemalla kuoleman."* (Genesis 2:17). Tämä kertoo Jumalan ehdottomasta esivallasta ja siitä, että Hän on asettanut järjestyksen Jumalan ja ihmiskunnan välille.

Pitkän ajan kuluttua Aatami ja Eeva söivät käärmeen houkuttelemana puun hedelmää Jumalan käskystä huolimatta. He tekivät syntiä ja tämän johdosta heidän henkensä kuolivat ja heistä tuli lihallisia ja syntisiä.

Heidät ajettiin ulos Eedenin puutarhasta ja he elivät maassa kaikenlaisten kärsimysten kuten tautien, kyynelten, surun ja kivun keskellä kunnes he saavuttivat päiviensä luvun niinkuin Jumala oli sanonut: *"Maaksi pitää sinun jälleen tuleman."*

Pelastuivatko Aatami ja Eeva ja pääsivätkö he taivaaseen? He rikkoivat Jumalan käskyä ja tekivät syntiä Häntä vastaan. Tämän tähden monet ihmiset sanovat: "He eivät pelastuneet, sillä he tekivät syntiä ja heidän tähden kaikki kirottiin ja kaikki heidän jälkeläisensä joutuvat elämään kärsimyksessä." Silti Rakkauden Jumalan avasi oven pelastukseen myös heille. Syntiinlankeemuksen jälkeen heidän sydämensä säilyivät puhtaampina ja lämpimämpinä Jumalaa kohtaan toisin kuin nykyään, jolloin ihmisten sydämet ovat päinvastoin kaikenlaisen synnin ja tämän maailman pahuuden tahraamia.

Heidän syntinsä tähden Aatamin täytyi elättää itsensä otsa hiessä toisin kuin silloin kun hän eli Eedenin puutarhassa. Eevan puolestaan täytyi kärsiä suuremmista synnytyskivuista kuin mitä hänen osalleen olisi tullut Eedenin puutarhassa. He molemmat myös joutuivat todistamaan kuinka toinen heidän pojistaan murhasi toisen.

Näiden kärsimysten ja kokemusten kautta Aatami ja Eeva alkoivat ymmärtää kuinka arvokkaita heidän Eedenin puutarhassa nauttimansa siunaukset ja yltäkylläisyys olivat olleetkaan. He kaipasivat aikaa jolloin he olivat eläneet Jumalan rakkaudessa ja suojeluksessa. He panivat merkille sydämessään että kaikki mistä he olivat nauttineet Eedenin puutarhassa oli Jumalan siunauksen ja rakkauden seurausta, ja he katuivat kauttaaltaan tottelemattomuuttaan Jumalan käskyjä kohtaan.

Kuinka voisi rakkauden Jumala, joka antaa jopa murhaajalle anteeksi jos tämä katuu sydämellään, olla hyväksymättä heidän katumustaan? Itse asiassa heidät luotiin Jumalan omin käsin ja pitkän aikaa heitä kasvatettiin Jumalan armossa ja suojeluksessa. Kuinka voisi Jumala lähettää heidät Helvettiin?

Jumala hyväksyi Aatamin ja Eevan katumuksen ja johdatti heidät rakkaudessaan pelastuksen tielle. Tietenkin he tulivat vain vaivoin pelastetuksi ja saavuttivat paratiisin. Tämä johtuu siitä että he hylkäsivät Jumalan rakkauden vaikka Hän rakasti heitä hartaasti. Heidän tottelemattomuutensa ei ollut mikään pieni asia, sillä se toi suuren kivun Jumalan sydämeen ja kuoleman ja kivun lukemattomille heitä seuraavuille sukupolville.

Kuvittele, että syntyy lapsi, joka ei kasva edes pitkän ajan kuluessa. Jos lapsi kasvaa hyvin hänen vanhempansa ovat tyytyväisiä. Jos vauva kuitenkin syö hyvin mutta ei kasva, siloin hänen vanhempiensa levottomuus ja huolet kasvavat päivä päivältä.

Samalla tavoin jos sinä otat vastaan Pyhän Hengen ja omaat sinapinsiemenen verran uskoa sinun tulee pyrkiä parantamaan uskoasi opettelemalla ja tottelemalla Jumalan sanaa. Vasta silloin sinä voit vastaanottaa mitä tahansa Herran nimessä pyydätkin, tuottaa Jumalalle kunniaa ja edetä kohti taivaan valtakuntaa.

Minä rukoilen Herran nimessä, ettet sinä olisi tyytyväinen siihen että tulet pelastetuksi, vaan että pyrkisit nousemaan korkeamman mitan uskoon, ja että sinä nauttisit oikeuksista ja siunauksista yhtenä Jumalan rakastamista lapsista.

Luku 5

Usko Yrittääkseen Elää Sanan Mukaisesti

USKON MITTA

Niin huomaan siis itsessäni, minä, joka tahdon hyvää tehdä,

sen lain, että paha riippuu minussa kiinni;

Sillä sisällisen ihmiseni puolesta minä ilolla yhdyn Jumalan lakiin,

mutta jäsenissäni minä näen toisen lain,

joka sotii minun mieleni lakia vastaan,

ja pitää minut vangittuna synnin laissa,

joka minun jäsenissäni on.

Minä viheliäinen ihminen,

kuka pelastaa minut tästä kuoleman ruumiista?

Kiitos Jumalalle Jeesuksen Kristuksen,

meidän Herramme kautta!

Niin minä siis tämmöisenäni palvelen mielellä Jumalan lakia,

mutta lihalla synnin lakia.

(Room. 7:21-25).

Kun sinä aloitat elämäsi Kristuksessa ja otat vastaan Pyhän Hengen sinusta tulee palava ja kiivas hengellisessä elämässäsi ja sinä täytyt pelastuksen ilosta. Sinä pyrit olemaan kuuliainen Jumalan sanalle jos olet oppinut tuntemaan Jumalan ja taivaan. Pyhä Henki auttaa sinua ymmärtämään totuuden ja seuraamaan sen tietä. Jos rikot Hänen sanaansa vastaan niin tunnet olosi kurjaksi, sillä Pyhä Henki sinussa huokaa ja lopulta sinä tulet ymmärtämään mitä synti on.

Täten, vaikka sinulla onkin aluksi usko joka vain vaivoin antaa sinun pelastua sinä silti pyrit elämään Jumalan sanan mukaisesti tämän uskon kypsyessä. Tutkikaamme tarkemmin kuinka sinä elät uskossa tämän vaiheen aikana.

1. Uskon toinen taso

Vaikka sinä pelastut uskomalla Jeesukseen Kristukseen ja olet uskon ensimmäisellä tasolla sinä voit silti tehdä tietämättäsi syntiä, sillä sinulla on vain rajallinen tietämys Jumalan sanasta. Olet kuin vauva, joka ei tunne häpeää vaikka on alasti.

Sinä haluat innokkaasti kuunnella Jumalan sanaa ja rukoilla kun kuuntelet sitä ja tunnet hengellisesti että Hänen Sanansa on Elävä. Kun katsot kirkon uskollisia palvelijoita sinä myöskin haluat elää uskollisen elämän Kristuksessa.

Tämän johdosta sinä käännyt hiljalleen pois maailmallisesta tavasta elää, alat käydä kirkossa ja pyrit kuuntelemaan Jumalan sanaa. Ennen tätä sinä nautit maallistuneiden ystävien tapaamisesta mutta nyt sinä haluat seurata hengellisiä opetuksia ja ystävyyksiä sillä sinun sydämesi etsii Henkeä.

Uskon toisella tasolla sinä opit saarnaajan sanoman sekä uskonsisartesi ja -veljiesi todistusten kautta kuinka elää hyvää kristillistä elämää Jumalan lapsena.

Luonnollisesti sinä opit kuinka elää kristittynä. Sinä pyhität lepopäiväsi ja annat kymmenyksesi Jumalan huoneelle. Sinä opit, että sinun tulee aina olla riemumielin, rukoilla jatkuvasti ja antaa kiitosta jatkuvasti. Opit rakastamaan naapureitasi kuin itseäsi ja rakastat jopa vihollisiasi. Sinulle myös kerrotaan että sinun ei tule vain heittää pois kaikenlaisia vihan, kateuden, tuomitsemisen ja pahanpuhumisen kaltaisia syntejä vaan myös pyrkiä ottamaan Hänen sydämestään mallia. Tässä tienhaarassa sinä päätät elää Sanan mukaan.

2. Uskossa elämisen vaikein vaihe

Tällä tavoin sinä yrität parhaasi elääksesi sanalle kuuliaisena sillä sinä tiedät totuuden. Samanaikaisesti sinä kuitenkin tunnet olosi raskaaksi, sillä Sanan mukaan eläminen ei ole aina helppoa. Sinun tekosi ovat ristiriidassa tahtosi kanssa.

Monissa tapauksissa sinä et voi elää sanan mukaisesti sillä sinulle ei ole vielä annettu tarpeeksi vahvaa hengellistä uskoa Jumalan sanan seuraamiseen. Jotkut ihmiset voivat jopa huokaista ja valittaa, sanoen: "Kunpa en olisi koskaan mennyt kirkkoon."

Anna minun selventää tällä esimerkillä. Sinä haluat pyhittää Herran lepopäivän joka sunnuntai mutta joskus sinä voit epäonnistua tässä jonkin sosiaalisen tapahtuman tai kokouksen vuoksi. Joskus sinä käyt sunnuntain aamujumalanpalveluksessa mutta jätät iltajumalanpalveluksen väliin. Joskus sinä menet ystäväsi tai sukulaisesi häihin jättäen sunnuntain jumalanpalveluksen kokonaan väliin.

Sinä tiedät myös että sinun tulee tarjota Jumalalle koko kymmenykset muttet aina tottele tätä käskyä. Joskus muulloin huomaat olevasi täynnä vihaa toisia kohtaan vaikka yritätkin olla vihaamatta. Himo herää sinussa nähdessäsi puoleensavetävän vastakkaisen sukupuolen edustajan, sillä tämä synnin elementti on yhä sydämessäsi (Matt. 5:28).

Kun sinä olet uskon toisella tasolla sinä yrität parhaasi noudattaa Jumalan sanaa vaikkei sinulla olekaan vielä annettu vahvuutta olla täysin kuuliainen. Silti sinä yrität kaikkesi heittääksesi pois syntisi kuten tuomitsemisen, kateuden, mustasukkaisuuden, haureuden, jotka kaikki ovat Sanan vastaisia.

Et ole aina sanalle kuulianen

Roomalaiskirjeessä 7:21-23 apostoli Paavali keskustelee yksityiskohtaisesti miksi uskon toinen vaihe on uskossa elämisen kaikista vaikein vaihe:

Niin huomaan siis itsessäni, minä, joka tahdon hyvää tehdä, sen lain, että paha riippuu minussa kiinni; Sillä sisällisen ihmiseni puolesta minä ilolla yhdyn Jumalan lakiin, mutta jäsenissäni näen toisen lain joka sotii minun mieleni lakia vastaan, ja pitää minut vangittuna synnin laissa, joka minun jäsenissäni on. Minä viheliäinen ihminen, kuka pelastaa minut tästä kuoleman ruumiista? Kiitos Jumalalle Jeesuksen Kristuksen, meidän Herramme kautta! Niin minä siis tämmöisenäni palvelen mielellä Jumalan lakia, mutta lihalla synnin lakia.

Jotkun kristityt tuntevat ahdistusta, sillä he tuntevat sanan mutta eivät vielä tottele Jumalan käskyjä. Hengellisten johtajien velvollisuus on johtaa nämä viisaudella totuuden tielle.

Sanokaamme että on mies, joka ei voi lopettaa polttamista ja juomista. Jos torut häntä sanoen "Jumala suuttuu sinulle jos jatkat polttamista ja juomista", hän epäröi tulla kirkkoon ja lopulta jättää Jumalan. On parempi että rohkaiset häntä, sanoen: "Voit helposti lopettaa polttamisen ja juomisen, sillä Jumala rakastaa sinua. Jos sinun uskosi kasvaa lopettaminen tulee olemaan helppoa. Joten rukoile jatkuvasti uskoen Jumalaan." Tässä tapauksessa sinun ei pitäisi johdattaa häntä tulemaan Jumalan luokse tuntien syyllisyyttä ja peläten rangaistusta. Sen sijaan sinun tulee johdattaa hänet Jumalan luokse ilossa ja kiitollisena, tuntien ja ollen vakuuttunut Jumalan rakkaudesta.

Toinen esimerkki: sanokaamme että on mies, joka käy vain sunnuntain aamujumalanpalveluksessa ja avaa sitten kauppansa iltapäivällä. Mitä sanoisit hänelle? On parempi että ohjaisit ja torusit häntä lempeästi, sanoen: "Jumala on tyytyväinen kun pidät Herran Päivän kokonaan. Jos pidät Herran Päivän pyhänä ja rukoilet Hänen siunauksiaan niin tulet varmasti näkemään, että Jumala siunaa sinua runsaammin kuin mitä voit ansaita avaamalla liikkeesi Herran Päivänä."

Ei kuitenkaan ole hyväksyttävää että jonkun usko pysyy muuttumattomana ilman kasvua. Aivan kuten lapsi, joka ilman luonnollista ja ajanmukaista kasvua muuttuu sairaaksi ja vammaiseksi tai kuolee, niin myös ihmisen usko heikkenee ajan kuluessa ja hän on kaukana pelastuksesta. Kuinka kurjaa onkaan jos hän ei tule pelastetuksi!

Ilmestyskirja 3:15-16 kertoo meille: *"Minä tiedän sinun tekosi: sinä et ole kylmä etkä palava: oi, jospa olisit kylmä tai palava! Mutta nyt, koska olet penseä, etkä ole palava etkä kylmä, olen minä oksentava sinut suustani ulos."* Jumala nuhtelee meitä ja ilmoittaa ettemme voi pelastua haalealla uskolla. Jos sinun uskosi on kylmä, silloin Jumala pystyy johtamaan sinut katumukseen ja pelastukseen koettelemusten kautta. Mutta jos sinun uskosi on haaleaa ei sinun ole helppoa löytää itseäsi ja katua syntejäsi.

3. Israelin heimon usko Exoduksen aikana

Kun ihmiset epäonnistuvat Jumalan sanan mukaan elämisessä heillä on tapana valittaa tai nurista vaikeuksistaan sen sijaan että voittaisivat ne uskolla ja ilolla. Tästä huolimatta rakkauden Jumala sietää heitä ja kannustaa heitä jatkuvasti elämään ja pysymään totuudessa.

Ottakaamme esimerkki. Israelin heimo oli elänyt Egyptin

alaisessa orjuudessa noin 400 vuoden ajan. He jättivät Egyptin Mooseksen johdolla ja marssiessaan kohti Kanaanin maata he todistivat useaan otteeseen Jumalan voimakkaita tekoja.

He todistivat Egyptiä kohdanneet kymmenen vitsausta, Punaisen meren jakautumisen kahtia, sekä kuinka Marahin katkera vesi muuttui makeaksi ja juotavaksi vedeksi.

Marssiessaan aavikon poikki he myös söivät taivaasta satanutta mannaa ja peltokanoja. Tällä tavoin he todistivat Jumalan ihmeellisiä voimia.

Silti he valittivat ja nurisivat sen sijaan että olisivat rukoilleet kiihkeästi aina hankaluuksia kohdatessaan. Tästä huolimatta Jumalalla oli Hänen suuressa rakkaudessaan armoa pysyä heidän kanssaan ja johtaa heitä öin ja päivin kunnes he saapuivat Luvattuun Maahan.

Nuriseva ja valittava heimo

Miksi Israelin heimo jatkoi valittamistaan ja nurisemistaan joka kerta kun he kohtasivat vaikeuksia ja koettelemuksia? Tämä ei johtunut tapahtumista itsestään vaan israelilaisten uskosta. Jos heillä olisi ollut tosi uskoa he olisivat sydämissään nauttineet Kanaanin Luvatusta Maasta vaikka he olisivat vielä tosiasisassa olleet erämaassa.

Toisin sanoen, he olisivat saavuttaneet Kanaanin maan voittaen matkansa aikana useita vastoinkäymisiä jos he olisivat uskoneet että Jumala varmasti johdattaisi heidät sinne. Riippumatta siitä minkälaisia nämä heidän erämaassa kohtaamansa vastoinkäymiset olisivat olleet he olisivat voittaneet ne hätää tai kipua tuntematta.

Uskosta ja asenteesta riippuen ihmisten reaktiot voivat olla erilaisia jopa täsmälleen samanlaisissa tilanteissa. Jotkut tuntevat levottomuutta vaikeuksia kohdatessaan, toiset hyväksyvät ne ikäänkuin velvollisuuksinaan kun taas toiset löytävät Jumalan tahdon näiden vaikeuksien keskeltä ja noudattavat sitä ilolla ja kiitosta antaen.

Kuinka sinä voit elää Kristuksessa täynnä iloa ja ilman valitusta? Anna minun selittää esimerkin avulla. Kuvittele että sinä elät Soulissa ja olet suuressa taloudellisessa ahdingossa. Eräänä päivänä joku tulee luoksesi ja sanoo" Noin 266 mailia Soulista kaakkoon on kaupunki nimeltä Pusan ja eräälle sen rannalle on haudattu jalkapallon kokoinen timantti. Jos löydät sen niin saat pitää sen, mutta sinun pitää kävellä tai juosta rannikolle. Et saa ajaa tai käyttää bussia, junaa tai lentokonetta sinne päästäksesi."

Miten sinä reagoisit tähän? Sinä et ikimaailmassa sanoisi "Hyvä on, timantti on nyt minun sillä se annettiin minulle joten käyn hakemassa sen ensi vuonna." tai että "Haen sen ensi kuussa sillä olen hyvin kiireinen tällä hetkellä." Päinvastoin, sinulle tulee luultavasti hyvin kiire lähteä juoksuun saman tien kun kuulet tämän uutisen.

Kun ihmiset kuulevat tämän saman uutisen heistä suurin osa alkaa juosta lyhyintä reittiä kohti Pusania saadakseen tämä arvokkaan timantin mahdollisimman nopeasti haltuunsa. Tuskin kukaan antaa periksi matkalla Pusaniin väsymyksestä ja kipeistä jaloista huolimatta. Sen sijaan sinä juokset kiitollisena ja iloisena pikajuoksua päästäksesi tämän timantin luokse etkä sinä valita jaloissasi tuntuvasta kivusta.

Samalla tavoin sinä voit juosta täyden matkan valittamatta missään olosuhteissa jos sinä olet luottavainen toivossasi päästä ikuiseen ja kauniiseen taivasten valtakuntaan ja jos sinä omaat muuttumattoman uskon.

Kuuliaiset ihmiset

Sinä et tunne hätää tai raskautta kristityssä elämässäsi vaan sen sijaan nautit ja iloitset siitä jos sinä noudatat Jumalan sanaa. Se, että uskon elämäsi on rauhatonta todistaa sinun niskoittelusta Jumalan sanaa vastaan ja harhautumisestasi Jumalan sanan vastaisesti.

Tässä on vertauskuva: Ennen vanhaan hevoset vetivät vaunuja. Usein näitä hevosia piiskattiin vaikka ne tekivätkin isännälleen töitä. Jos ne tottelivat isäntään niitä ei tarvinnut piiskata, mutta jos ne olivat omapäisiä eivätkä totelleet isäntiänsä niin silloin ne eivät voineet välttyä tältä.

Samoin on ihmisten laita jotka eivät tottele Jumalan sanaa. Nämä ihmiset ovat omapäisiä ja saavat Jumalan huokaamaan, ja silloin tällöin heitä piiskataan. On myös olemassa ihmisiä, jotka päinvastoin ovat Jumalan sanalle kuuliaisia sanoen: "Jumala, kerro minulle, ja minä seuraan vain Sinua", ja nämä ihmiset elävät rauhallisia ja helppoja elämiä.

Jumala käskee meitä esimerkiksi olemaan varastamatta. Kun sinä noudatat tätä käskyä tunnet olosi rauhalliseksi. Jos et noudata tätä käskyä niin tunnet olosi rauhattomaksi, sillä sinussa asuu halu varastaa. On luonnollista että Jumalan lapsi heittää pois kaiken minkä Jumala käskee häntä heittämään pois. Jos näin ei kuitenkaan käy, hän tuntee levottomuutta sydämessään.

Tämän vuoksi Jeesus sanoo Mat. 7:13-14 näin: *"Menkää ahtaasta portista sisälle. Sillä se portti on avara ja tie lavea, joka vie kadotukseen, ja monta on, jotka siitä sisälle menevät; mutta se portti on ahdas ja tie kaita, joka vie elämään, ja harvat ovat ne, jotka sen löytävät."*

Uskossaan uusille Jumalan sanan noudattaminen on raskasta ja vaikeaa, kuin ahtaan portin läpikäyminen. Hiljalleen he kuitenkin huomaavat, että se on tie taivaaseen, ja että se on todellakin oikea ja onnellinen tie.

4. Jollet usko ja tottele

Olet luultavasti kuullut useaan otteeseen seuraavat jakeet 1. Tessalonikalaiskirjeen 5. luvusta: *"Olkaa aina iloiset. Rukoilkaa lakkaamatta. Kiittäkää joka tilassa. Sillä se on Jumalan tahto teihin nähden Kristuksessa Jeesuksessa."* (jakeet 16-18).

Menetätkö ilosi kun jotain surullista tapahtuu? Kurtistatko kulmiasi kun joku tekee elämäsi hankalammaksi? Täytytkö ahdistuksella ja huolilla kun olet taloudellisessa hankaluuksissa tai kun joku vainoaa sinua?

Jonkun mielestä on tekopyhää olla iloinen ja kiitollinen vaikeuksien aikana. He saattavat kysyä: " Miksi antaisin kiitosta kun ei ole mitään mistä kiittää?" He myös tietävät että heidän pitäisi olla kärsivällisiä mutta suuttuvat tai menettävät malttinsa kun he kohtaavat sietämättömiä tilanteita.

He tekevät haureutta sydämessään kohdatessaan kauniin

vastakkaisen sukupuolen edustajan, sillä he eivät ole vielä heittäneet himoa pois sydämestään. Nämä seikat todistavat että tällaiset ihmiset eivät ole heittäneet pois syntejään kamppailemalla niitä vastaan, ja että he eivät ole Sanalle kuuliaisia.

Sinä et kuule Pyhän Hengen ääntä

Vaikka sinä tietäisit paljon Jumalan sanasta olematta sille kuitenkaan kuuliainen sinä et voi kuulla Pyhän Hengen ääntä tai tulla Hänen johdattamakseen, sillä sinä olet rakentanut synnin muurin itsesi ja Jumalan välille. Mutta jos sinä jatkuvasti olet Jumalan sanalle kuuliainen niin jopa uskossaan aloitteleva saattaa kuulla Hänen äänensä ja tulla Hänen johdattamaksi. Jumala itse on tyytyväinen sinuun ja Hän johdattaa sinua kun sinä olet Hänelle kuuliainen vaikkei sinun uskosi olisikaan vahva.

Tässä on esimerkki: Vanhemmat pitävät huolta lapsestaan joka tavalla. Kun lapsi sitten oppii kävelemään ja syömään heidän ei kuitenkaan tarvitse huolehtiä hänestä yhtä yksityiskohtaisesti. Lapsen aloittaessa ala-asteen hänen vanhempiensa ei tietenkään tarvitse huolehtia hänestä samalla tavoin kuin jos lapsi olisi yhä vauvaikäinen. Silti vanhemmat tuntevat yhä kipua tai levottomuutta jos lapsi ei pidä kenkiään kunnolla jalassa tai jos hän ei kykene itse tekemään asioita joihin hänen pitäisi jo kyetä.

Samalla tavoin jos sinä olet elänyt kristittynä tarpeeksi kauan ollaksesi kirkkosi johtaja tai palvelija sinun tulisi olla kuuliainen Jumalan sanalle. Jos kuuntelet Hänen sanaansa mutta jatkat sellaisen kristityn elämän elämistä joka muistuttaa lapsen elämää, niin sinä jatkat synnin muurin rakentamista itsesi ja Jumalan välille ja Hänen koettelemuksensa tulevat kohtaamaan sinua.

Tällaisissa tapauksissa sinä et voi saada Jumalalta vastauksia vaikka rukoilisitkin Häntä. Et voi kantaa hyvää hedelmää Hänelle ja saada osaksesi Hänen erikoissuojeluaan. Sinä et menesty, vaan päinvastoin kohtaat koettelemuksia. Sinun täytyy elää kivuliasta ja väsyttävää elämää joka on täynnä huolia ja levottomuutta.

Et saa Jumalan vastauksia tai Hänen suojeluaan

Jos sinä olet saavuttanut uskon toisen tason niin sinä tiedät mitä synti on ja että sinun tulee heittää pois kaikki pahuus ja epätotuus. Jos et ole heittänyt niitä pois vaan kannat niitä yhä mielessäsi, niin kuinka sinä voit häpeää tuntematta tulla pyhän Jumalan eteen, joka on itse valo? Sinun vihollisesi, paholainen, lähestyy sinua ja saa sinut epäilemään Jumalaa ja lopulta houkuttelee sinut takaisin maailmaan.

Kirkossani oli eras vanhin joka yritti kantaa hedelmää useissa eri liikeyrityksissä, kysyen itseltään: "Mitä minun tulisi tehdä paimenelleni?"

Hän ei kuitenkaan menestynyt, sillä huolimatta siitä että hän oli fyysisesti uskollinen teoissaan hän ei ympärileikannut sydäntään, mikä on kaikista tärkeintä. Hän häpäisi Jumalan sillä hän ei seurannut oikeaa polkua lihallisten ajatustensa ja sydämensä takia, joka usein ajatteli vain omaa parastaan. Hän myös päästi suustaan epärehellisiä huomautuksia, suuttui toisiin ihmisiin ja rikkoi Jumalan sanaa monella tavalla.

Jolleivat hänen taloudelliset ja sosiaaliset ongelmansa olisi nousseet esiin hän ei olisi voinut pitää kiinni uskostaan, vaan altistanut sen epävanhurskauden vaikutukselle. Lopulta, koska hänen uskona rapautuminen olisi voinut johtaa siihen että hän olisi menettänyt kaikki ne palkinnot jotka hän oli ansainnut siihen asti, Jumala kutsui hänen sielunsa parhaaseen aikaan.

Tämän tähden sinun tulee ymmärtää että tärkeintä ei ole fyysinen uskollisuus tekoineen ja kirkon antamine titteleineen, vaan syntien pois heittäminen sinun eläessäsi kuuliaisena Jumalan Sanalle.

5. Epäkypsät ja kypsät kristityt

Jos uskosi on sen ensimmäisellä tasolla niin sinä et tunne oloasi vaikeaksi tai kuule kuinka Pyhä Henki huokaa kun teet syntiä. Tämä johtuu siitä että et osaa vielä erottaa totuutta epätotuudesta etkä aina ymmärrä tekeväsi syntiä sen tapahtuessa. Jumala ei syytä sinua yhtä ankarasti kun teet syntiä sillä sinulta puuttuu tietämystä Jumalan sanasta ja et siten osaa vielä erottaa totuutta epätotuudesta.

Pientä vauvaa ei syytetä siitä että hän kaataa nurin vesikupin tai rikkoo posliiniastian lattialla ryömiessään. Näissä tilanteissa vanhemmat syyttävät omaa varomattomuuttaan eivätkä itse vauvaa.

Kun saavutat uskon toisen tason sinä kuulet kuinka Pyhä Henki sinussa huokaa ja sinä tunnet levottomuutta aina syntiä tehdessässi. Et silti vielä ymmärrä jokaista Jumalan sanaa, sillä olet hengellisesti kuin pieni lapsi eikä sinulle ole helppoa olla kuuliainen sanalle omin voiminesi. Tämän tähden niitä kristittyjä jotka ovat uskon ensimmäisellä tai toisella tasolla kutsutaan "maidolla ruokituiksi kristityiksi."

Maidolla ruokitut kristityt

Apostoli Paavali kirjoittaa 1 Kor. 3:1-3 seuraavasti:

Niinpä, veljet, minun ei käynyt puhuminen teille niinkuin hengellisille, vaan niinkuin lihallisille, niinkuin pienille lapsille Kristuksessa. Maitoa minä juotin teille, en antanut ruokaa, sillä sitä ette silloin sietäneet, ettekä viekä nytkään siedä, olettehan vielä lihallisia. Sillä kun keskuudessanne on kateutta ja riitaa, ettekö silloin ole lihallisia ja vaella ihmisten tavoin?

Jos hyväksyt Jeesuksen Kristuksen sinä saat osaksesi oikeuden olla Jumalan lapsi ja sinun nimesi kirjataan Elämän Kirjaan taivaassa. Sinua kuitenkin kohdellaan vielä kuin pientä lasta Kristuksessa, sillä sinä et ole vielä täysin palauttanut Jumalan kadonnutta kuvaa.

Tästä syystä niistä, jotka ovat uskon ensimmäisellä tai toisella tasolla täytyy pitää hyvää huolta. Samalla tavalla kuin sinä antaisit maitoa imeväiselle sinun tulee opettaa heille Jumalan sanaa ja rohkaista heitä elämään sen mukaan. Tämän tähden ensimmäisellä tai toisella tasolla olevia kristittyjä kutsutaan "maidolla ruokituiksi kristityiksi." Jos heidän uskonsa kasvaa ja he alkavat ymmärtää ja totella Jumala sanaa omin voimin heitä kutsutaan "kiinteällä ruualla ruokituiksi kristityiksi."

Joten, sinun tulee yrittää parhaasi tullaksesi kiinteää ruokaa syöväksi kristityksi sinun ollessasi maidolla ruokittava kristitty – eli kun uskosi on sen ensimmäisellä tai toisella tasolla. Sinun tulee kuitenkin muistaa että tätä vaiheesta toiseen siirtymistä ei voida toteuttaa pakolla. Jos yrität tätä siirtymistä pakolla niin sinä tulet kärsimään ruuansulatusvaivoista aivan kuten silloin kun imeväiselle yritetään syöttää kiinteää ruokaa ennen kuin on sen aika.

Tämän tähden sinun pitää olla viisas kun pidät huolta puolisostasi, lapsesta, tai kenestä tahansa, jolla on vähän uskoa. Sinun pitää ensin asettaa itsesi heidän osaansa ja opettaa heille elävästä Jumalasta sen sijaan, että moittisit tai vähättelisit heitä heidän vähästä uskostaan joka johtuu heidän itsepäisestä sydämestä tai tottelemattomista teoista.

Jumala ei rankaise ihmisiä uskon ensimmäisellä tai toisella tasolla jos he eivät pyhitä Herran Päivää tai elä täysin Hänen sanan mukaisesti. Sen sijaan Hän ymmärtää sen tilanteen missä he ovat hengellisesti ja Hän johdattaa heitä rakkaudella. Täten meidän pitäisi osata arvioida sekä meidän oman uskomme määrä että myös toisten ihmisten uskon määrä, sekä ajatella viisaasti ottaen aina uskon määrän suuruuden huomioon.

Kiinteää ruokaa syövät kristityt

Jumala suojelee sinua useilta vaikeuksilta ja koettelemuksilta jos pyrit elämään hyvää kristittyä elämää siitä huolimatta, että olet vasta uskon ensimmäisellä tai toisella tasolla. Tästä huolimatta sinun ei pitäisi pysähtyä uskon toiselle tasolle ja lakata uskosi parantamista. Kuten vanhemmat, jotka ovat levottomia kun heidän lapsensa eivät kasva ja kehity normaalisti mutta jotka ovat hyvin tyytyväisiä kun he kehittyvät normaalisti, niin myös Jumalan lapsen täytyy kasvattaa uskoaan sanan ja rukouksen kautta.

Joten Jumala sallii sinulle koettelemuksia kaikista otollisimpaan aikaan jotta Hän voisi johdattaa sinut uskon kolmannelle tasolle. Mitä suuremmat sinun voittamasi vaikeudet ovat, sitä suurempia tulevat Jumalan siunaukset olemaan. Mutta Jumala kurittaa sinua koettelemuksilla siunaamisen sijaan jos sinun kuuluisi olla uskon kolmannella tasolla mutta sinä elät kuin joku, joka on ensimmäisellä tai toisella tasolla.

Kuvittele, että on lapsi jolta puuttuu tasapainoinen ruokavalio, sillä hän pitäytyy vain maidon juomisessa eikä syö mitään muuta. Jos hän pitäytyy jatkuvasti pelkässä maidossa hän saattaa aikaa myöten tulla ravintoainepuutosten takia sairaaksi tai jopa kuolla. Tällaisissa tilanteissa vanhemmat yrittävät luonnollisesti parhaansa syöttääkseen lapselle muita ravintorikkaita ruoka-aineita.

Kun Jumalan lapset tuntevat Hänen sanansa mutta kulkevat silti kuoleman tiellä tottelematta Sanaa, Jumala – joka Jeesuksen Kristuksen kautta haluaa saada uskollisia lapsia – sallii näiden kohdata koettelemuksia ja Hänen sydämensä on surullinen paholaisen syytösten takia.

Jumala kohtelee lapsiaan seuraavasti: *"Sillä jota Herra rakastaa, sitä Hän kurittaa; ja Hän ruoskii jokaista lasta, jonka Hän ottaa huomaansa. Kurituksessanne te kärsitte;*

Jumala kohtelee teitä niinkuin lapsia. Sillä mikä on se lapsi, jota isä ei kurita?" (Hepr. 12:6-7)

Kun Jumalan lapsi tekee syntiä ilman että Hän rankaisee tätä se todistaa siitä, että tämä henkilö on kaukana Jumalan rakkaudesta. Se olisi kaikista kurjuuksista suurin jos tämä henkilö joutuisi helvettiin koska Jumala ei hyväksy häntä enää lapsekseen. Sen tähden jos sinä kohtaat kurittavia koettelemuksia syntiä tehdessäsi sinun tulee muistaa että tämä on todiste Jumalan rakkaudesta ja kauttaaltaan katua syntejäsi. Jos Jumala päinvastoin ei kurita sinua vaikka oletkin tehnyt syntiä niin sinun tulee silti yrittää katua syntejäsi ja anoa niiden anteeksiantamista.

Sinä voit saada syntisi anteeksi kun sen lisäksi että sanot katuvasi niitä käännyt myös pois syntisiltä poluilta. Todellista katumusta itkuineen ei tehdä omin tahdoin vaan Jumalan armosta. Sen tähden sinun pitää vilpittömästi pyytää Jumalaa että Hän antaisi sinulle katumisen armon kyyneleineen. Jos Hänen armonsa tulee sinuun sinä saat katua kyynelin ja huokauksin ja sydäntäsärkevä katumus valuu sinusta ulos. Vasta sitten jumalanvastainen syntimuuri murenee ja sinun sydämesi virkistyy ja keventyy. Sinä tulet täyttymään Pyhällä Hengellä ja ylitsevuotavalla ilolla ja kiitollisuudella, ja tämä on todiste siitä että sinä olet saanut takaisin Jumalan rakkauden.

Jos sinun kuuluisi olla uskon kolmannella tasolla mutta elät ja käyttäydyt tavalla joka sopii paremmin niille jotka ovat uskon toisella tasolla, niin se että sinulle annettaisiin taivaasta usko jolla ratkaista ongelmasi on vaikeaa. On mahdotonta että sairautesi paranisivat uskon avulla jos Jumalan antama usko ei lankea päällesi, ja niin sinun pitää lopulta alkaa luottamaan maallisiin keinoihin näiden parantamiseksi. Sinä saat kuitenkin kolmannen tason uskosi pikaisesti takaisin jos kadut syntejäsi kyynelehtien ja käännyt synneistäsi pois

Sinun ei pitäisi olla tyytyväinen tämänhetkisen uskosi tasoon jos olet ymmärtänyt uskon kasvamisen periaatteen. Kuten lapsi, joka kasvaa ensin leikkikouluikään, sitten ala-asteikään ja lopulta ylä-asteikään ja siitä eteenpäin, niin myös sinunkin tulee yrittää kasvattaa uskoasi kunnes saavutat kaikista korkeimman mitan uskoa.

Uskon toisella tasolla ollessasi sinun uskosi kasvaa pian Pyhän Hengen täyttymyksellä. Sinun uskosi on tullut jo istutetuksi ja alkanut versoa vaikka se onkin vain pienen sinapinsiemenen kokoinen. Toisin sanoen, sinun uskosi kasvaa tarpeeksi voidaksesi olla Jumalan sanalle kuuliainen kun sinä varustaudut kuuntelemalla innokkaasti Hänen sanaansa, käymällä jokaisessa kirkkosi jumalanpalveluksessa ja rukoilemalla lakkaamatta.

Rukoilen Herran nimessä, ettet sinä vain varastoisi Jumalan sanaa tietona, vaan että olisit sille kuuliainen aina veresi vuodatukseen saakka ja että saavuttaisit vieläkin suuremman uskon!

Luku 6

Usko Sanan Mukaisesti lämiseen

USKON MITTA

Sentähden on jokainen, joka kuulee nämä minun sanani

ja tekee niiden mukaan,

verrattava ymmärtäväiseen mieheen,

joka huoneensa kalliolle rakensi.

Ja rankkasade lankesi, ja virrat tulvivat,

ja tuulet puhalsivat ja syöksyivät sitä huonetta vastaan,

mutta se ei sortunut,

sillä se oli kalliolle perustettu.

(Matteus 7:24-25).

E ri ihmisillä on eri määrä uskoa. Usko on Jumalan antama lahja joka on annettu sinun sydämessäsi olevan totuuden mitan mukaan. Sinä saatat saada Jumalalta vastauksia kun sinun uskosi muuttuu "uskosta tietona" Jumalan antamaksi uskoksi. Kuten jo mainitsin, sinä olet uskon ensimmäisellä tasolla pelastuksen saavuttamiseksi kun sinä otat vastaan Pyhän Hengen ja sinun nimesi kirjataan Elämän Kirjaan taivaassa. Sitten sinä alat muodostaa hengellistä suhdetta Jumalan kanssa ja sinä kutsut Häntä "Jumalaksi, minun Isäkseni."

Seuraavaksi sinun uskosi kasvaa ja sinä nautit Pyhällä Hengellä täytettynä Jumalan sanan kuuntelemisesta, ja sinä yrität olla sille kuuliainen. Et kuitenkaan ole sille vielä täysin kuuliainen. Jumalan sanan pitäminen on sinulle raskasta etkä sinä saa rukousvastauksia. Tässä vaiheessa sinun uskosi sanotaan olevan sen toisella tasolla.

Miten sitten voit saavutta uskon seuraavan – kolmannen – tason, missä voit elää Jumalan sanan mukaisesti? Minkälaista kristittyä elämää sinä elät uskon kolmannella tasolla?

1. Uskon kolmas taso

Ihmisen sydämeen istutetaan uskon sinapinsiemenen kokoinen siemen hänen hyväksyessään Herran ja vastaanotettuaan Pyhän Hengen. Jos uskon siemen itää niin tämä usko saavuttaa vaiheen jossa sinä yrität olla kuuliainen sanalle ja sitten vaiheen jossa sinä olet sille kuuliainen. Aluksi sinä et ole suurimmalle osalle sanaa kuuliainen vaikka kuunteletkin sitä, mutta uskosi kasvaessa sinä ymmärrät sitä paremmin ja noudatat sitä enemmän. Tästä syytä "uskoa totella" kutsutaan myös "uskoksi joka antaa sinun ymmärtää."

Sanan ymmärtäminen eroaa sen varastoimisesta tietona. Tämä tarkoittaa sitä, että yritys noudattaa sanaa pakolla sen tähden että sinä tiedät että Raamattu on Jumalan sana on täysin eri asia kuin jos sinä noudatat sanaa alttiisti ja mielellään sen tähden, että sinä ymmärrät miksi sinun pitäisi noudattaa sitä.

Sanan noudattaminen ymmärtämisen kautta

Tässä on esimerkki: Kuvittele, että sinä kuuntelet sanomaa jota saarnataan seuraavasti: "Jos sinä pyhität Herran lepopäivän ja annat Hänelle täydet kymmenykset niin Jumala ajaa pois kaikenlaiset vaikeudet ja koettelemukset sinun luotasi. Hän parantaa sinut kaikista vaivoistasi. Hän siunaa sieluasi ja antaa sinulle taloudellisia siunauksia."

Et aina tottele sanaa jokapäiväisessä elämässäsi jos luulet tietäväsi sen kuunneltuasi sen sanomaa mutta jos et ymmärrä sitä sydämessäsi. Voit koettaa noudattaa sanaa ajatellen, "Kyllä, tuo kuulostaa oikealta", ja totella sitä ajoittain, mutta tilanteesta riippuen et kuitenkaan aina. Tämä malli voi jatkua aina siihen asti kunnes saavutat täydellisen uskon Sanaan. Sinä pyhität Herran lepopäivän, annat kymmenyksesi kokonaan etkä tee kompromisseja käskyjen suhteen vaikeinakaan aikoina jos kuitenkin ymmärrät sanan ja uskot siihen sydämelläsi.

Kuvittele esimerkiksi, että yhtiön johtaja sanoisi kaikille alaisilleen, "Jos joku teistä tekee työtä koko yön yli niin minä maksan hänelle ylitöistä ja ylennän hänet." Mitä työntekijät tekisivät siinä tapauksessa että he saisivat itse päättää tehdäkö ylitöitä vai ei jos he luottaisivat johtajan lupaukseen? He luultavasti tekisivät töitä koko yön yli ellei heillä olisi jotain erityistä syytä joka estäisi tämän. Yleensä ylenemisen saaminen yhtiössä kestää muutaman vuoden ja ylenemiskokeen läpäiseminen vaatii paljon vaivaa. Joten tuskin yksikään tuon yhtiön työntekijöistä epäröisi tehdä ylitöitä yhden yön, kuukauden, tai jopa pidemmän jakson ajan.

Tämä koskee myös Jumalan käskyä lepopäivän pyhittämisestä ja kymmenysten antamisesta. Mitä sinä tekisit jos sinä todella luotat Jumalan lupaukseen lepopäivän pyhittämisestä ja kymmenysten antamisesta?

Kuuliaisuutesi tuo sinulle siunauksia

Pyhittämällä Herran lepopäivän sinä tunnustat Jumalan kaikkivaltiuden. Sinä tunnustat että Jumala on hengellisen maailman Herra. Tämän tähden Jumala suojelee sinua kaikenlaisilta onnettomuuksilta ja vahingoilta kuluvan viikon aikana sekä siunaa sinun sieluasi jos pyhität Hänen lepopäivänsä. Sinä myös tunnustat Jumalan kaikkivaltiuden kymmenysten antamisen kautta, sillä siten sinä myönnät että kaikki taivaissa ja maassa kuuluu Jumalalle.

Koska Jumala on kaiken luoja tulee elämä itsekin Jumalasta, ja se voima jonka avulla sinä yrität tehdä parhaasi tulee myös

Jumalalta. Toisin sanoen kaikki asiat kuuluvat Jumalalle. Tätä periaatetta seuraten kaikki sinun tulosi kuuluvat Jumalalle, mutta Hän sallii sinun antavan vain kymmenyksen Hänelle ja pitävän lopun itse. Malakia 3:8-9 muistuttaa meitä: *"Riistääkö ihminen Jumalalta? Te kuitenkin riistätte minulta. Mutta te sanotte: 'Missä asiassa me sinua riistämme?' Kymmenyksissä ja antimissa. Te olette kirouksella kirotut, kun te, koko kansa, riistätte minua."*

Toisaalta sinä olet kirouksen alla jos teet vakavan synnin ja ryöstät Jumalalta Hänen kymmenyksensä, mutta jos sinä annat Hänelle koko kymmenyksen kuuliaisenan Hänen käskylleen, niin sinä tulet aina olemaan Hänen suojeuksensa alainen ja saat vastaanottaa Hänen siunauksensa: "hyvän mitallisen, sullottun, puhdistetun ja kukkuraisen." (Luukas 6:38).

Oikea ymmärtäminen tuo kuuliaisuuden

Sinä voit olla kuuliainen ja saada siunauksia Jumalalta joka palkitsee sinut tekojesi perusteella vasta sitten kun sinä ymmärrät sanan todellisen merkityksen etkä vain säilö sitä tietona. Sinä et voi kuitenkaan olla täysin kuuliainen vaikka sitä haluisitkin jos et ymmärrä Sanan todellista merkitystä, sillä Sana on sinulla vain tiedostona aivoissa jona sinä sitä pidätkin.

Täten sinun pitääkin pyrkiä kasvattamaan uskoasi. Vauva kuolee jos häntä ei ruokita millään. Vauva pitää ruokkia säännöllisesti ja sen pitää saada liikutetella käsiään ja jalkojaan, katsella ja kuunnella sekä oppia vanhemmiltaan ja muilta ihmisiltä. Tällä tavoin vauvan tiedot ja viisaus kasvavat ja hän kehittyy ja kypsyy oikein ja normaalisti.

Samoin uskovien ihmisten ei pidä vain kuunnella Jumalan Sanaa vaan myös yrittää ymmärtää sen todellista merkitystä. Sinä saat ymmärrystä Jumalan sanan todellisen merkityksen ymmärtämiseen ja voimia sen noudattamiseen kun sinä rukoilet kuuliaisuutta.

Esimerkiksi 1. Tessalonikalaiskirje 5:16-19 sanoo: *"Olkaa aina iloiset. Rukoilkaa lakkaamatta. Kiittäkää joka tilassa. Sillä se on Jumalan tahto teihin nähden Kristuksessa Jeesuksessa. Henkeä älkää sammuttako."* Ihmiset, joiden usko on sen toisella tasolla tuntevat luultavasti velvollisuudekseen rukoilla, kiittää ja olla riemumielin, sillä tämä on Jumalan käsky. Silti he eivät kiitä Häntä silloin kun he eivät tunne oloaan kiitolliseksi eivätkä he ole riemumielin kohdatessaan hankalia tilanteita, sillä he yrittävät olla sanalle kuuliaisia vain velvollisuudesta.

Ihmiset, jotka ovat uskon kolmannella tasolla voivat kuitenkin olla sanalle kuuliaisia sillä he seisovat uskon kalliolla. He ymmärtävät miksi heidän kuuluu antaa kiitosta kaikkina aikoina, miksi heidän pitäisi rukoilla jatkuvasti, ja miksi heidän tulee aina olla riemumielin. Täten he ovat aina riemumielin ja kiitollisia sydämensä pohjasta ja he rukoilevat jatkuvasti kaikissa olosuhteissa.

Miksi sitten Jumala käskee sinua olemaan riemumielin kaikkina aikoina? Mikä on tämän käskyn todellinen merkitys? Sinä et ole sen parempi kuin maalliset ihmiset jotka eivät usko Jumalaan jos sinä olet riemumielin vain silloin kun sinulle tapahtuu jotain hyvää ja onnellista mutta et silloin kun kohtaat vaikeuksia tai huolia. Nämä ihmiset jahtaavat maallisia asioita sillä, he eivät tiedä mistä ihmiset tulevat ja mihin he ovat matkalla. Joten he ovat iloisia vain silloin kun heidän elämänsä ovat täynnä iloisia ja onnellisia tapahtumia. Muulloin he ovat niiden maailmasta lähtöisin olevien huolien, levottomuuden, surun ja kivun vallassa.

Uskovat voivat kuitenkin elää hyvin eri tavalla näistä ihmisistä, sillä heidän toivonsa on taivaasta. Meidän ei uskovina tarvitse murehtia tai olla levottomia sillä meidän tosi Isämme on Jumala, joka loi taivaat ja maat ja joka on hallinut kaikkia asioita ja ihmiskunnan historiaa. Miksi meidän tulisi siis murehtia tai olla peloissaan? Lisäksi koska me kaikki saamme nauttia ikuisesta elämästä taivaan valtakunnassa Jeesuksen Kristuksen kautta meillä ei ole muuta mahdollisuutta kuin iloita.

Usko sanan tottelemiseen

Sinun ymmärtäessäsi Jumalan sanan sydämesi syvyyksissä sinä voit olla riemumielin silloinkin, kun se on sinulle mahdotonta; antaa kiitosta kaikkina aikoina ja jopa silloin kun kiittäminen on vaikeaa; ja rukoilla silloinkin, kun et voi pakottaa itseäsi rukoilemaan. Vasta sitten sinun vihollisesi paholainen lähtee luotasi, sinun vaikeutesi ja hankaluutesi jättävät sinut, ja kaikenlaiset ongelmat tulevat ratkaistuksi sillä kaikkivaltias Jumala on sinun kanssasi.

Sinä olet uskon toisella tasolla jos väität uskovasi kaikkivaltiaaseen Jumalaan mutta silti murehdit tai olet vain vastahakoisesti iloinen kohdatessasi vaikeuksia. Sinä olet kuitenkin uskon kolmannella tasolla jos sinun kuitenkin annetaan ymmärtää Jumalan sanan todellisen merkityksen ja olet iloinen ja kiitollinen sydämesi pohjasta. Seuraavat asiat tapahtuvat ollessasi uskon kolmannella tasolla: niinkuin sinä yrität palvella ja rakastaa muita, niin viha jättää sinut ja sinun sydämesi täyttyy vähitellen hengellisellä rakkaudella jopa vihollisiasi kohtaan. Tämä johtuu siitä että nyt sinä ymmärrät sydämelläsi sen Herran rakkauden, joka toi ristin syntisille,.

Jeesus ristiinnaulittiin ja syntiset ihmiset loukkasivat ja pahoinpitelivät Häntä vaikka Hän teki vain hyvää ja oli nuhteeton ja syytön. Hän ei vihannut niitä jotka ristiinnaulitsivat, loukkasivat tai pilkkasivat Häntä, vaan sen sijaan Hän rukoili Jumalaa että heille annettaisiin anteeksi. Lopussa Hän paljasti suuren rakkautensa antamalla oman henkensä näiden ihmisten puolesta.

Ennenkuin sinä tulit ymmärtämään Jeesuksen Kristuksen suuren rakkauden olet ehkä vihannut niitä jotka ovat haukkuneet tai pilkanneet sinua syyttä. Nyt sinä kuitenkin voit vihata heidän syntejään mutta et heitä itseään. Lisäksi sinä et ole enää kateellinen niille jotka työskentelevät sinua ahkerammin tai joita kehutaan sinua enemmän, vaan päinvastoin sinä iloitset heidän puolestaan ja rakastat heitä yhä enemmän Kristuksessa. Olet ehkä epäillyt Jumalan sanaa tai tuominnut sen omien ajatustesi perusteella kun ensin kuulit siitä, mutta nyt sinä otat sanan vastaan iloiten sitä epäilemättä tai tuomitsematta. Uskon kolmannella tasolla sinä olet kuuliainen Jumalan sanalle käsky käskyltä.

Jumalan palkkiot edellyttävät tekojen säestämää uskoa

Ennenkuin kohtasin Jumalan mina kärsin kaikenlaisista

sairauksista seitsemän vuoden ajan ja minun lempinimeni oli "Sairausvarasto." Tein kaikkeni parantuakseni mutta tämä oli turhaa sillä sairauteni vain pahenivat päivä päivältä. Vaikutti siltä että sairauksiani oli mahdotonta parantaa lääketieteen avulla enkä minä voinut tehdä muuta kuin odottaa kuolemaa.

Eräänä päivänä Jumalan voima paransi minut hetkessä ja minä sain terveyteni takaisin. Tämän ihmeellisen kokemuksen kautta minä sain kohdata elävän Jumalan ja siitä lähtien minä olen luottanut Häneen epäilyksettä ja ollut kokonaan riippuvainen Hänen Sanastaan Raamatussa. Tottelin Jumalan jokaista sanaa ehdoitta. Olin aina riemumielin vaikeuksista huolimatta ja minä annoin kiitosta jokaisessa vaikeassa tilanteessa, sillä niin Jumala käski minun tehdä Raamatussa. Minun suurin iloni oli käydä jumalanpalveluksissa ja rukoilla Jumalaa sunnuntaisin; minä jopa jätin väliin mahdollisuuden työskennellä erittäin hyvässä työpaikassa ja menin töihin rakennustyömaalle, sillä olin päättäväinen että pyhittäisin Herran lepopäivän.

Tästä huolimatta olin hyvin iloinen ja kiitollinen siitä että Jumala oli minun Isäni. Hän tuli luokseni kun odotin kuolemaan useiden sairauksien johdosta ja minä olin hyvin kiitollinen Hänen uskomattomasta armostaan. Minä jatkoin rukoilua ja paastoamista voidakseni elää täysin Hänen sanansa mukaan. Sitten eräänä päivänä minä kuulin kuinka Jumalan ääni kutsui minua Hänen palvelijakseen. Kuuliaisin sydämin minä tein päätökseni tulla hyväksi palvelijaksi Hänelle ja tänään minä palvelen Häntä pastorina.

Minä kiitän Jumalaa minun Isääni sydämeni pohjasta olen minä sitten polvillani rukoilemassa, kävelemässä katua pitkin tai puhumassa jonkun kanssa. Samalla tavoin minä olen aina sydämeni pohjasta riemumielin. Kuka tahansa, joka on 100 000 päisen kirkon pastori tulee kohtaamaan huolia ja vaikeuksia, sillä minulla on paljon töitä ja vastuuta. Minun pitää opettaa ja kouluttaa useita Jumalan palvelijoita ja saarnaajia voidakseni täyttää Jumalan antaman velvollisuuteni sekä suorittaa maailmanlaajuisen mission johdattaa lukemattomia ihmisiä Herran luo. Paholainen juonittelee kaikenlaisia keinoja tuhotakseen Jumalan suunnitelmien saavutukset ja tämä tuo monenlaisia ongelmia ja koettelemuksia. Silloin tällöin huolia aiheuttavat valitettavat asiat hyökyvät minua kohti, ja jos ne olisivat ottaneet minut valtaansa tai jos olisin antanut pelolle vallan niin minä olisin ehkä kompuroinut ja kaatunut.

Silti huolet tai levottomuus eivät koskaan valloittaneet tai voittaneet minua, sillä minä ymmärsin kirkkaasti Jumalan tahdon. Minä kiitin Häntä ja rukoilin iloiten huolimatta siitä kuinka suuria minun koettelemukset ja huoleni olivat, ja niin Jumala on aina tehnyt töitään hyvän puolesta ja siunannut minua yhä enemmän.

2. Uskon kallion saavuttamiseen saakka

Maailman katselu pelon ja levottomuuden linssin kautta ilman uskoa voi vain vahingoittaa henkeäsi ja olla harmillista terveydellesi. Sinä voit kiittää Jumalaa sydämesi pohjasta missä tahansa tilanteessa jos ymmärrät Hänen sanansa hengellisen merkityksen joka sanoo meille: *"Olkaa aina iloiset. Rukoilkaa lakkaamatta. Kiittäkää joka tilassa. Sillä se on Jumalan tahto teihin nähden Kristuksessa Jeesuksessa. Henkeä älkää sammuttako.*" Tämä johtuu siitä, että sinä uskot vakaasti että tämä on ainoa tapa miellyttää Häntä ja rakastaa Häntä ja vastaanottaa Häneltä vastauksia. Se on myös avain sinun ongelmiesi selviämiseen, Jumalan siunausten saamiseen ja sinun vihollisesi Saatanan pois heittämiseen.

Kuvittele, että on nainen jonka suhde hänen ja hänen miniänsä välillä ei ole kunnossa. He kyllä tietävät että heidän tulisi rakastaa toisiaan ja että heidän välillä pitäisi olla rauha, mutta mitä tapahtuu jos syyttävät tai kantavat toisiaan kohti kaunaa? Yhtäkään näiden kahden välisestä ongelmasta ei voida selvittää. Jos anoppi haukkuu miniäänsä muille perheenjäsenille ja naapureille miniän puhuessa anopistaan pahaa muille ihmisille, ei riidoista ja konflikteista tule loppua eikä kotona tule olemaan rauhaa.

Mitä heille sitten tapahtuu jos he katuvat omia vääryyksiään, asettavat itsensä toisen osaan ja ymmärtävät toista, antavat anteeksi ja rakastavat toisiaan? Kotona on rauha. Anoppi puhuu hyvää miniästään oli hän sitten kotona tai ei, ja miniä puolestaan ylistää ja kunnioittaa anoppiaan sydämellisesti. Kuinka rauhallisen ja rakastavaisen suhteen he saisivatkaan! Näin tulee Jumalaakin rakastaa.

Kolmannen asteen uskon alkuvaihe

Syy siihen, että jotkut ihmiset eivät kykene olemaan sanalla kuuliaisia vaikka tietävät sen olevan totta on se, että näillä ihmisillä on paljon epätotuuksia jäljessä sydämessään ja nämä epätotuudet tukahduttavat Pyhän Hengen halun. Joten kun sinä saavutat kolmannen asteen uskon alkuvaiheen sinä alat taistella syntiä vastaan aina oman veresi vuodatukseen saakka. (Hepr. 12:4).

Voidaksesi heittää syntisi pois sinun tulee ponnistella ja rukoilla jatkuvasti paastoten niinkuin Jeesus kertoi: *"Tätä lajia ei saa lähtemään ulos muulla kuin rukouksella ja paastolla"* (Mark 9:29). Vasta sitten sinä saat Jumalalta tarpeeksi voimaa ja armoa voidaksesi elää Hänen sanansa mukaan. Sinä olet innokas heittämään pois kaiken sen, minkä Jumala on käskenyt, ja tekemään niinkuin Hän on sanonut ja mitä Raamattu käskee kun sinä olet uskon kolmannella tasolla.

Tarkoittaako tämä sitä että kaikki jotka pyhittävät Herran lepopäivän ja antavat kymmenykset omaavat kolmannen tason uskon? Ei, näin ei todellakaan ole. Jotkut ihmiset voivat käydä jumalanpalveluksissa sunnuntaisin ja antaa kymmenyksensä tekopyhällä asenteella. Kenties he tekevät näin pelkästään siksi että he pelkäävät kohdata koettelemuksia ja vaikeuksia jotka voisivat seurata käskyjen pitämättä jättämistä tai kenties he vain haluavat että papit ja Jumalan palvelijat puhuisivat heistä hyvää. Jumalan sanat maistuvat suloisemmilta kuin hunaja jos sinä palvelet Häntä hengessä ja totuudessa.

Jumalanpalveluksen aikana annettu sanoma tulee kuitenkin tuntumaan sinusta tylsältä jos sinä olet vastahakoinen osallistumaan siihen, ja sinä ajattelet "Kunpa tämä palvelus loppuisi pian..." Tämä johtuu siitä että vaikka sinun ruumiisi onkin Jumalan pyhätössä sinun sydämesi on jossain muualla. Sinun ei katsota pyhittäneen Herran lepopäivää jos sinä osallistut palvelukseen mutta annat sydämesi lentää kohti maailmaa, sillä Jumala tutkii palvelijoidensa sydämen. Tässä tapauksessa sinä olet yhä uskon toisella tasolla vaikka annatkin kymmenyksesi.

Ihmisten uskonmäärä vaihtelee henkilöstä toiseen vaikka he olisivatkin samalla uskon tasolla. Jos uskon täydellinen määrä on 100% niin sinun uskosi määrä nousee hiljalleen yhdestä prosentista 10%, 20% ja 50% kautta 100% jokaisella uskon tasolla. Kun uskosi saavuttaa sen täyden määrän, tai 100%, se siirtyy uskon seuraavalle tasolle. Kuvittele esimerkiksi, että me jaamme toisella tasolla olevan uskon sataan osaan, eli 1-100%. Sinun uskosi saavuttaessa 100% määrän voit silloin saavuttaa uskon kolmannen tason. Samalla tavoin sinä saavutat uskon neljännen tason kun uskosi saavuttaa 100% sen kolmannella tasolla. Joten sinun tulisi voida tutkia millä uskon tasolla sinä tällä hetkellä olet ja kuinka pitkällä sinä tällä tasolla olet.

Uskon kallio

Sinun sanotaan seisovan uskon kalliolla kun sinun uskosi on saavuttanut yli 60% uskon kolmannesta tasosta. Jeesus sanoo meille jakeissa Matt. 7:24-25: *"Sentähden on jokainen, joka kuulee nämä minun sanani ja tekee niiden mukaan, verrattava ymmärtäväiseen mieheen, joka huoneensa kalliolle rakensi. Ja rankkasade lankesi, ja virrat tulvivat, ja tuulet puhalsivat ja syöksyivät sitä huonetta vastaan, mutta se ei sortunut, sillä se oli kalliolle perustettu."*

"Kalliolla" viitataan tässä Jeesukseen Kristukseen (1. Kor. 10:4), ja "uskon kallio" viittaa siihen, että me seisomme vakaana totuudessa eli Jeesuksessa Kristuksessa. Tämän mukaisesti jos sinä seisot uskon kalliolla saavutettuasi 60% uskon kolmannesta tasosta, sinä et lankea vaikeuksien tai koettelemuksien edessä. Sinä olet kuuliainen Jumalan tahdolle loppuun saakka, sillä sinä seisot vakaasti kallion päällä huomattuasi sen olevan oikea tie ja Jumalan tahto.

Joten sinä voit aina elää voittoisaa elämää ja tuottaa Jumalalle kunniaa tulematta Saatanan kiusaamaksi. Tämän lisäksi ilo ja kiitollisuus virtaavat sydämestäsi kaikista vaikeuksista ja ongelmista huolimatta, ja sinä saat nauttia rauhasta ja levosta kun rukoilet jatkuvasti.

Kuvittele, että sinun poikasi melkein menettää henkensä auto-onnettomuudessa. Tästä tragediasta huolimatta sinä vuodatat sydämesi pohjasta kiitollisuuden kyyneleitä ja sinä olet ilomielinen, sillä sinä seisot vakaasti totuudessa. Vaikka sinä invalidisoituisit onnettomuuden johdosta et silti kantaisi kaunaa Jumalaa kohtaan, sanoen: "Miksi Jumala ei suojellut minua?" Sen sijaan sinä kiität Jumalaa siitä, että Hän suojeli muita ruumiinosiasi.

Itse asiassa pelkästään se, että meidän syntimme on anteeksiannettu ja että me saamme mennä taivaaseen on tarpeeksi antaaksemme kiitosta Jumalalle. Vaikka sinusta tulisi invalidi ei se voisi estää sinua menemästä taivaaseen, sillä kun sinä astut taivaan valtakuntaan sinun vaivainen ruumiisi muuttuu täydelliseksi ja terveeksi taivaalliseksi ruumiiksi.

Toisin sanoen, ei ole mitään syytä valittamiseen tai surullisena olemiseen. Tietenkin Jumala suojelee sinua aina jos sinulla on tällainen usko. Vaikka Jumala sallisikin sinun loukkaantua liikenneonnettomuudessa jotta voisit saada osaksesi siunauksia niin sinä voit tulla täysin parannetuksi uskosi mukaisesti.

Voitokas elämä uskon kalliolla

Vaikka ihmisillä jotka ovat saavuttaneet uskon kolmannen tason alkuvaiheen onkin halu olla Sanalle kuuliaisia, joskus he ovat sille kuuliaisia ilomielin kun taas joskus muulloin he noudattavat sitä haluttomasti. Tämä siksi, että viimeksimainittu ryhmä ei ole vielä tullut kokonaan pyhitetyksi ja heillä on sydämissään ristiriitoja totuuden ja epätotuuksien välillä

Sinä esimerkiksi yrität palvella muita ja olla vihaamatta heitä, sillä Jumala opettaa sinua olemaan vihaamatta muita ja rakastamaan vihollisiasi. Sinä voit silti tuntea olosi raskaaksi siitä huolimatta että näytät palvelevasi muita, sillä sydämessäsi sinä et rakasta heitä. Jos kuitenkin seisot vakaasti uskon kalliolla sinun vihollisesi Saatana ei voi onnistua yrityksissään kiusata tai vaivata sinua, sillä sinulla on totuuden sydän joka halajaa Pyhää Henkeä eikä sinulla ole mitään pelättävää kulkiessasi kaikkivaltiaan Jumalan voiman ympäröimänä.

Kuten Daavid joka sanoi rohkeasti uskossaan Goljatille: *"Sillä sota on HERRAN, ja Hän antaa teidät meidän käsiimme"* (1. Sam. 17:47) myös sinä voit lausua yhtä rohkean tunnustuksen uskostasi, sillä Jumala antaa sinulle voittoja uskosi mukaan. Mikään ei voi estää sinua tai väsyttää sinua sillä kaikkivaltias on sinun apunasi.

Sinä voit saada vastauksen ongelmiisi ja anomiisi asioihin sillä samalla hetkellä kun anot sitä uskossa Herralta jos sinulla on liitto Jumalan kanssa ja sinä rakastat Häntä. Tämä ei kuitenkaan päde ihmisiin jotka rukoilevat vain harvoin ja joilla ei ole liittoa Jumalan kanssa. Heidän kohdatessaan vaikeuksia heidän on hyvin vaikea saada vastauksia Jumalalta vaikka he väittävätkin "Varmasti Jumala antaa minulle ratkaisun." On kuin he odottaisivat että omena putoaisi puusta itsekseen. Tämän takia meidän tulee rukoilla jatkuvasti.

Kuinka saavuttaa uskon kallio

Nyrkkeilijälle ei ole helppoa tulla maailmanmestariksi. Kyseinen saavutus vaatii jatkuvaa yritystä, paljon kärsivällisyyttä sekä vahvaa itsekuria. Aluksi aloittelija häviää harjoitteluottelut hyvin yksipuoliseen tapaan kykyjen puutteen takia. Hänen kuitenkin harjoitellessa jatkuvasti taitojaan hioen hän pystyy iskemään vastustajaansa ainakin kerran – vaikkakin häntä itseään olisi ehkä isketty pari-kolme kertaa. Hän tulee voittamaan enemmän otteluita ja myös hänen itsetuntonsa nousee jos hän parantaa kykyjään ja voimiaan näkemällä kärsivällisesti enemmän vaivaa. Samalla tavalla oppilas joka on hyvä englannissa ei malta odottaa englannintunnin alkamista, ja kun se lopulta alkaa hän nauttii siitä tavattomasti. Oppilaat, jotka ovat huonoja englannissa tuntevat päinvastoin olonsa tylsistyneeksi ja raskaaksi englanninopetuksen aikana.

Hengellisen sodankäynnin paholais-vihollista vastaan kanssa on sama asia. Sinun ollessa uskon toisella tasolla sinussa asuva Pyhän Hengen halu taistelee raivokkaasti syntisiä halujasi vastaan, sillä näillä kahdella halulla on samankaltaiset voimat. Se on kuin taistelu kahden ihmisen välillä jotka omaavat saman määrän voimaa ja taitoa. Yhden iskiessä toista tämä toinen iskee heti takaisin. Jos toinen iskee toista viisi kertaa niin toinen vastaa siihen iskemällä viisi kertaa takaisin. Hengellinen sota paholaista vastaan on samankaltaista. Joskus sinä voitat paholaisen kun taas joskus hän peittoaa sinut.

Jumala kuitenkin vuodattaa Hänen armonsa ja rohkeutensa ja Pyhä Henki auttaa sinua jos jatkat rukoilemista ja yrität olla sanalle kuuliainen tuntematta tai olematta pettynyt. Tämän tuloksena Pyhän Hengen halu kukoistaa sinun sydämessäsi ja sinun uskosi nousee uskon kolmannelle tasolle.

Saavutettuasi uskon kolmannen tason synnilliset halut haihtuvat pois ja uskossa eläminen muuttuu helpommaksi. Kun rukoilet jatkuvasti niinkuin sana käskee niin sinä tulet nauttimaan Jumalan rukoilemisesta. Jos alussa pystyt rukoilemaan enintään kymmenen minuuttia niin pian pystyt rukoilemaan kaksikymmentä minuuttia ja sitten kolmekymmentä, ja pian pystyt rukoilemaan helposti kahden tai kolmen tunnin ajan.

Uskossaan nuorten ei ole helppoa rukoilla kymmentä minuuttia kauempaa, sillä heillä ei ole tarpeeksi aiheita tai pyyntöjä joiden puolesta rukoilla. Tämän tähden rukoileminen voi tuntua heistä hieman hankalalta tai raskaalta ja he saattavat kadehtia ihmisiä jotka osaavat rukoilla sujuvasti ilman mitään vaikeuksia. Sinulle annetaan kuitenkin taivaista voimaa rukoilla tuntikausien ajan joka päivä jos jatkat kärsivällisesti rukoilua koko sydämelläsi. Jumala antaa sinulle Hänen armonsa ja voimaa rukoilla silloin kun teet parhaasi rukoillaksesi Häntä jatkuvasti. Tällä tavoin sinun uskosi kypsyy jatkuvalla rukouksella. Kun sinä saavutat korkeamman vaiheen uskon kolmannella tasolla sinä omaat järkkymättömän uskon etkä sinä eksy niin oikealle kuin vasemmallekaan vaikeuksien tai koettelemuksien aikana.

Uskon kallion tuolla puolen

Seistessäsi uskon kalliolla Jumala rakastaa sinua, ratkaisee sinun ongelmasi ja antaa sinulle vastauksensa mitä tahansa sitten pyydätkin. Sinä voit myös kuunnella Pyhää Henkeä, olla riemumielinen ja kiitollinen kaikissa olosuhteissa niinkuin Jumala käskee ja valpastua rukoilemalla jatkuvasti, sillä sinä olet uppoutunut siihen sanaan joka on kirjattu Raamatussa oleviin 66:n kirjaan.

Sinun täytyy tietää ettet vielä seiso uskon kalliolla jos et voi kuunnella Pyhän Hengen ääntä vaikka olisitkin pappi, vanhin, pastori tai johtaja kirkossa. Tämä ei kuitenkaan pakosti tarkoita sitä että voit kuulla Pyhän Hengen äänen vain jos seisot uskon kalliolla. Jopa uskossaan uudet ihmiset voivat kuulla Hänen äänensä kun he noudattavat Jumalan sanaa heidän sitä opetellessaan. Heidän kuuliaisuutensa tähden Sanaa kohtaan ei kestä kauankaan ennenkuin heidän aloitteleva uskonsa kasvaa ulos sen ensimmäisestä tasosta saavuttaen uskon kallion saavuttamiseen tarvittavan määrän.

Otettuani Herran vastaan minä aloin ymmärtämään sydämessäni Jumalan armon ja yritin noudattaa sanaa sitä mukaan kun opin sitä. Tämän yrittämisen tähden minä saatoin kuulla Pyhän Hengen äänen ja tulla Hänen johdattamakseen, sillä minä noudatin koko sanaa sydämelläni päättäen, että antaisin ilomielin jopa oman elämäni Herralle jos tarve vaatisi. Kesti kolme vuotta ennen kuin kuulin Pyhän Hengen äänen kirkkaasti. Voit tietenkin kuulla Hänen äänensä vuoden tai kahden sisällä jos luet Jumalan sanaa uskollisesti, pidät sen mielessäsi, ja noudatat sitä. Huolimatta siitä kuinka kauan olet ollut uskossa et kuitenkaan kuule Pyhän Hengen ääntä jos olet elänyt omassa ajatuksessasi noudattamatta Sanaa.

On uskovia jotka sanovat, "Olin ennen täynnä Pyhää Henkeä, omasin hyvän uskon ja palvelin aktiivisesti kirkossa. Mutta uskoni rapistui sen jälkeen kun kompuroin hengellisesti erään toisen kirkon jäsenen tähden." Tällaisissa tapauksissa ei voida sanoa että kyseinen henkilö olisi omannut hyvän uskon aiemmin tai että hän olisi palvellut kirkkoa tunnollisesti. Nämä ihmiset eivät olisi alunperin langenneet toisen kirkon jäsenen tähden eivätkä he olisi hylänneet uskoaan jos he olisivat todella omanneet hyvän uskon. He kykenivät käyttäytymään näin vain koska he omasivat vain lihallista uskoa ilman tekoja siitä huolimatta, että he olivat tietoisia Jumalan Sanasta.

Meidän ei tulisi olla niin typeriä että jättäisimme kirkon sotkeuduttuamme joidenkin sen jäseniin tai jouduttuamme joidenkin jäsenten kanssa hankaluuksiin. Kuinka valitettavaa olisikaan, jos sinä pettäisit Jumalan joka vapautti sinut synnistä ja antoi sinulle ikuisen elämän ja palaisit maailmaan, joka johtaa ikuiseen kuolemaan vain sen tähden, ettet tullut toimeen papin, johtajan, veljen tai sisaren kanssa kirkossasi!

Sinun tulisi myöntää olevasi kaukana uskon kalliosta jos rukoilet tekopyhästi vain näyttääksesi tunnolliselta rukoilijalta, tai jos tunnet levottomuutta tai kiukkua niiden ihmisten johdosta jotka puhuvat sinusta pahaa tai juoruavat sinusta. Seistessäsi uskon kalliolla sinun ei tule olla heitä kohtaan vihamielinen, vaan rukoilla rakkaudella heidän puolestaan kyynelehtien.

Vuonna 1982 alkaneen pappeuteni aikana olen kokenut erittäin vastenmielisiä aikoja ja tapahtumia kirkossani. Vaikka jotkut papit ja seurakunnan jäsenet olivat liian katalia jotta heille voisi antaa anteeksi ihmisen perspektiivistä en ole koskaan tuntenut vihaa tai vihamielisyyttä heitä kohtaan. Koska odotin että he kääntyisivät uskossaan yritin heidän kataluutensa sijaan nähdä heidän hyvät ja rakastettavat puolensa.

Täten sinä voit noudattaa sanaa sen kokonaisuudessaan ja nauttia siitä vapaudesta, jonka totuuden sana sinulle antaa jos sinulla on kolmannen tason täysi mitta uskoa ja sinä seisot vakaasti Jumalan Sanassa. Siten sinä olet aina riemumielinen, annat kiitosta kaikkina aikoina ja rukoilet tauotta ja jatkuvasti. Et koskaan menetä kiitollisuuden tunnetta tai ole surullinen. Lisäksi sinä tulet seisomaan vakaasti Jeesuksen Kristuksen kalliolla vapisematta tai harhaantumatta oikealle tai vasemmalle.

3. Syntiä vastaan taistelu oman veren vuodatukseen saakka

Pyhän Hengen halu sotii syntisiä haluja vastaan niiden ihmisten sydämissä jotka ovat uskon toisella tasolla. Uskon kolmannen tason saavuttaneet ihmiset ajavat kuitenkin syntiset halut itsestään ulos, ja he elävät voitokkaasti sanassa sillä he seuraavat Pyhän Hengen halua.

Uskon kolmannella tasolla kristityn elämän eläminen on helppoa, sillä sinä olet jo heittänyt syntiset teot luotasi ollessasi uskon toisella tasolla. Saavutat kuitenkin uskon kolmannen tason sinä alat kamppailla aina oman veresi vuodatukseen saakka synnillisiä haluja vastaan, jotka ovat meihin juurtuneen synnin luonteen sekä meidän oman lihallisen ruumiimme yhdistelmä.

Saavutettuasi uskon kolmannen tason täyden mitan uskoa et tämän tuloksena enää ajattele synnillisen mielen mukaan vaan olet täysin sanalle kuuliainen ja nautit vapaudesta totuudessa, sillä olet jo hankkiutunut eroon kaikista synnillisistä piirteistä.

Syntisen luonteen poistamisen tärkeys

Sinulta ei kestä kauan aikaa uskosi nostamiseen sen toiselta kolmannelle tasolle jos sinä rakastat Jumalaa ja noudatat Hänen Sanaansa. Et tule kuitenkaan pystymään nostamaan uskoasi korkeammalle tasolle jos kuitenkin käyt säännöllisesti kirkossa mutta et yritä noudattaa Sanaa, ja niin sinun täytyy pysyä nykyisellä tasollasi – uskon toisella tasolla.

Sama periaate pätee siemeneen jota ei ole kylvetty pitkään aikaan. Siemen menettää elinvoimansa jo sitä ei kylvetä pitkän ajanjakson aikana. Sinunkin uskosi voi kasvaa vain jos sinä ymmärrät Jumalan sanan ja olet sille kuuliainen. Sinun tulisikin yrittää parhaasi ymmärtääksesi sanan merkityksen ja noudattaaksesi sitä jotta sielusi menestyisi.

Sen jälkeen kun siemen on kylvetty maahan sen on hyvin helppo aloittaa versoamisensa. Verso voi menehtyä jos myrskysade saapuu tai jos ihmiset tallovat sen jalkoihinsa, ja tästä syystä nuoresta versosta tulisi pitää hyvää ja varovaista huolta. Samalla tavoin uskon kolmannella tasolla olevien ihmisten tulisi pitää huolta niistä jotka ovat uskon ensimmäisellä tai toisella tasolla jotta nämä voisivat kasvaa uskossaan.

Kasvettuasi kuitenkin uskossasi suureksi puuksi saavuttamalla uskon kolmannen tason sinä et tule lankeamaan maahan, olivat sinua kohdanneet myrskytuulet ja vaikeudet kuinka vahvoja tahansa. Vaikka sen oksat voivat taipua ja rikkoutua ei suurta puuta voida kaataa helposti, sillä sen juuret ovat uponneet syvälle maahan. Sinäkin voit tuntea olevasi kaatumaisillasi hetken ajan vaikeuksia ja ongelmia kohdatessasi mutta sinä voit saada voimasi takaisin ja jatkaa uskossa kasvamista, sillä sinun syvälle juurtunut uskosi ei järky missään olosuhteissa.

Uskon täyden mittan lakkaamaton tavoittelu

Siitä, kun nuori puu alkaa versoamaan kestää kauan aikaa ennenkuin se kasvaa, tuottaa hedelmää tai tulee niin isoksi että linnut saattavat pesiä sen oksilla. Uskosi nostaminen sen toiselta tasolta kolmannelle tasolle ei ole vaikeaa jos olet päättäväinen, mutta sen kasvattaminen kolmannelta tasolta neljännelle tasolle kestää paljon kauemmin. Tämä johtuu siitä että sinun tulee kuunnella Jumalan sanaa ja ymmärtää se hengellisesti voidaksesi noudattaa Raamatun 66:n kirjaan kirjattua sanaa. Isä Jumalan täydellisen tahdon ymmärtäminen ei ole kuitenkaan helppoa saavuttaa lyhyessä ajassa.

Ei koululainenkaan voi jatkaa suoraan yliopistoon tai perustaa omaa yritystään heti ala-asteen jälkeen, oli hän sitten kuinka menestyksekäs tahansa koulussaan. Jotkut älykkäät ihmiset pääsevät kuitenkin yliopistoon suoraan pääsykokeiden kautta nuorella iällä kun taas toiset pääsevät yliopistoon vasta usean yrityksen jälkeen.

Samoin sinäkin voit saavuttaa uskon neljännen tason joko nopeasti tai hitaammin riippuen siitä kuinka paljon vaivaa sinä näet. Heikon astian näkemä vaiva uskonsa kypsyttämiseksi korkeammalle tasolle ei ole suuri vaikka hän ymmärtääkin sanan ja toivoo pääsevänsä taivaaseen ja saavansa lisää uskoa. Vahva astia päinvastoin ymmärtää mikä on oikein ja päättää toimia sen mukaan, ja hän jatkaa tätä pyrkimystä kunnes saavuttaa päämääränsä.

Sinun täytyy ymmärtää kuinka tärkeää on tehdä kaikkesi ja kamppailla syntejäsi vastaan oman veresi vuodatukseen saakka voidaksesi nostaa uskosi sen kolmannelta tasolta neljännelle tasolle mahdollisimman nopeasti.

Velvollisuutesi täyttäminen heittäessäsi synnit pois

Sinun ei tule laiminlyödä Jumalan asettamia velvollisuuksia kamppaillessasi syntejäsi vastaan. Kirkossani toimi eräs vanhempi diakoni joka oli ollut kanssani kirkon perustamisesta lähtien. Hän ja hänen aviomiehensä, jotka molemmat kärsivät vakavasta sairaudesta, tulivat kirkkooni. Heidän puolestaan rukoiltiin ja he paranivat.

Tämän jälkeen diakonin terveys palasi hyväksi ja hän yritti nostaa uskonsa määrää täyttämättä kuitenkaan kokonaan vanhemman diakonin velvollisuuksiaan. Hän ei pyrkinyt kamppailemaan syntejään vastaan oman verensä vuodatukseen saakka, ja niin pahuus pysyi hänen sydämessään. Tämä siitä huolimatta että hän oli käynyt kirkossa 15 vuoden ajan ja jatkoi yhä Jumalan sanan kuulemista. Hänen tekonsa ja sanansa muistuttivat kuitenkin uskon toisen asteella olevan henkilön tekoja ja sanoja.

Onneksi tämä nainen koki kuitenkin hengellisen herätyksen ennen kuolemaansa ja yritti miellyttää Jumalaa jakamalla kirkon uutislehteä. Lyhyen ajan kuluessa hän saavutti uskon kolmannen tason minun rukoiltuani hänen puolestaan kolme kertaa.

Sinun ei tule vain kamppailla syntejäsi vastaan oman veresi vuodatukseen saakka heittääksesi pois kaikenlaisen pahan, vaan sinun tulee myös täyttää Jumalan asettamat velvollisuutesi koko sydämelläsi niin että voit saavuttaa suuremman mitan uskoa.

On hyvin vaikea heittää syntinsä pois omin voimin mutta se on hyvin helppoa jos saat osaksesi taivaasta Jumalan voiman sen tekemiseksi.

Minä rukoilen Herramme nimessä, että sinä olisit viisas kristitty Jumalan silmissä muistaessasi että Hänen voimansa tulee niiden päälle jotka eivät vain heitä pois kaikenlaisen synnin ja pahuuden kamppailemalla niitä vastaan oman veren vuodatukseen saakka, vaan jotka myös suorittavat Jumalan heille asettamat velvollisuutensa!

Luku 7

Usko Rakastaa Herraa Jumalaa Äärimmäisyyksiin Saakka

USKON MITTA

Jolla on minun käskyni ja joka ne pitää,

hän on se, joka minua rakastaa;

mutta joka minua rakastaa,

häntä minun Isäni rakastaa,

ja minä rakastan häntä ja ilmoitan itseni Hänelle.

(Joh. 14:21).

Sinun tulisi kasvaa uskossasi taso tasolta aivan kuten nousisit portaikkoa pitkin askel kerrallaan kunnes vihdoin saavutat uskon täyden mitan. Esimerkiksi 1. Tessalonikalaiskirje 5:16-18 kertoo meille: *"Olkaa aina iloiset. Rukoilkaa lakkaamatta. Kiittäkää joka tilassa. Sillä se on Jumalan tahto teihin nähden Kristuksessa Jeesuksessa."* Se kuinka ihmiset täyttävät tätä käskyä riippuu ihmisten yksilöllisestä uskonmäärästä.

Sinä olet lannistunut, et riemumielinen ja kiitollinen kohdatessasi koettelemuksia ja vaikeuksia jos sinä olet uskon toisella tasolla, sillä sinulle ei ole vielä annettu tarpeeksi voimia elääksesi Jumalan sanan mukaisesti. Kun saavutat uskon kolmannen tason ja heität syntisi pois kamppailemalla niitä vastaan veresi vuodatukseen saakka sinä voit olla iloinen ja kiitollinen koettelemuksisen ja vaikeuksien aikana.

Vaikka sinä oletkin vielä uskon kolmannella tasolla ja kohtaat ankaria vaikeuksia sinä voit olla hieman epäileväinen ja skeptinen tai pakottaa itsesi olemaan iloinen ja kiitollinen sillä sinä et ole vielä täysin ymmärtänyt Jumalan sydäntä.

Sinä olet sydämellisesti iloinen ja kiitollinen vaikka kohtaatkin koettelemuksia ja vaikeuksia jos kuitenkin seisot vakaasti uskon kalliolla joka on juurtunut syvälle uskon kolmanteen tasoon. Saavuttaessasi korkeamman – neljännen – uskon tason, ilo ja kiitollisuus tulevat aina virtaamaan sydämestäsi. Joten uskon neljännellä tasolla ollessasi sinä olet kaukana surullisesta tai äkkipikaisesta vaikeuksia kohdatessasi, ja sen sijaan tutkit itseäsi ja kysyt itseltäsi: "Olenko tehnyt jotain väärin?" Tämän tähden kuka tahansa joka saavuttaa uskon neljännen tason, jossa sinä voit rakastaa Herraa äärimmäisyyksiin saakka, tulee kukoistamaan mitä tahansa hän sitten tekeekään

1. Uskon neljäs taso

Kun uskovat sanovat "Minä rakastan sinua, Herrani", tämä tunnustus on hyvin erilainen riippuen siitä onko sen sanoja uskon toisella tasolla vai sen neljännellä tasolla.

Tämä johtuu siitä että sydän joka rakastaa Herraa vaatimattomasti on erilainen kuin sydän joka rakastaa Herraa äärimmäisyyksiin saakka. Kuten Sananlaskut 8:17 lupaa meille: *"Minä rakastan niitä, jotka minua rakastavat, ja jotka minua varhain etsivät, ne löytävät minut"*, ne, jotka rakastavat Herraa äärimmäisyyksiin saakka saavat vastaanottaa sen mitä tahansa he pyytävätkin.

Herran rakastaminen äärimmäisyyksiin saakka

Uskon esi-isät, jotka rakastivat Jumalaa äärimmäisyyksiin saakka, olivat täynnä ylitsevuotavaa iloa ja vilpitöntä kiitollisuutta vaikka he olisivatkin kärsineet syyttä. Esimerkiksi profeetta Daniel kiitti Jumalaa uskoen ja rukoili Häntä vaikka hänet aiottiin heittää leijonien luolaan eräiden katalien ihmisten juonien tähden. Jumala oli mielissään hänen uskonsa tähden ja lähetti Hänen enkelinsä sulkemaan leijonien kidat ja antoi heidän suojella Danielia näiltä leijonilta. Tämän seurauksena Daniel ylisti Jumala (Dan. 6:10-27).

Eräänä toisena ajankohtana Danielin kolme ystävää tunnustivat uskonsa Jumalaan kuningas Nebukadnessarille vaikka heidät aiottiinkin heittää tuliseen pätsiin sen tähden etteivät he langenneet maahan ja palvoneet kultaista kuvapatsasta. Danielin kirjassa 3:17-18 he tunnustavat: *"Jos niin käy, voi meidän Jumalamme kyllä pelastaa meidät tulisesta pätsistä, ja hän pelastaa myös sinun kädestäsi, kuningas. Ja vaikka hän ei pelastaisikaan, niin tiedä se, kuningas, että me emme palvele sinun jumaliasi emmekä kumartaen rukoile kultaista kuvapatsasta, jonka sinä olet pystyttänyt."*

He luottivat vankumatta Jumalaan jonka voimalle kaikki asiat ovat mahdollisia, ja he tunnustivat olevansa valmiita antamaan elämänsä palvelemalleen Jumalalle vaikkei Hän pelastaisikaan heitä tulisesta pätsistä.

He olivat uskollisia velvollisuuksissaan toivomatta mitään vastineeksi eivätkä he valittaneet Jumalalle vaikka he kohtasivatkin hengenvaarallisen koettelemuksen, joka uhkasi vaatia heidän henkensä ilman mitään syytä. Silti he iloitsivat ja kiittivät Jumalan armoa, sillä he olivat kaikki tietoisia siitä että he menisivät varmasti taivaaseen heidän rakastavan Isän käsivarsille vaikka heidät poltettaisiinkin kuoliaaksi tulisessa pätsissä. Heidän uskonsa tunnustuksen mukaisesti Jumala suojeli heitä tuliselta pätsiltä niin ettei yksikään heidän hiuksensa kärventynyt. Tämän ihmeellisen näyn edessä kuningas oli hyvin hämmästynyt ja hän ylisti Jumalaa ja ylensi Danielin kolme ystävää aikaisempaa korkeampiin asemiin.

Mieti tätä esimerkkiä: apostoli Paavali ja Silas ruoskittiin raa'asti ja heitettiin pimeään vankilaan pahojen ihmisten toimesta heidän kiertäessään paikasta toiseen evankeliumia saarnaten. Yöllä he ylistivät ja kiittivät Jumalaa kun yhtäkkiä maanjäristys avasi vankilan ovet (Ap. t. 16:19-26).

Kuvittele, että sinä itse kärsisit epäoikeudenmukaisesti uskon esi-isien tavoin. Luuletko että sinä kykenisit iloitsemaan ja kiittämään sydämesi pohjasta? Jos pystyt kuvittelemaan itsesi loukkaantuneena, vihaisena tai äkkipikaisena niin sinun tulee tajuta että sinä olet yhä kaukana uskon kalliosta. Sinä tulet aina olemaan iloinen ja kiitollinen sydämesi pohjasta kohtaamistasi vaikeuksista ja koettelemuksista huolimatta, sillä sinä ymmärrät Jumalan johdatuksen jos uskosi etenee uskon kalliolle ja siitä eteenpäin. Jos olet ansaitsemattoman kärsimyksen kohteena niin tähän kärsimykseen täytyy olla jokin syy. Sinä voit kuitenkin iloita ja olla kiitollinen, sillä sinä Pyhän Hengen avustuksella sinä voit löytää syyn tähän kärsimykseen.

Entä miten sitten Daavid, kaikista Israelin kuninkaista suurin? Daavid syöstiin valtaistuimelta ja hän joutui pakenemaan hänen poikansa Absalonin kapinan tähden ja hän eli ilman ruokaa ja kotia. Sen lisäksi että Daavid menetti kruununsa eräs Siimei-niminen alhaissyntyinen mies kivitti ja kirosi häntä. Eräs Daavidin palvelijoista pyysi kuninkaalta saada tappaa Siimei, mutta Daavid kielsi tämän sanoen: *"Antakaa hänen olla, kiroilkoon vain; sillä Herra on häntä käskenyt."* (2. Sam. 16:11).

David ei myöskään koskaan lausunut yhtään valituksen sanaa koettelemustensa aikana. Hän pysyi lujana rakkaudessaan ja luottamuksessaan Jumalaa kohtaan, ja vakaasti hän säilytti uskonsa. Koettelemustensa keskellä Daavid kykeni kirjoittamaan kauniita ja rauhallisia ylistyksen sanoja, kuten psalmi 23 osoittaa.

Daavid aina uskoi että Jumala toimi hänen parhaakseen jopa silloin kun hän kärsi koettelemuksistaan ja vaikeuksistaan, sillä hän ymmärsi Jumalan tahdon kaikkina aikoina ja hän kiitti Jumalaa ja vuodatti ilon kyyneleitä.

Daavidin selviydyttyä koettelemuksistaan hänestä tuli kuningas jota Jumala rakasti ylitse kaiken. Hän kykeni tekemään Israelista niin vahvan että sen naapurimaat toivat sille lahjoja. Täten kun Jumala näki Daavidin uskon Hän toimi kaikessa kuninkaan hyväksi ja antoi tälle siunauksia.

Tottele Herraa iloisesti äärimmäisellä rakkaudella

Kuvittele, että mies ja nainen ovat menossa pian naimisiin. He ovat niin rakastuneita toisiinsa että he tuntevat olevansa valmiita tarvittaessa jopa kuolemaan rakkaimpansa puolesta. Molemmat heistä haluavat antaa toiselle kaiken minkä hän pystyy ja miellyttää toista kaiken aikaa omallakin kustannuksellaan.

He haluavat olla toistensa seurassa niin usein, kauan ja paljon kuin vain mahdollista. He eivät piittaa ilman kylmyydestä jos he vain saavat kävellä yhdessä lumisella tiellä tai myrskyn myräkässä. He eivät ole väsyneitä tai uupuneita vaikka he olisivatkin pysyneet hereillä koko yön puhuen toisen kanssa puhelimessa.

Sinä olet uskon neljännellä tasolla jos sinä rakastat Jumalaa äärimmäisyyksiin saakka niinkuin tämä pian vihittävä pariskunta rakastaa toisiaan, ja sinun rakkautesi Häntä kohtaan on vakaa ja muuttumaton. Miten sinä voit sitten osoittaa rakkautesi Häntä kohtaan? Kuinka Herra punnitsee sinun rakkautesi Häntä kohtaan?

Jeesus sanoo meille Joh. 14:21:ssä: *"Jolla on minun käskyni ja joka ne pitää, hän on se, joka minua rakastaa, häntä minun Isäni rakastaa, ja minä rakastan häntä ja ilmoitan itseni hänelle."* Sinun tulisi olla kuuliainen Jumalan käskyille jos rakastat Häntä; tämä todistaa sinun rakkaudestasi Herraa kohtaan. Jumala puolestaan rakastaa sinua jos sinä todella rakastat Häntä, ja Herra on oleva sinun kanssasi ja Hän on näyttävä sinulle todisteita siitä että Hän on kanssasi. Jos päinvastoin et kuitenkaan tottele Hänen käskyjä niin sinun tulee olemaan vaikeata saada osaksesi Jumalan hyväksyntää, mieltymystä tai siunauksia.

Rakastatko sinä todella Herraa? Jos rakastat, niin toki pidät Hänen käskynsä ja palvot Häntä hengessä ja totuudessa. Et ole koskaan väsynyt tai uninen kuunnellessasi sanomaa. Kuinka sinä voit sanoa rakastavasi jotakuta jos sinä vaivut uneen tämän puhuessa sinulle? Pelkästään partnerisi äänen kuunteleminen on suuren ilon aihe jos todella rakastat häntä.

Samoin jos sinä todella rakastat Jumalaa niin sinä olet todella onnellinen ja iloinen kuunnellessasi Hänen Sanaansa. On selvää ettet rakasta Jumalaa jos olet uninen tai tylsistynyt. 1. Joh. 5:3 muistuttaa meitä, *"Sillä rakkaus Jumalaan on se, että pidämme hänen käskynsä. Ja hänen käskynsä eivät ole raskaat."*

Heille, jotka rakastavat Jumalaa Hänen käskyjensä noudattaminen ei ole vaikeaa. Voit täten noudattaa Hänen käskyjään täysin jos omaat uskon Jumalan rakastamiseen vilpittömästi ja todesti. Sinä noudatat näitä käskyjä uskossa sydämestäsi kumpuavalla rakkaudella sen sijaan että noudattaisit niitä vastentahtoisesti tai raskaanoloisesti. Sinä tottelet jokaista Jumalan sanaa ilomielin kun saavutat uskon neljännen tason, sillä sinä rakastat Häntä niin kuin puoliso joka haluaa antaa partnerilleen mitä tahansa tämä pyytääkään, ja joka tekee mitä tahansa tämä puoliso pyytääkin.

Pahan omat eivät voi vahingoittaa sinua

Ne, jotka rakastavat Herraa äärimmäisyyteen saakka tulevat kokonaan pyhitetyiksi noudattamalla koko Sanaa, kuten 1. Tessalonikalaiskirje 5:21-22 kertoo meille: *"Mutta koetelkaa kaikki, pitäkää se, mikä hyvää on; karttakaa kaikenlaista pahaa."*

Kuinka Jumala palkitsee sinut jos sinä et ainoastaan heitä pois syntisi kamppailemalla niitä vastaan aina oman veresi vuodatukseen saakka vaan hankkiudut eroon myös kaikesta pahasta? Kuinka Hän näyttää sinulle todisteita rakkaudestaan Sinua kohtaan? Jumala antaa useita lupauksia siunauksista niille, jotka saavuttavat pyhyyden ja puhtauden, sillä Hän palkitsee sinut sen mukaan mitä kylvät ja teet.

Ensinnäkin, kuten 1. Joh. 5:18 kertoo meille: *"Me tiedämme, ettei yksikään Jumalasta syntynyt tee syntiä; vaan Jumalasta syntynyt pitää itsestänsä vaarin, eikä häneen ryhdy se paha"*, sinä saat tulla Jumalasta syntyneeksi. Sinusta tulee hengen mies kun et enää tee syntiä, sillä sinä pyrit elämään Jumalan sanan mukaan ja heittämään synnit pois kamppailemalla niitä vastaan aina veresi vuodatukseen saakka. Tällöin paha vihollinen – paholainen – ei voi sinua enää vahingoittaa sinua, sillä Jumala pitää sinut turvassa.

Seuraavaksi 1. Joh. 3:21-22 lupaa: *"Rakkaani, jos sydämemme ei syytä meitä, niin meillä on uskallus Jumalaan, ja mitä ikinä anomme, sen me häneltä saamme, koska pidämme hänen käskynsä ja teemme sitä, mikä on hänelle otollista."* Sinun sydämesi ei syytä sinua kun miellytät Jumalaa heittämällä pois kaikenlaisen pahan – et vain pitämällä Hänen käskynsä.

Sinä olet luottavainen Jumalan edessä ja sinä saat Häneltä mitä tahansa sitten pyydätkin niinkuin Hän on luvannut sinulle. Hän ei valehtele eikä muuta mieltään; Hän pitää mitä tahansa Hän sanoo tai lupaa (Sananlaskut 23:19). Joten Hän antaa sinulle mitä tahansa pyydätkin jos sinä rakastat Häntä äärimmäisyyksiin saakka ja tulet pyhitetyksi.

Jo silloin kun minä itse olin vasta aloittanut uskoelämäni minä tunsin oloni pettyneeksi kun palvelustilaisuudet tai sanoman julistukset olivat lyhyitä sillä minä halusin tietää enemmän Jumalan tahdosta ja saada Hänen armonsa. Minä saatoin saavuttaa uskon täyden mitan lyhyessä ajassa sillä tein parhaani elääkseni sanan mukaan heti sitä mukaa kun ymmärsin sitä.

Tämän tuloksena minä asetan Jumalan eteen kaiken – jopa oman elämäni – mitään säästämättä sielullani, sydämelläni ja mielelläni, ja minä elän vain sanan mukaan rakastaakseni Häntä äärimmäisyyteen saakka ja miellyttääkseni Häntä. Vaikka annan Hänelle kaiken mitä minulla on minä aina toivon että voisin antaa Hänelle enemmän. Minun vaimoni ja lapseni ovat myös pyhittäneet itsensä Herralle koko sydämellään siitä lähtien kun minä opetin heitä elämään tämän mukaan. Sinun tulee janota Jumalan sanaa ja yrittää palvoa Häntä hengessä ja totuudessa ja pyrkiä elämään vain Sanan mukaan jos tunnet olosi raskaaksi kristittyä elämää eläessäsi.

2. Sielusi kukoistaa

Ihmiset, jotka ovat uskon neljännellä tasolla elävät aina Sanan mukaisesti, sillä he tunnustavat koko sydämellään ja kysyvät jatkuvasti, "Mitä minun tulisi tehdä miellyttääkseni Jumalaa?" ja kuuliaisuuden teot seuraavat heidän sydämestään kumpuavaa uskon tunnustusta. Tämä johtuu siitä että he rakastavat Herraa äärimmäisyyteen saakka.

Hän lupaa tällaisille ihmisille 3. Joh. 1:2:ssa *"Rakkaani, minä toivotan sinulle, että kaikessa menestyt ja pysyt terveenä, niinkuin sielusikin menestyy."* Mitä tarkoittaa "niinkuin sielusikin menestyy?" Minkälaisia siunauksia sinulle annetaan?

Sinun sielusi kukoistaa

Kun ihminen luotiin alussa Jumala puhalsi tähän hengellään elämän, ja niin ihmisestä tuli elävä ja hengellinen olento. Hän muodostui hengestä, jonka kautta hän saattoi olla liitossa Jumalan kanssa; sielusta, jota henki hallitsi; sekä ruumiista, jossa henki ja sielu asuivat ja jossa hän saattoi elää ikuisesti elävänä henkenä. (Genesis 2:7; Tess. 5:23).

Joten se henkilö, jonka sielu menestyy, saattaa hallita kaikkia asiota ja elää ikuisesti kuten Aatami joka kommunikoi Jumalan kanssa ja noudatti Hänen tahtoaan täysin. Aatami kuitenkin niskoitteli Jumalan käskyä vastaan ja hän menetti kaikki ne siunaukset jotka Jumala oli hänelle antanut. Jumala oli käskenyt häntä: *"Syö vapaasti kaikista muista paratiisin puista, mutta hyvä- ja pahantiedon puusta älä syö, sillä sinä päivänä, jona sinä siitä syöt, pitää sinun kuolemalla kuoleman."* (Genesis 2:16-17). Aatami rikkoi Jumalan käskyä ja söi hyvän- ja pahan tiedon puusta. Lopulta hänen henkensä – jonka kautta hän saattoi kommunikoida Jumalan kanssa – kuoli, ja hänet ajettiin ulos Eedenin puutarhasta.

Kun sanomme, että hänen "henkensä kuoli" me emme tarkoita että Aatamin henki lakkasi olemasta olemassa vaan sitä että se menetti alkuperäisen luonteensa. Hengen tulisi olla isännän roolissa mutta sielu otti tämän hengen paikan ja niin henki kuoli. Aatami oli kommunikoinut elävänä henkenä Jumalan kanssa joka on Henki.

Aatamin henki kuoli hänen tottelemattomuutensa tähden ja tämän tuloksena hän ei enää pystynyt kommunikoimaan Jumalan kanssa. Hänestä tuli sielun mies, ja tästä sielusta tuli isäntä joka hallitsi häntä hengen asemasta.

"Sielulla" tarkoitetaan aivoissa olevaa muistisysteemiä ja kaikenlaisia muistityyppejä sekä ajatuksia joiden kautta varastoituja muisteja voidaan toistaa. Sielun mies tarkoittaa sitä, että hän ei ole enää riippuvainen Jumalasta vaan luottaa ihmistietoon ja –teorioihin. Saatana-vihollisen jatkuvan työn tähden ihmisten ajatusten – hänen sielunsa – parissa epävanhurskaus ja pahuus syöksyvät ihmisen päälle, ja maailma on täyttynyt niin paljolla pahuudella kuin mitä ihminen vain pystyy ottamaan vastaan. Ihmisistä on tullut enemmän ja enemmän synnin tahraamia ja rappeutuneita sukupolvi toisensa jälkeen.

Ensimmäinen ihminen Aatami nautti hengen miehenä sekä kaiken luodun herrana ikuisesta elämästä, sillä hänen henkensä toimi hänen isäntänään ja se saattoi kommunikoida Jumalan kanssa. Pimeyden saapuessa hänen tottelemattomuutensa tähden hänen sydämeensä, joka oli ennen ollut täytettynä vain totuudella, tämä sydän tuli hiljalleen Saatana-vihollisen – pimeyden voimien hallitsijan – vallan alle.

Tämän tuloksena niskoittelevan Aatamin jälkeläisistä on tullut eläinten kaltaisia olentoja jotka muodostuvat sielusta ja ruumiista mutta eivät hengestä. He elävät kaikenlaisissa epätotuuksissa kuten valheessa, haureudessa, murhassa, kateudessa ja mustasukkaisuudessa, jotka ovat kaikki Jumalan sanan vastaisia (Saarnaaja 3:18).

Tästä huolimatta rakkauden Jumala avasi oven pelastukseen poikansa Jeesuksen Kristuksen kautta, ja Hän antoi Pyhän Hengen lahjaksi kenelle tahansa joka ottaisi Jeesuksen Kristuksen vastaan jotta heidän kuolleet henkensä virkoisivat. Jos joku saa osakseen Pyhän Hengen hänen kuollut henkensä virkoaa. Tästä ihmisestä tulee lisäksi hiljalleen hengen mies jos hän sallii Pyhän Hengen synnyttää itseensä oman sisäisen hengen.

Tällainen ihmisen voi nauttia kaikista siunauksista samalla tavalla kuin Aatami. Hän on elävä henki, sillä hänen sielunsa menestyy mikä tarkoittaa sitä, että hänen henkensä tulee isännäksi ja hänen sielunsa tottelee henkeä. Tämä on sinun uskosi kasvun prosessi sekä prosessi jonka kautta sinun sielusi menestyy.

Sinä olet uskon ensimmäisellä tasolla kun otat vastaan Jeesuksen Kristuksen ja otat vastaan Pyhän Hengen. Voit sitten seistä uskon kalliolla ja sen ankaran sodan kautta, jossa sinun henkesi halajaa Pyhää Henkeä ja sinun sielusi halajaa syntisiä asioita, sinä voit elää kokonaan sanan mukaisesti. Sinun saavuttaessasi uskon neljännen tason sinä tulet pyhäksi ja muistutat Herraa, sillä sinun hengestä tulee sinun isäntäsi.

Sinun henkesi ohjaa sieluasi

Kun henkesi hallitsee sielua sen isäntänä ja sielu tottelee henkeä sen palvelijana sanotaan että sinun sielusi "menestyy." Sitten sinä tulet luonnollisesti muistuttamaan Herran sydäntä ja mieltä kuten Fil. 2:5 meille kertoo: *"Olkoon teillä se mieli, joka myös Kristuksella, Jeesuksella oli."*

Henkesi hallitessa sieluasi Pyhä Henki hallitsee sydäntäsi sataprosenttisesti, sillä Jumalan totuuden sana hallitsee sydäntäsi ja tämän johdosta sinun ei tarvitse enää olla oman ymmärryksesi varassa. Toisin sanoen sinä voit olla täysin kuuliainen Jumalan sanalle sillä sinä olet tuhonnut kaikenlaiset lihalliset ajatukset ja sinun sydämesi muuttuu itse tämän sijaan totuudeksi.

Täten kun sinusta tulee hengen mies ja sinä olet Pyhän Hengen ohjaama sinä voit paeta kaikenlaisilta vaikeuksilta ja koettelemuksilta ja sinä olet vapaa vaarasta kaikissa olosuhteissa. Vaikka esimerkiksi luonnonkatastrofi tai äkillinen onnettomuus sattuisivat jossakin, sinä olisit jo kuullut Pyhän Hengen äänen joka herättää sinut pakenemaan tältä paikalta ja pitää sinut turvassa.

Joten kun sielusi menestyy sinä voit pyhittää kaikkesi Jumalalle kuuliaisin sydämin. Hän ohjaa sydäntäsi ja ajatuksiasi, johtaa kaikilla poluillasi ja siunaa sinua hyvällä terveydellä. 5. Moos. sanoo seuraavasti:

Ja kaikki nämä siunaukset tulevat sinun osaksesi ja saavuttavat sinut, jos kuulet Herran, sinun Jumalasi, ääntä. Siunattu olet sinä kaupungissa ja siunattu olet kedolla. Siunattu on sinun kohtusi hedelmä ja maasi hedelmä ja sinun karjasi hedelmä, raavaittesi vasikat ja lampaittesi karitsat. Siunattu on sinun korisi ja sinun taikinakaukalosi. Siunattu olet tullessasi ja siunattu olet lähtiessäsi. (5 Moos. 28:2-6).

Joten ne, jotka noudattavat Jumalan sanaa sen tähden että heidän sielunsa menestyvät eivät saa osakseen vain ikuista elämää, vaan he saavat myös nauttia kaikenlaisista siunauksista terveyden, talouden ja jälkeläisten saralla myös tässä maailmassa.

Kaikki tulee olemaan sinulla hyvin

Jaakobin poika Joosef joutui epätoivoiseen tilanteeseen; hänen veljensä myivät hänet hänen ollessaan nuori ja hänet vietiin Egyptiin, missä hänet vangittiin häpeällisesti ilman että hän olisi tehnyt osaltaan mitään väärää. Vaikeuksistaan huolimatta Joosef ei lannistunut vaan antoi itsensä kaikkivaltiaan Jumalan johdettavaksi. Hänen uskonsa tähden

Jumala valvoi Joosefin puolesta ja piti huolen siitä että tämä sai kaiken mitä tarvitsi. Tämän tuloksena kaikki sujui hyvin Joosefilla ja hänestä tuli Egyptin käskunhaltija.

Joten vaikka Joosef olikin viety nuoruudessaan Egyptiin ja elänyt siellä orjuudessa egyptiläiselle hänet pantiin loppujen lopuksi Egyptin johtoon, ja hän saattoi pelastaan sekä oman perheensä että Egyptin kansan seitsemän vuoden kuivuudelta. Hän myös valoi perusteet Israelin kansan siellä asumiselle.

Nykyään maailmassa on yli kuusi miljardia ihmistä. Näistä yli miljardi uskoo Jeesukseen Kristukseen. Jos tämän miljardin kristityn joukossa on nuhteettomia ja syyttömiä Jumalan lapsia niin kuinka rakastettavia he ovatkaan Hänelle! Hän on aina heidän kanssaan ja siunaa heitä kaikissa heidän toimissaan. Kun vaikeudet kohtaavat heitä Hän ohjaa heidän sydämensä pakenemaan näiden vaikeuksien edeltä tai johtaa heidät rukoukseen. Johtamalla heidät rukoukseen Jumala vastaanottaa heidän rukouksensa ja hankkkiutuu eroon näistä koettelemuksista sillä Hän on oikeudenmukainen Jumala.

Muutama vuosi sitten minut kutsuttiin puhumaan evankelioimiskonferenssiin Los Angelesissa. Ennen lähtöäni tunsin Jumalan kehottavan minua vahvasti rukoilemaan konferenssin puolesta joten keskityin rukoilemaan sen puolesta kahden viikon ajan vuoristorukoushuoneessa. En tiennyt miksi Jumala oli niin vahvasti kehottanut minua rukoilemaan konferenssin puolesta ennen kuin saavuin Los Angelesiin.

Vihollinen Saatana ja paholainen olivat värvänneet palvelijansa estämään konferenssin tapahtumisen ja tämä tapahtuma oli peruutuksen äärellä. Vastaanotettuaan minun ja kirkkoni jäsenten rukoukset Jumala tuhosi heidän ovelat suunnitelmansa etukäteen.

Minun saapuessani Los Angelesiin löysin kaiken valmiina konferenssia varten jonka minä onnistuin pitämään onnistuneesti ilman mitään ongelmia. Tämän lisäksi minä saatoin osoittaa Jumalalle suurta kunniaa saamalla tilaisuuden siunata Los Angelesin kaupunginvaltuuston ja sain vastaanottaa ensimmäisenä Korean kansalaisena kunniakansalaisuuden Los Angelesin kaupunginvirastolta.

Se jonka sielu menestyy uskoo kaiken Herran haltuun. Kun tuot kaiken Herran eteen rukouksessa omista ajatuksistasi, tahdostasi tai suunnitelmistasi huolimatta, Jumala ohjaa sinun mieltäsi ja johtaa sinua niin että kaikki tulee olemaan sinulla hyvin.

Vaikka kohtaatkin vaikeuksia, Jumala työskentelee kaikessa sinun hyväksesi kun annat Hänelle kiitosta koettelemuksenkin aikana sen tähden, että uskot vakaasti että Jumala sallii tahdollaan sen tulla osaksesi. Joskus voit kohdata vaikeuksia kun teet jotakin omiin kokemuksiisi tai tahtoosi perustuen luottamatta asiassa Jumalaan, mutta jopa näiden aikana Jumala auttaa sinua välittömästi kun huomaat virheesi ja kadut menettelyäsi.

Täysin Pyhän Hengen ohjaama

Seistessäsi uskon kalliolla kaikenlaiset epäilykset jättävät sinut ja sinä tulet luottamaan vakaasti siihen, että Jumala on elävä, sekä uskomaan Hänen tekoihinsa, kuten ylösnousemukseen ja toiseen tulemiseen, jonkin luomiseen tyhjästä, sekä Hänen rukousvastauksiinsa.

Joten kaikissa koettelemuksissa ja vaikeuksissa sinä voit vain iloita, rukoilla ja antaa Jumalalle kiitosta, sillä sinä et koskaan epäile tai elä epäuskossa. Tästä huolimatta Pyhä Henki ei vielä hallitse sydäntäsi sataprosenttisesti sillä sinä et ole vielä saavuttanut pyhittymisen täyttä mittaa tai määrää. Joskus et voi sanoa varmuudella kuuluuko kuulemasi ääni Pyhälle Hengelle vai ei, ja sinä voit hämmentyä sillä lihalliset ajatukset ovat yhä sinussa.

Sanotaan esimerkiksi että sinä olet rukoillut yrityksen aloittamisen puolesta ja rukoilusi aikana sinä satut löytämään tietyn yrityksen jota sinä alat pyörittämään. Aluksi yritys vaikuttaa menestyvän mutta myöhemmin sillä menee huonommin ja huonommin. Sitten sinä tajuat ettet kuullut Pyhän Hengen ääntä vaan sen sijaan luotit siihen mitä itse ajattelit. Tämän tähden he, jotka seisovat uskon kalliolla ovat useimmiten menestyksekkäitä, sillä he ymmärtävät totuuden ja elävät sanan mukaan. He eivät kuitenkaan ole vielä täydellisiä uskossaan sillä he eivät ole saavuttaneet tasoa jossa he voivat antaa kaiken täysin Jumalan haltuun ja olla vain Hänestä riippuvaisia.

Minkälaisia ovat uskon neljännellä tasolla olevat ihmiset? Sinun ollessasi uskon neljännellä tasolla sydämesi on jo kääntynyt totuuteen, sinun elämäsi on ollut Herran sanan mukaista, ja totuus on tullut iskostuneeksi niin sinun ruumiiseesi kuin sinun sydämeesikin. Sinun sydämesi on kääntynyt henkeen ja siten sinun henkesi ohjaa täysin sinun sieluasi. Sinä et elä enää omien ajatustesi ja mietteitesi mukaan sillä nyt Pyhä Henki hallitsee sydäntäsi sataprosenttisesti. Siten sinä voit menestyä mitä tahansa teetkin, sillä Jumala ohjaa sinua kun olet Hänelle kuuliainen noudattamalla Pyhän Hengen johdatusta.

Kun sinä olet rukoillut saavuttaaksesi jonkin asian sinut voidaan johdattaa menestyksen ja vaurauden tielle virheitä tekemättä odottamalla kärsivällisesti kunnes Pyhä Henki ohjaa sinua sataprosenttisesti. Genesis 12 muistuttaa meitä siitä että Aabraham totteli Jumalaa ja jätti taakseen kotimaansa heti Hänen käskiessä siitä huolimatta ettei Aabraham edes tiennyt minne hänen olisi pitänyt mennä. Hänen kuuliaisuutensa tähden Jumalan sanaa kohtaan Aabrahamia siunattiin tulemaan uskon esi-isäksi ja Jumalan ystäväksi.

Joten sinun ei tule huolehtia mistään kun Jumala ohjaa sinun teitäsi. Sinä voit nauttia siunauksista kaikessa mitä teetkin vain jos luotat ja seuraat Häntä, sillä kaikkivaltias Jumala on kanssasi.

Uskon täydelliset teot

Saavutettuasi uskon neljännen tason sinä tottelet riemumielin kaikkia käskyjä, sillä sinä rakastat Herraa äärimmäisyyteen saakka. Sinä et tottele Häntä vastentahtoisesti tai itseäsi pakottaen, vaan sinä tottelet Häntä vapaaehtoisesti ja sydämesi pohjasta iloiten, sillä sinä rakastat Häntä.

Salli minun käyttää esimerkkiä auttaakseni sinua ymmärtämään tämän paremmin. Kuvittele, että sinulla on suuria velkoja. Sinua tullaan rankaisemaan lain sallimien rajojen mukaisesti jos sinä et pysty suoriutumaan veloistasi saman tien. Mikä pahempaa, kuvittele että sinun perheenjäsenesi on kiireellisen leikkauksen tarpeessa. Tällaisessa tilanteessa sinä lannistuisit jos sinulla ei olisi rahaa näin tärkeään asiaan.

Miten sitten reagoisit jos sattuisit löytämään suuren timantin keskeltä katua? Vastauksesi riippuu uskosi määrästä.

Ollessasi uskon ensimmäisellä tasolla jossa sinä tulet vaivoin pelastetuksi sinä saatat ajatella. "Tällä voin maksaa kaikki velkani ja sairaalakulut," Tämä johtuu siitä ettet vielä tunne Jumalan sanaa kovin hyvin. Sinä katselet ympärillesi nähdäksesi onko ympärilläsi ketään, ja jos ketään ei näy sinä poimit timantin taskuusi.

Ollessasi uskon toisella tasolla sinä yrität elää Sanan mukaisesti mutta sisälläsi saattaa leimuta hengellinen sota syntisen halun, joka sanoo, "Tämä on Jumalan vastaus rukouksiini" ja Pyhän Hengen halun, joka sanoo "Ei, tämä on varastamista. Sinun tulee palauttaa se omistajalle", välillä.

Ensin sinä saatat epäröidä ja miettiä pitäisikö sinun ottaa se itsellesi vai viedä se poliisiasemalle mutta lopulta sinä pistät sen taskuusi sillä pahan läsnäolo sinussa on vielä vahvempi kuin hyvän läsnäolo. Sinä saattaisit epäröidä hetken ja toimittaa sitten timantin poliisille jos sinulla ei olisi velkoja etkä olisi niin epätoivoisessa tilanteessa. Sinussa oleva pahuus voi kuitenkin päihittää hyvyyden sen epätoivoisen tilanteen johdosta josta sinä itsesi löydät.

Ollessasi uskon kolmannella tasolla ja seistessäsi uskon kalliolla sinä viet timantin poliisiasemalle Pyhän Hengen halua seuraten, sillä sinä haluat palauttaa sen sen omistajalle. Tästä huolimatta sinä voit kaivata jalokiveä sydämessäsi, ajatellen "Minä olisin voinut maksaa kaikki velkani pois ja huolehtia leikkauskuluista!" Joten sinun tekosi ei ole vielä täydellinen sillä epätotuuden halu on vielä pysynyt sinussa tällä tavalla.

Kuinka sinä käyttäytyisit tällaisessa ongelmatilanteessa jos sinä olisit uskon neljännellä tasolla? Sinä et koskaan ajattelisi omaa etuasi edes tällaisen jalokiven nähdessäsi, sillä sinulla ei ole mitään epätotuuksia sydämessäsi eikä tällainen paha ajatus edes pälkähdä päähäsi. Sen sijaan sinä säälit timantin omistajaa, ajatellen "Kuinka pahoillaan hän mahtaakaan olla! Hän on varmaan etsinyt tätä joka paikasta, parasta viedä se poliisille saman tien." Sinä teet niin kuin ajattelet ja viet timantin poliisiasemalle.

Joten jos sinä rakastat Herraa äärimmäisyyteen saakka ja olet uskon neljännellä tasolla niin sinä noudatat Jumalan lakia joka tilaisuudessa huolimatta siitä kuka sinut näkee, sillä sinun elämäsi seuraa lakia. Tässä tilanteessa on tarpeetonta yrittää erottaa Pyhän Hengen ääntä mistään muusta kuten omasta syntisestä mielestäsi.

Ennen kuin sinä seisot uskon kalliolla sinä tulet kohtaamaan vaikeuksia useaan otteeseen, sillä sinulle ei ole helppoa erottaa Pyhän Hengen ääntä sinun omista ajatuksistasi. Vaikka sinä seisot uskon kalliolla voi olla ettet silti pysty erottamaan näitä kahta toisistaan täydellisesti.

Saavutettuasi uskon neljännen tason sinulla ei ole mitään syytä tuntea oloasi raskaaksi ja sinun tarvitsee vain seurata Pyhän Hengen ääntä, sillä Hän ohjaa sinua ja hallitsee sinun sydäntä ja mieltä täydellisesti.

Lisäksi kun olet uskon neljännellä tasolla sinä et nojaa ihmistietoon, viisauteen tai kokemuksiin, sillä Herra ohjaa sinua kaikilla teilläsi. Tämän johdosta sinä voit nauttia "Jehovahjireh:in" siunauksista (Herra antaa) ja kaikki tulee olemaan sinulla hyvin.

3. Jumalan varaukseton rakastaminen

Sinun rakkautesi Jumalaa kohtaan on varauksetonta jos sinä olet uskon neljännellä tasolla. Sinä julistat evankeliumia tai teet uskollisesti Jumalan työtä odottamatta mitään rukousvastauksia Jumalalta, sillä sinä yksinkertaisesti näet sen velvollisuutenasi. Sama koskee sitä kun palvelet lähimmäisiäsi uhrautuvalla rakkaudella. Teet sen odottamatta saavasi heiltä mitään maksua sillä sinä rakastat heidän sielujaan hyvin paljon.

Pyytävätkö vanhemmat lapsiltaan maksua rakkaudestaan? Eivät tietenkään; rakkaus on antamista. Vanhemmat ovat yksinkertaisesti kiitollisia ja iloisia siitä että heillä on lapsia joita he niin rakastavat. Jos on olemassa vanhempia jotka haluavat lastensa olevan heille kuuliaisia tai jotka kasvattavat lapsia vain ylpeilläkseen heillä, niin he odottavat saavansa maksun rakkaudestaan.

Myöskään lapset eivät odota vanhemmiltaan mitään vastalahjaksi jos he rakastavat näitä vilpittömästi. Lasten suorittaessa velvollisuutensa ja tehdessä parhaansa miellyttääkseen vanhempiaan nämä vanhemmat eivät voi muuta kuin ajatella, "Mitä minä tekisin heidän puolestaan?"

Pelkästään se, että sinä sait pelastuksen armon on tarpeeksi johdattamaan sinut kiittämään Herraa jos sinä saavutat uskon tason missä sinä rakastat Herraa äärimmäisyyteen saakka, ja sinusta tuntuu ettet voi mitenkään korvata Hänelle Hänen armoaan, etkä sinä voi olla rakastamatta totuutta ja Jumalaa varauksettomasti.

Joten sinä saat rukoilla, työskennellä ja palvella öin ja päivin Jumalan valtakuntaa ja Hänen vanhurskauttaan odottamatta saavasi siitä mitään korvausta jos sinulla on uskoa rakastaa Jumalaa varauksetta.

Jumalan rakastaminen muuttumattomalla sydämellä

Apostolien Teot 16:19-26:ssa Paavali ja Siilas vangittiin ja heidät raahattiin markkina-aukiolle pahojen ihmisten toimesta vaikka he olivatkin tehneet sellaisia hyviä töitä kuten evankeliumin saarnaamista muukalaisille ja riivaajien ulosajamista heistä. Heidän vaatteensa revittiin, heidät vangittiin ja heitettiin vankilaan. Heidät teljettiin sisimpään vankihuoneeseen ja heidän jalkansa pantiin jalkapuuhun. Mitä sinä tekisit jos sinä olisit heidän sijassaan?

Jos sinä olet uskon ensimmäisellä tai toisella tasolla sinä saatat valittaa tai huokailla, "Jumala, oletko sinä todella elossa? Me olemme tehneet uskollisesti sinun työtäsi tähän saakka. Miksi sinä sallit meidän tulla vangituksi?"

Uskon kolmannella tasolla sinä et ehkä lausu tällaisia sanoja mutta sinä saatat rukoilla hieman masentuneeseen sävyyn: "Jumala, sinä näit kuinka meitä nöyryytettiin kun levitimme evankeliumia sinun puolestasi. Kaikki tämä on kivuliasta. Ole kiltti ja paranna meidät ja vapauta meidät!"

Paavali ja Siilas kuitenkin kiittivät Jumalaa ja ylistivät Häntä laulaen vaikka he olivatkin hyvin toivottomassa ja hankalassa tilanteessa eikä heillä ollut mitään tietoa siitä mitä heille tulisi tapahtumaan. Yhtäkkiä vankilan perustuksia ravisteli hyvin voimakas maanjäristys. Kaikki vankilan ovet aukenivat samanaikaisesti ja kaikkien kahleet löystyivät. Tämä ihmeen lisäksi vanginvartija ja hänen perheensä hyväksyivät Jeesuksen

Kristuksen evankeliumin ja vastaanottivat pelastuksen.

Joten ihmiset jotka ovat uskon neljännellä tasolla voivat ylistää Jumalaa hetkessä, sillä heillä on vahva usko jonka avulla he voivat rukoilla ja ylistää Jumalaa ilolla kaikkien vaikeuksien ja koettelemusten aikana.

Noudattaen kaikkea ilomielin

Genesiksen 22:ssa luvussa Jumala käskee Aabrahamia uhraamaan itselleen polttouhrina Iisakin, Aabrahamin ainoan pojan jonka Jumala oli hänelle luvannut. Polttouhrilla viitataan eläimeen, joka uhrataan Jumalalle leikkaamalla se ensin palasiksi ja sitten asettamalle palaset alttarin päälle asetettujen puiden päälle jotka sitten sytytetään tuleen.

Aabrahamilta kesti kolme päivää saapua Moriahin alueelle missä hänen tuli Jumalan käskylle kuuliaisena uhrata Iisak polttouhrina. Mitä sinä luulet olleen hänen mielessään tämän kolmepäiväisen matkan aikana?

Jotkut väittävät että Aabraham matkusti ristiriitaisin ajatuksin: "Pitäisikö minun totella Häntä vai ei?" Näin ei kuitenkaan ollut. Sinun täytyy tietää että ihmiset joiden usko on sen kolmannella tasolla *yrittävät* rakastaa Jumalaa koska he tietävät, että heidän pitäisi rakastaa Häntä.

Uskon neljännellä tasolla olevat ihmiset yksinkertaisesti rakastavat Jumalaa ilman että heidät tarvitsee yrittää rakastaa Häntä. Jumala tiesi etukäteen että Aabraham tottelisi Häntä uskollisesti ja Hän koetteli hänen uskoaan. Hän ei kuitenkaan salli vaikeiden koettelemusten kohtaavan ihmisiä jotka eivät kykene tottelemaan Häntä.

Tämän tähden Heprealaiskirje 11:19 huomauttaa: *"..sillä hän päätti, että Jumala on voimallinen kuolleistakin herättämään; ja sen vertauskuvana hän saikin hänet takaisin."* Aabraham saattoi noudattaa Hänen käskyään ilomielin, sillä hän uskoi että Jumala pystyi herättämään hänen poikansa kuolleista. Loppujen lopuksi Aabraham läpäisi uskon koettelemuksen ja hän sai osakseen valtavasti siunauksia. Hänestä tuli uskon esi-isä ja häntä kutsuttiin myös Jumalan "ystäväksi."

Sinä olet aina kiitollinen ja iloinen kaikissa koettelemuksissa ja vaikeuksissa jos sinä olet henkilö joka ilomielin tottelee Jumalaa. Et voi olla kiittämättä Jumalaa sydämesi pohjasta ja olemaan rukoilematta, sillä sinä tiedät että Jumala työskentelee puolestasi kaikissa asioissa ja että Hän antaa sinulle siunauksia näiden koettemusten ja vainojen kautta.

Jumala on mielissään uskosi tähden ja antaa sinulle kaiken mitä pyydätkin. Tämän tähden Jeesus sanoo meille Matt. 8:13:ssa *"Niinkuin sinä uskot, niin sinulle tapahtukoon"*, ja Matt. 21:22;ssa *"Ja kaiken, mitä te anotte rukouksessa, uskoen, te saatte."*

Jos sinä et ole vielä saanut vastausta rukoukseesi niin se todistaa että sinä et ole luottanut Häneen täysin vaan ollut epäileväinen. Tämän tähden sinun tulisi saavuttaa vaihe jossa sinä rakastat Jumalaa varauksettomasti. Sinä voit tehdä tämän olemalla Hänelle kuulianen kaikissa olosuhteissa, iloiten sydämesi pohjasta.

Kaikkien hyväksyminen rakkaudella ja armolla

Mitä sinä teet jos joku syyttää sinua jostain aiheetta? Uskon toisella tasolla ollessasi et pysty sietämään tätä ja valitat ja riitelet asiasta. Lisäksi jos sinulla on enemmän pahuutta sisälläsi niin sinä kiivastut ja saatat lausua loukkaavia asioita kyseiselle henkilölle. Jumalaan uskovien ei ole kuitenkaan oikein osoittaa minkäänlaisia pahuuksia kuten vihaa, kiivautta tai loukkaavaa kielenkäyttöä, kuten 1. Piet. 1:16 sanoo: *"Olkaat pyhät, sillä minä olen pyhä."*

Kuinka sinä reagoit jos sinä olet uskon kolmannella tasolla? Sinä tunnet olosi levottomaksi ja rauhattomaksi sillä Saatana on työssään jatkuvasti ajatustesi parissa. Tämä johtuu siitä, että vaikka luuletkin mielessäsi että sinun tulisi olla iloinen, kiitollisuus ja ilo eivät kuitenkaan virtaa sydämestäsi niinkuin pitäisi.

Ollessasi uskon neljännellä tasolla sinun mielesi ei järky etkä sinä ärsyynny vaikka toiset saattavat vihata tai vainota sinua ilman syytä, sillä sinä olet jo heittänyt kaiken pahan pois.

Jeesus ei ollut levoton tai loukkaantunut vaikka Hän kohtasi vainoa, vaaroja , häpeää ja halveksuvaa kohtelua ihmisten taholta Hänen saarnatessaan evankeliumia. Hän ei koskaan sanonut "Minä tein vain hyviä tekoja mutta pahat ihmiset vainosivat minua ja yrittivät tappaa minut. Olen hyvin levoton ja loukkaantunut." Hän ei puhunut ihmisille muita kuin elämää-antavia sanoja.

Uskon neljännellä tasolla ollessasi sinun tulee seurata Herran sydämen mallia. Nyt sinä suret sinua vainoavien ihmisten puolesta ja rukoilet heidän puolestaan sen sijaan että vihaisit tai olisit heitä kohtaan vihamielinen. Sinä annat heille anteeksi ja ymmärrät heitä, hyväksyen heidät rakkaudella ja armolla.

Sen tähden minä toivon, että sinä saatat ymmärtää että samassa tilanteessa ihmiset, jotka ovat kiivaita tai vihaavat toisia, tuntevat olonsa loukatuksi ja masentuneeksi kun taas ihmiset, jotka antavat anteeksi ja hyväksyvät toiset rakkadella ja armolla, eivät tunne levottomuutta ja he päihittävät pahan hyvyydellä.

4. Jumalan yli kaiken rakastaminen

Sinä noudatat täysin Hänen käskyjään ja sinun sielusi menestyy jos sinä saavutat vaiheen jossa rakastat Jumalaa äärimmäisyyksiin saakka. Jumalan rakastaminen yli kaiken on sinulle täysin luonnollista. Tämän vuoksi apostoli Paavali tunnustaa kirjeessään filippiläisille (Fil. 3:7-9) pitävänsä kaikkea omaavaansa tappiona ja kaikkea menettämäänsä "roskana."

Mutta mikä minulle oli voitto, sen minä olen Kristuksen tähden lukenut tappioksi. Niinpä minä todella luen kaikki tappioksi tuon ylen kalliin, Kristuksen Jeesuksen, tuntemisen rinnalla, sillä hänen tähtensä minä olen menettänyt kaikki ja pidän sen roskana – että voittaisin omakseni Kristuksen ja minun havaittaisiin olevan hänessä ja omistavan, ei omaa vanhurskautta, sitä, joka laista tulee, vaan sen, joka

*tulee Kristuksen uskon kautta, sen vanhurskauden, joka
tulee Jumalasta uskon perusteella.*

Kun rakastat Jumalaa yli kaiken

Jeesus opettaa meille neljässä evankeliumissa niistä
siunauksista, jotka annetaan niille, jotka heittävät pois kaiken
omistamansa, ja jotka rakastavat Jumalaa enemmän kuin mitään
muuta apostoli Paavalin tapaan. Hän lupaa meille Mark. 10:29-
30:ssä että Hän antaa heille satakertaisesti siunauksia tässä
maailmassa ja ikuisen elämän tulevassa maailmassa.

> *Totisesti minä sanon teille; ei ole ketään, joka minun
> tähteni ja evankeliumin tähden on luopunut talosta tai
> veljistä tai sisarista tai äidistä tai isästä tai lapsista tai
> pellosta, ja joka ei saisi satakertaisesti; nyt tässä ajassa
> taloja ja veljiä ja sisaria ja äitejä ja lapsia ja peltoja,
> vainojen keskellä, ja tulevassa maailmassa iankaikkista
> elämää.*

Sanonta: "minun tähteni ja evankeliumin tähden on
luopunut talosta tai veljistä tai sisarista tai äidistä tai isästä
tai lapsista tai pellosta" merkitsee hengellisesti sitä että sinä
et enää halaja näitä maallisia asioita; että sinä rikot lihalliset
ihmissuhteet; ja että sinä rakastat yli kaiken Jumalaa joka on
Henki.

Tämä ei tietenkään tarkoita sitä että sinä et rakasta muita
ihmisiä sen tähden että rakastat Jumalaa ensin. 1. Joh. 4:20-21
kertoo meille tästä: *"Jos joku sanoo: 'Minä rakastan Jumalaa'*

mutta vihaa veljeänsä, niin hän on valhettelija. Sillä joka ei rakasta veljeänsä, jonka hän on nähnyt, se ei voi rakastaa Jumalaa, jota hän ei ole nähnyt. Ja tämä käsky meillä on häneltä, että joka rakastaa Jumalaa, se rakastakoon myös veljeänsä."

Ihmiset sanovat että vanhemmat synnyttävät lapsensa vartalon. Ihminen muodostuu kohdussa isän siittiön ja äidin munasolun yhdistelmästä. Tämä siittiö ja munasolu ovat kuitenkin Luojan, eivät vanhempien, luomia.

Lisäksi tämä fyysinen ruumis muuttuu kuoleman jälkeen kouralliseksi tomua. Ruumis onkin vain asuinsija jossa henki ja sielu asuvat. Ihmisen todellinen isäntä on henki ja Jumala itse hallitsee tätä henkeä. Joten meidän tulee rakastaa Jumalaa enemmän kuin mitään muuta jos me ymmärrämme että vain Jumala voi antaa meille todellisen elämän: ikuisen elämän ja taivaan.

Minä itse häilyin kuoleman porteilla, sillä kärsin seitsemän vuoden ajan useista parantumattomista sairauksista. Kohdatessani elävän Jumalan minä kuitenkin koin ihmeparantumisen. Siitä lähtien minä olen rakastanut Häntä enemmän kuin mitään muuta ja Hän on suonut minulle paljon siunauksia.

Yli kaiken muun minulle annettiin kaikki minun syntini anteeksi ja minä sain vastaanottaa pelastuksem ja ikuisen elämän. Tämän lisäksi minulla oli kaikki hyvin ja minä sain nauttia hyvästä terveydestä sieluni menestyessä. Myöhemmin Jumala kutsui minut Hänen palvelijakseen saavuttaakseni maailmanlaajuisen mission ja Hän antoi minulle voimia tätä varten.

Hän on paljastanut minulle asioita jotka eivät ole vielä tapahtuneet. Saavuttaakseni Jumalan johdatuksen Hän on myös lähettänyt minulle useita hyviä sielunpaimenia ja uskollisia kirkon palvelijoita sekä antanut kirkkoni laajeta eksponentiaalisesti.

Samanaikaisesti Hän on siunanut minua ja sallinut minun olevan niin kirkkoni jäsenten kuin ei-uskovaistenkin rakastama. Hän on johdattanut minun perheeni rakastamaan Häntä enemmän kuin mitään tai ketään muuta, ja Hän on suojellut heitä niin täydellisesti kaikenlaisilta sairauksilta ja onnettomuuksilta heidän otettuaan Herran vastaan ettei yksikään heistä ole koskaan ottanut lääkettä tai joutunut sairaalaan. Tällä tavoin Hän on siunannut minua niin paljon ettei minulta puutu yhtään mitään.

Hengellisen rakkauden täyttäminen

Sinä elät yltäkylläisyydessä jos rakastat Jumalaa enemmän kuin mitään muuta, sillä Hän johdattaa sinua kaikissa olosuhteissa ja todellinen onnellisuus saapuu kokonaisuudessaan sydämeesi taivaista

Tämän johdosta sinä jaat tämän ylitsevuotavaisen rakkauden muiden kanssa sillä hengellinen rakkaus tulee kokonaan sinun päällesi. Sinä saatat rakastaa kaikkia ihmisiä ikuisesti muuttumattomalla rakkaudella, sillä sinun mielessäsi ei ole ollenkaan pahaa. 1. Korinttolaiskirje 13:4-7 selittää hengellisestä rakkaudesta yksityiskohtaisesti:

Rakkaus on pitkämielinen, rakkaus on lempeä;

rakkaus ei kadehdi, ei kerskaa, ei pöyhkeile, ei käyttäydy sopimattomasti, ei etsi omaansa, ei katkeroidu, ei muistele kärsimäänsä pahaa, ei iloitse vääryydestä, vaan iloitsee yhdessä totuuden kanssa; kaikki se peittää, kaikki se uskoo, kaikki se toivoo, kaikki se kärsii.

Nykyään maailmassa on konflikteja, erimielisyyksiä ja kiistoja. Useassa taloudessa on miehen ja vaimon tai perheenjäsenten välisiä riitoja sillä heissä ei ole hengellistä rakkautta. He eivät osaa luoda ja ylläpitää lempeää ja rauhallista kotia sillä heillä on aina jokin ristiriita, ja jokainen heistä on aina sitä mieltä että hän itse on ainoastaan oikeassa ja he haluavat kaikki ainoastaan tulla rakastetuksi.

Kun ihmiset kuitenkin tulevat vaiheeseen jossa he rakastavat Jumalaa yli kaiken, he saavuttavat hengellisen rakkauden heittämällä pois lihallisen rakkauden. Lihallinen rakkaus on muuttuvaista ja se on itsekästä, kun taas hengellinen rakkaus asettaaa nöyrästi muut etusijalle ja ajattelee ensin muiden etuja eikä omiaan. Sinun kotisi tulee varmasti täytetyksi onnella ja sopuisuudella omatessasi hengellisen rakkauden.

Usein kun sinä alat rakastaa Jumalaa sinun perheenjäsenesi ja ystäväsi jotka eivät itse usko Jumalaan alkavat vainota sinua (Mark. 10:29-30). Tämä ei kuitenkaan kestä kauan. Tämä vaino muuttuu kuitenkin siunauksiksi ja sinun vainoojasi tulevat rakastamaan ja hyväksymään sinut kun sinun sielusi menestyy ja sinä saavutat uskon neljännen tason.

2. Korinttolaiskirje 11:23-28 kuvaa kuinka ankarasti apostoli Paavalia vainottiin hänen saarnatessaan Herran evankeliumia. Hän työskenteli Herran työn eteen ankarammin

kuin muut, hänet vangittiin ja heitettiin vankilaan muita useammin, hänet ruoskittiin julmemmin, ja häntä uhattiin kuolemalla yhä uudelleen ja uudelleen. Silti Paavali kiitti Jumalaa ja oli riemumielin sen sijaan että olisi ollut levoton.

Vaikka sinä kävelisit kuoleman laaksossa niin tämä paikka voi olla taivas sinun saavutettuasi uskon neljännen tason, jossa sinä rakastat Jumalaa yli kaiken muun, ja vainoaminen muuttuu pian siunauksiksi sillä Jumala on sinun kanssasi.

Luvuissa Matteus 5:11-12 Jeesus sanoo meille, *"Autuaita olette te, kun ihmiset minun tähteni teitä solvaavat ja vainoavat ja valhetellen puhuvat teistä kaikkinaista pahaa. Iloitkaa ja riemuitkaa, sillä teidän palkkanne on suuri taivaissa. Sillä samoin he vainosivat profeettoja, jotka olivat ennen teitä."*

Joten sinun tulee ymmärtää, että vaikka sinä kohtaisitkin koettelemuksia ja vaikeuksia Herran tähden sinä et saa osakseksi pelkästään Jumalan rakkautta ja tunnustusta sekä Hänen palkkiotaan taivaissa kun iloitset ja olet Hänessä onnellinen, vaan sinä saat myös satakertaisen palkkion tässä maailmassa.

Pyhän Hengen hedelmät ja hyveet

Kun sinä saavutat uskon neljännen tason sinä kannat runsaasti Pyhän Hengen yhdeksää hedelmää ja hyveet alkavat tulla sinuun. Galatalaiskirje 5:22-23 kuvaa meille Pyhän Hengen yhdeksän hedelmää: *"Mutta Hengen hedelmä on rakkaus, ilo, rauha, pitkämielisyys, ystävällisyys, hyvyys, uskollisuus, sävyisyys, itsensähillitseminen. Sellaista vastaan ei ole laki."*

Pyhän Hengen hedelmä on Jeesuksen Kristuksen rakkaus joka antaa viholliselle vettä hänen ollessaan janoinen ja ruokkii hänet hänen ollessaan nälkäinen. Kun sinä kannat ilon hedelmää rauha ja onnellisuus tulevat sinun päällesi sillä sinä etsit ja luot vain hyvyyttä ja kauneutta. Sinulla on myös pyhyydessäsi rauha kaikkien ihmisten kanssa kun kannat rauhan hedelmää.

Tämä lisäksi sinä rukoilet lakkaamatta kiitollisena ja ilolla pitkämielisyyden hedelmän avulla vaikka sinä kohtaisitkin kärsimyksiä ja koettelemuksia. Hyvyyden hedelmällä sinä annat anteeksi anteeksiantamattomia asioita ja anteeksiantamattomille ihmisille, ymmärrät asioita jotka ovat ymmärtämättömiä, sekä pidät huolen muista ihmisistä niin että he voivat tulla sinuakin vauraammiksi. Hyvyyden hedelmällä sinä voit heittää pois kaikenlaisen pahan ja sinä voit etsiä kaunista hyvyyttä sekä olla olematta välinpitämätön muiden ihmisten tunteita kohtaan ja olla satuttamatta niitä.

Uskollisuuden hedelmällä sinä noudatat Jumalan sanaa sen kokonaisuudessaan ja sinä olet Herralle uskollinen aina oman henkesi antamiseen saakka, sillä sinä kaipaat elämän kruunua. Sävyisyyden hedelmällä joka on pumpulin pehmeä sinä voit kääntää vasemman poskesi kun joku lyö sinua oikealle poskelle sekä hyväksyä jokaisen rakkaudella ja armolla.

Lopulta, itsensähillitsemisen hedelmällä sinä seuraat Jumalan antamia käskyjä ilman itsepäisyyttä tai puolueellisuutta, sekä täytät Jumalan tahdon kauniilla ja sopuisalla tavalla.

Tämä lisäksi sinä huomaat että Matt. 5:ssä kuvaillut hyveet alkavat myös tulla osaksesi. Nämä hyveet ovat tuhoutumattomia, muuttumattomia sekä ikuisia.

Sinä olet hyvin lähellä uskon viidettä tasoa kun sinä kannat runsaasti Pyhän Hengen hedelmiä ja hyveet alkavat tällä tavalla tulla osaksesi. Tällä tasolla sinut johdatetaan vauraaseen ja menestyksekkääseen elämään ja sinulle annetaan pikaisesti asioita jotka ovat vasta sinun mielessäsi.

Saavuttaaksesi vuorenhuipun sinun täytyy kiivetä yksi askel kerrallaan. Päästyäsi huipulle sinä tunnet olosi virkistyneeksi ja iloiseksi vaikka matka sinne olisikin ollut hyvin työläs. Maanviljelijät työskentelevät ahkerasti runsaan sadon toivossa sillä he uskovat voivansa niittää saman verran kuin mitä he ovat hikoilleet. Samalla tavoin me voimme niittää Jumalan meille Raamatussa lupaamia siunauksia jos me elämme totuudessa.

Minä rukoilen Herramme nimessä, että sinä saisit omata uskon rakastaa Jumalaa yli kaiken heittämällä pois kaikki syntisi kamppailemalla niitä vastaan ja elämällä Jumalan tahdon mukaan!

Luku 8

Usko Miellyttääkseen Jumalaa

USKON MITTA

Rakkaani, jos sydämemme ei syytä meitä,

niin meillä on uskallus Jumalaan,

ja mitä ikinä anomme, sen me Häneltä saamme,

koska pidämme Hänen käskynsä, ja teemme sitä,

mikä on Hänelle otollista.

(1. Joh. 3:21-22).

Vanhemmat ovat täynnä iloa ja ylpeyttä kun heidän lapsensa tottelevat, kunnioittavat ja rakastavat vanhempiaan sydämensä pohjasta. Vanhemmat eivät vain anna tällaisille lapsille mitä he ikinä toivovatkin, vaan he myös yrittävät antaa heille sen, mitä lapset halajavat sydämessään tekemättä mitään sen löytämiseksi.

Kun sinä tottelet ja miellytät Jumalaa sinä et myöskään saa Häneltä ainostaan mitä tahansa sitten pyydätkin, vaan myös sen mitä toivot sydämessäsi, sillä Jumala on hyvin mielissään sinun uskosi tähden ja Hän rakastaa sinua. Mikään ei ole mahdotonta kun sinulla on tämänkaltainen suhde Jumalaan.

Syventytkäämme nyt sellaiseen uskoon joka miellyttää Jumalaa ja siihen kuinka me saatamme saavuttaa sen.

1. Uskon viides taso

Usko Jumalan miellyttämiseen on korkeampi kuin usko rakastaa Jumalaa yli kaiken. Mitä sitten on usko miellyttää Jumalaa? Me näemme ympärillämme että lapset, jotka todella rakastavat vanhempiaan, noudattavat näiden tahtoa ymmärtäen heidän vanhempiensa sydämen kaikissa asioissa. Vasta sitten kun sinä ymmärrät sen rakkauden ulottuvuuden, joka miellyttää vanhempiasi, sinä voit ymmärtää uskoa, joka miellyttää Jumalaa.

Minkälainen rakkaus voi miellyttää Jumalaa?

Korealaiset tarinat ovat täynnä velvollisuudentuntoisia poikia, tyttäriä tai miniöitä, joiden rakkauden teot miellyttävät heidän vanhempiaan, ja jotka jopa siirtävät taivaita. Esimerkiksi eräs tarina kertoo pojasta joka piti huolta äidistään joka oli vuoteenoma. Hän teki kaikkensa äitinsä tervehdyttämiseksi mutta tämä oli turhaa.

Eräänä päivänä poika kuuli, että hänen äitinsä saattoi parantua jos hän joisi verta pojan sormesta. Poika leikkasi sormeensa haavan kuuliaisesti ja antoi äitinsä juoda vertaan, ja pian äiti parantui. Ei ole tietenkään mitään lääketieteellisiä todisteita siitä että miehen veren juominen voisi piristää sairasta henkilöä. Pojan uhrautuva rakkaus ja vilpittömyys kuitenkin liikuttivat Jumalaa ja Hän antoi hänelle armonsa. Kuten korealainen sanonta kuuluu: "vilpittömyys siirtää taivaita."

On olemassa toinen liikuttava tarina pojasta joka huolehti sairaista vanhemmistaan. Hän meni syvälle vuorten uumeniin keskellä talvea, kahlaten yli polvenkorkuisten nietosten läpi kaivaakseen harvinaisia ja salaperäisiä yrttejä sekä hedelmiä joiden sanottiin tuovan hyvää onnea hänen sairaille vanhemmilleen.

On myös olemassa vielä toinen tarina miehestä ja hänen vaimostaan, jotka palvelivat heidän vanhoja vanhempiaan uskollisesti vaikka he itse ja heidän omat lapsensa näkivät usein nälkää.

Entä meidän aikamme ihmiset? On olemassa niitä jotka piilottavat herkullisia ruokia jotta he voivat syöttää lapsensa mutta ovat vanhempiensa tarjoilujen suhteen saitoja ja vastahakoisia. Et voi sanoa että tämä olisi rakkautta sen aidossa muodossa jos he antavat auliisti rakkautta lapsilleen mutta unohtavat omien vanhempiensa armon ja rakkauden. Kuka todellakin rakastaa vanhempiaan tarjoaa näille hyvää ruokaa ja saattaa jopa salata sen, että hänen omat lapset ovat nälkäisiä. Voisitko sinä uhrata itsesi vanhempiesi tähden tällä tavoin?

Tämän tähden meidän tulisi tuntea se selvä ero iloisen ja kiitollisen kuuliaisuuden rakkauden, sekä vanhempia miellyttävän rakkauden välillä. Ennen aikaan ei ollut helppoa löytää tällaisia lapsia joilla oli vanhempia miellyttävää rakkautta mutta nykyään se on jopa vielä vaikeampaa, sillä tänään maailma on täynnä ylitsevuotavaa syntiä ja pahuutta.

Tämä rakkaus on samankaltaista kuin vanhemman rakkaus, jonka on sanottu olevan kaikista ylevintä ja kauneinta rakkautta. Jopa minun oma äitini, joka rakasti minua hyvin paljon, sanoi minulle katkerasti itkien: "Kuole, ja se on oleva velvollisuutesi poikanani", sillä minä olin sairas vuosien ajan eikä parantumisestani ollut mitään toivoa.

Kuinka sitten rakkauden Jumala osoitti rakkautensa meitä kohtaan? Hän ei vain antanut meille Hänen ainoaa poikaansa kuolemaan ristillä avatakseen meille tien pelastukseen ja taivaaseen, vaan Hän antoi meille myös Hänen ikuisen rakkautensa.

Minun tapauksessani kohdattuni Jumalan minä olen aina tuntenut ja ymmärtänyt Hänen ylitsevuotavan rakkautensa sydämeni pohjukoita myöten, ja niin minä kasvoin nopeasti uskon täyteen mittaan. Minä opin rakastamaan Häntä yli kaiken muun ja sain omata Jumalaa miellyttävän uskon.

Jumalaa miellyttävän uskon omaaminen

Psalmissa 37:4 Jumalaa lupaa meille: *"Sinulla on ilo Herrassa, ja Hän antaa sinulle, mitä sinun sydämesi halajaa."* Jos sinä miellytät Jumalaa niin Hän ei anna sinulle vain mitä ikinä pyydätkin, vaan myös sen mitä halajat sydämessäsi.

Kun minä päätin aloittaa kirkkoni minulla oli vain noin 10 US dollaria taskussani. Silti Jumala siunasi minua kun minä rukoilin uskossani ja Hän antoi minun saada vuokrattua melkein 900:n neliöjalan rakennuksen kirkokseni. Jumala antoi myös kirkkoni osaksi tulla suuresta uudistumisesta ja siunauksista "hyvällä, sullotulla, puhdistetulla ja kukkuraisella mitalla," kun minä alusta saakka rukoilin visioiden suuresta maailmanlaajuisesta missiosta.

Samoin sinullekin on kaikki mahdollista kun sinä omaat Jumalaa miellyttävän uskon, sillä Jeesus muistuttaa meitä Mark. 9:23:ssa: *"Jos voit!' Kaikki on mahdollista sille, joka uskoo."* Kuten myös mainittiin Mooseksen viidennen kirjan aikana, sinä olet siunattu kun tulet ja menet, sinä tulet lainaamaan monille mutta et keneltäkään ja Herra tekee sinusta päämiehen. Merkit tulevat myös seuraamaan sinua, kuten Mark. 16 vakuuttaa.

Jeesus lisäksi lupaa sinulle kuvittelemattomia siunauksia Joh. 14:12-13:ssa. Lukekaamme yhdessä nämä jakeet nähdäksemme mitkä siunaukset seuraavat sinua kun uskossasi miellytät Jumalaa:

Totisesti, totisesti minä sanon teille: joka uskoo minuun, myös hän on tekevä niitä tekoja, joita minä teen, ja suurempiakin, kuin ne ovat, hän on tekevä; sillä minä menen Isän tykö, ja mitä hyvänsä te anotte minun nimessäni, sen minä teen, että Isä kirkastettaisiin Pojassa."

Eenokille annetut siunaukset

Raamatussa me näemme useita uskon esi-isiä, jotka miellyttivät Jumalaa. Kuinka heidän joukossaan oleva Eenok, joka mainittiin Heprealaiskirje 11:sta miellytti Jumalaa ja mitä siunauksia hän sai?

Uskon kautta otettiin Eenok pois, näkemättä kuolemaa, 'eikä häntä enää ollut, koska Jumala oli ottanut hänet pois.' Sillä ennen poisottamistaan hän oli saanut todistuksen, että hän oli otollinen Jumalalle. Mutta ilman uskoa on mahdoton olla otollinen; sillä sen, joka Jumalan tykö tulee, täytyy uskoa, että Jumala on ja että hän palkitsee ne, jotka häntä etsivät (jakeet 5-6).

Genesis 5:21-24 kuvaa Eenokin siksi yhdeksi, joka miellytti Jumalaa, sillä hän oli pyhitetty 65 vuoden iässä ja oli uskollinen koko Jumalan talossa. Eenok käveli Jumalan kanssa 300 vuoden ajan jakaen Hänen kanssaan rakkauden, eikä hän nähnyt kuolemaa sillä Jumala otti hänet pois. Häntä siunattiin niin runsaasti että hän asuu nyt Jumalan valtaistuimen vierellä, jakaen Hänen kanssaan äärimmäisen rakkauden.

Samalla tavoin on mahdollista tulla otetuksi pois taivaaseen näkemättä kuolemaa jos sinä omaat Jumalaa miellyttävän uskon. Myöskään profeetta Elia ei nähnyt kuolemaa. Hänet otettiin taivaaseen sen tähden, että hän todisti elävästä Jumalasta ja pelasti usean ihmisen näyttämällä heille ihmeellisiä voiman tekoja Jumalaa miellyttävällä uskollaan.

Uskotko sinä että Jumala on olemassa ja että Hän palkitsee ne jotka Häntä vilpittömästi etsivät? Jos sinulla on tällainen usko niin on vain sopivaa että sinä tulet täysin pyhitetyksi ja että annat jopa oman elämäsi ja henkesi Jumalan asettamien velvollisuuksien täyttämiseksi.

2. Usko oman elämän uhraamiseen

Jeesus käskee meitä Matteus 22:37-40:ssä seuraavasti: *"'Rakastakaa Herraa, sinun Jumalaasi, kaikesta sydämestäsi ja kaikesta sielustasi ja kaikesta mielestäsi. Tämä on suurin ja ensimmäinen käsky. Toinen, tämän vertainen on: 'Rakasta lähimmäistäsi niinkuin itseäsi.' Näissä kahdessa käskyssä riippuu kaikki laki ja profeetat."*

Kuten Jeesus sanoo, Jumalaa rakastavat ihmiset miellyttävät Häntä, ei vain rakastamalla Jumalaa koko sydämellään, sielullaan ja mielellään, vaan myös rakastamalla naapureitaan niinkuin itseään. Sinä voit kutsua tätä Jumalaa miellyttävää uskoa "Kristuksen uskoksi" tai "täydeksi hengelliseksi uskoksi", sillä tämä usko on niin vahva että sinä voit asettaa jopa oman henkesi alttiiksi Jeesuksen Kristuksen tähden.

Usko itsensä uhraamiseen Jumalan tahdon tähden

Jeesus noudatti Jumalan tahtoa sen kokonaisuudessaan. Hänet naulittiin ristille ja Hänestä tuli ylösnousemuksen ensimmäinen hedelmä, ja nyt Hän istuu Jumalan valtaistuimen vierellä. Kaikki tämä tapahtui sen tähden että Hänellä oli tarpeeksi uskoa uhratakseen itsensä kokonaan, aina oman elämänsä uhraamiseen saakka. Täten Jumala todistaa Jeesukselle, sanoen *"Tämä on minun rakas Poikani, johon minä olen mielistynyt"* (Matt. 3:17, 17:5), ja *"..minun palvelijani, jonka minä olen valinnut; minun rakkaani, johon minun sieluni on mielistynyt.."* (Matt. 12:18).

Kautta koko kirkkohistorian on ollut olemassa uskon esi-isiä jotka ovat Jeesuksen tavoin antaneet oman elämänsä Jumalan miellyttävän tahdon tähden. Jeesusta kaikkina aikoina seuranneiden Pietarin, Jaakobin ja Johanneksen lisäksi useat muut ovat antaneet henkensä epäröimättä Jeesuksen Kristuksen tähden. Pietari kuoli ristillä pää alaspäin; Jaakob mestattiin; ja Johannes laitettiin rautaisessa kattilassa olevaan kiehuvaan öljyyn. Hän ei kuitenkaan kuollut, ja niin hänet karkotettiin Patmoksen saarelle.

Useat kristityt kuolivat Rooman Kolosseumilla leijonien saalina Jumalaa ylistäen. Useat muut pitivät kiinni uskostaan eläen koko elämänsä katakombeissa, maanalaisissa hautuumaissa, näkemättä koskaan auringonvaloa. Jumala oli mieltynyt heidän uskonsa tähden, sillä he elivät kuten kirjoitukset seuraavasti käskivät: *"Jos me elämme, niin elämme Herralle, ja jos kuolemme, niin kuolemme Herralle.*

Sentähden, elimmepä tai kuolimme, niin me olemme Herran omat." (Room. 14:8).

Vuona 1992 sieraimieni kautta alkoi vuotaa verta, sillä olin ylityöllistetty enkä saanut tarpeeksi unta tai lepoa. Vaikutti siltä kuin lähes kaikki vereni olisi vuotanut minusta. Tämän seurauksena olin pian kriittisessä tilassa. Menetin vähitellen tajuntani ja saavutin lopulta kuoleman kynnykset.

Tuolloin minusta tuntui että olisin pian Jeesuksen käsivarsilla mutta minä en aikonut luottaa lääketieteeseen. En koskaan ajatellut näkeväni lääkäriä nenäverenvuotoni tähden. En mennyt sairaalaan tai luottanut mihinkään maalliseen hoitoon lähestyessäni kuolemaa, sillä minä uskoin Isääni kaikkivaltiaaseen Jumalaan. Perheeni tai kirkkoni jäsenet eivät myöskään patistaneet minua menemään sairaalaan. He tunsivat minut niin hyvin että he tiesivät että minä pyhitin elämäni aina Jumalalle, en maailmalle tai kenellekään ihmiselle.

Jopa silloin kun olin runsaan verenhukan johdosta tajuton minun henkeni kiitti Jumalaa siitä, että sain olla Jeesuksen käsivarsilla ja levätä ikuisesti. Minun ainoa toiveeni oli tavat Herra Jeesus.

Jumala kuitenkin näytti minulle näyssä mitä kirkolleni tapahtuisi kuolemani jälkeen. Jotkut ihmiset pysyisivät kirkossa pitäytyen uskossaan, kun taas useat muut palaisivat maalliseen maailmaan, jättäen Jumalan ja tehden Häntä vastaan syntiä.

Nähtyäni tämän minä en voinut levätä Jeesuksen käsivarsilla. Sen sijaan minä pyysin vilpittömästi Jumalaa antamaan minulle voimia, sillä tunsin syvintä surua niiden tähden jota olivat matkalla maalliseen. Sitten Jumalan avulla joka paransi minut, minä nousin vuoteeltani ja istuin välittömästi ylös vaikka olin juuri melkein menehtynyt ja muuttunut sen kalpeaksi kuin lumi.

Tultuani tajuihin minä näin usean kirkon työntekijän vuodattavan ilon kyyneleitä. Kuinka he voisivat olla liikuttumatta koettuaan Jumalan ihmeellisen ja voimakkaan kuolleista herättämisen työn?

Täten Jumala on mieltynyt heihin, jotka näyttävät uskonsa jopa oman elämänsä antamiseksi, ja Hän vastaa näille ihmisille nopeasti. Alkukirkkojen marttyyrien tähden evankeliumi levisi nopeasti koko maailmaan. Jopa Koreassa marttyyrien veri auttoi evankeliumin nopeaa leviämistä.

Usko Jumalan kaiken tahdon noudattamiseen

1. Tessalonikalaiskirje 5:23 kuuluu seuraavasti: *"Itse rauhan Jumala pyhittäköön teidät kokonansa, ja säilyköön koko teidän henkenne ja sielunne ja ruumiinne nuhteettomana meidän Herramme Jeesuksen Kristuksen tulemukseen."* Tässä "koko henkenne" viittaa tilaan, jossa sinä olet kokonaan saavuttanut Jeesuksen Kristuksen sydämen.

Täyden hengen mies on mies, joka elää elämänsä ainoastaan Jumalan tahdon mukaisesti, sillä hän voi aina kuulla Pyhän Hengen äänen, ja hänen sydämensä tulee itse totuudeksi ymmärtämällä kokonaan Jumalan Sanan. Sinä voit tulla sielun mieheksi ja saavuttaa Jumalan mielen kun sinä pyhityt kokonaan heittämällä pois kaikenlaisen pahan kamppailemalla sinusta löytynyttä syntiä vastaan.

Lisäksi, kun sielun mies jatkaa varustautumistaan Jumalan Sanalla totuus hallitsee hänen sydämensä lisäksi myös hänen koko elämäänsä.

Sinä voit kutsua tällaista uskoa "täydeksi uskoksi" tai "Jeesuksen Kristuksen täydelliseksi hengelliseksi uskoksi." Sinä voit saavuttaa tällaisen uskon kun sinulla on Heprealaiskirje 10:22:ssa kuvailtu vilpitön sydän. *"Niin käykäämme esiin totisella sydämellä, täydessä uskon varmuudessa, sydän vihmottuna puhtaaksi pahasta omastatunnosta ja ruumis puhtaalla vedellä pestynä."*

Vaikka sinä kuitenkin olisit kykeneväinen saavuttamaan Jeesuksen mielen ja sinä omaisit Jeesuksen uskon, ei se tarkoita sitä että sinä olisit Jeesuksen Kristuksen vertainen. Kuvittele, että poika kunnioittaa isäänsä hyvin ja paljon ja koettaa olla hänen kaltaisensa. Hän saattaa muistuttaa isäänsä luonteensa tai persoonallisuutensa perusteella mutta hän ei voi koskaan olla samanlainen kuin isänsä.

Samalla tavoin sinäkään et voi koskaan olla Kristuksen vertainen. Hän perusti hengellisen järjestyksen Matteus 10:24-25:ssa seuraavasti: *"Ei ole opetuslapsi opettajaansa parempi, eikä palvelija parempi isäntäänsä. Opetuslapselle riittää, että hänelle käy niinkuin hänen opettajalleen, ja palvelijalle, että hänelle käy niinkuin hänen isännälleen."*

Entä minkälainen oli suhde Israelin heimon Egyptistä johtaneen Mooseksen ja Joosuan välillä, joka oli Mooseksen seuraaja ja joka johti hänen kansansa Kanaaniin? Mooses halkaisi Punaisen meren ja valutti vettä kiven sisästä, kun taas Joosua ei ollut Moosesta vähäisempi ihmetöissään: hän seisautti Jordan-joen virtauksen sen korkeimmalla kohdalla, sai Jerikon sortumaan, ja pysäytti auringon ja kuun melkein kokonaisen päivän ajaksi. Silti Joosua ei voinut olla mahtavampi kuin

Mooses, joka oli keskustellut Jumalan kanssa kasvotusten suoraan ilman arvoituksia.

Tässä maailmassa oppilas voi olla opettajaansa mahtavampi mutta hengellisessä maailmassa tämä on mahdotonta. Tämä johtuu siitä, että hengellisen maailman voi ymmärtää vain Jumalan avulla, ei millään kirjoilla tai opitulla tietoudella. Joten jos joku on hengellisen opettajan ohjastama hän ei voi olla opettajaansa mahtavampi, joka ymmärtää ja tekee tekoja Jumalan armossa.

Raamatussa Elisha sai kaksinkertaisen annoksen Elian uskoa ja hän teki useampia ihmetekoja kuin Elia, mutta silti hän oli vähäisempi kuin Elia, joka oli nostettu taivaisiin. Alkukirkon päivinä myös Timotei teki useita tekoja Herran Jeesuksen puolesta mutta hänkään ei voinut olla opettajaansa, apostoli Paavalia, suurempi.

Koska hengellisellä maailmalla ei ole rajoja, ei kukaan voi täysin tajuta sen syvyyttä. Tämän vuoksi me voimme tietää siitä vain Jumalan opetusten kautta emmekä omin voiminemme. Samalla tavoin emme tiedä kuinka syvä valtameri on tai minkälaisia kasveja tai nisäkkäitä sen pohjalla elää. Ja silti sinä näkisit useita värikkäitä kaloja ja kasveja jos menisit valtameren pinnan alle. Lisäksi sinä voisit nähdä valtamerten mysteereitä niin paljon kuin haluat jos jatkaisit matkaasi vielä syvemmälle. Mitä syvemmälle hengelliseen maailmaan sinä astut, sitä enemmän sinä siitä opit.

Jumala itse opettaa ja sallii minun ymmärtää hengellistä maailmaa niin, että minä voin saavuttaa tämän hengellisen maailman syvemmän tason. Hän on myös johdattanut minut kokemaan hengellisen maailman itsekseni. Hän opastaa ja opettaa minua tällä tavoin uskon määrästä yksityiskohtaisesti, ja Hän käyttää minua johdattaakseen useampia ihmisiä hengellisen maailman syvemmille tasoille. Tämän tietäen, sinun tulisi tutkiskella itseäsi tarkemmin ja yrittää saavuttaa yhä kypsempi usko.

3. Usko Ihmeiden ja merkkien näyttämiseen

Jos sinun uskosi on täydellinen totuuden asettuessa lopullisesti sydämeesi, sinä rukoilet oikein urakalla pyrkiessäsi elämään Jumalan miellyttävän tahdon mukaan. Tämä johtuu siitä, että sinun tulisi saada voimaa pelastaaksesi mahdollisimman monta sielua, joita jokaista Jumala pitää koko maailmankaikkeutta arvokkaampana.

Miksi Jeesus ristiinnaulittiin? Hän halusi pelastaa kadonneet sielut jotka vaeltavat synnin poluilla ja tehdä heistä Jumalan lapsia.

Miksi Jeesus sanoi "Minulla on jano", kun hän roikkui ristillä tuntikausia vertavuotaen polttavan auringon alla? Tällä huomautuksella Jeesus ei pyytänyt meitä tyydyttämään Hänen konkreettista janoaan joka oli seurausta Hänen verensä vuodattamisesta, vaan Hän pyysi meitä auttamaan Hänen henkistä janoaan maksamalla Hänen verensä hinta. Tämä oli vilpitön meihin suunnattu anomus kadonneiden sielujen pelastamiseksi ja niiden johdattamiseksi Jeesuksen käsivarsille.

Useiden ihmisten pelastaminen voimalla

Ihmisen saavuttaessa uskon viidennen tason jossa hän miellyttää Jumalaa, hän pohtiii vilpittömästi, "Kuinka minä voin johdattaa useita ihmisiä Jumalan käsivarsille? Kuinka voin laajentaa Jumalan valtakuntaa ja vanhurskautta?" ja hän oikeasti tekee parhaansa saavuttaakseen nämä tavoitteet. Joten hän yrittää parhaansa miellyttääkseen Jumalaa täyttämällä muita velvollisuuksia sen lisäksi, että hän täyttää kokonaisuudessaan Jumalan Hänelle asettamat omat velvollisuutensa.

Edes tämänkaltainen omistautunut henkilö ei kuitenkaan pysty miellyttämään Jumalaa ilman, että hän olisi vastaanottanut voimia Jumalalta, niinkuin 1. Korinttolaiskirje 4:20 meitä muistuttaa, *"Sillä Jumalan valtakunta ei ole sanoissa, vaan voimassa."*

Kuinka sinä voit saada osaksesi voiman jolla johtaa useita ihmisiä pelastukseen? Sinä voit saavuttaa tämän vain rukoilemalla lakkaamatta. Tämä johtuu siitä, että sielujen pelastus ei toteudu ihmisten puheella tai ihmisen tietoudella, kokemuksella, maineella tai auktoriteetilla. Sielut voivat pelastua vain Jumalan antamalla voimalla.

Joten uskon viidennellä tasolla olevien ihmisten tulee rukoilla jatkuvasti saadakseen osakseen sen voiman, jolla he voivat pelastaa niin useita sieluja kuin mahdollista.

Jumalan valtakunta on voiman asia

Tapasin kerran pastorin joka ei ollut ainoastaan lempeä sydämeltään, mutta joka myös koetti täyttää velvollisuutensa ja rukoili voidakseen elääkseen Sanan mukaisesti. Hän ei kuitenkaan kantanut niin paljon hedelmää kuin mitä hän olisi odottanut. Mikä oli syy tähän? Jos hän olisi todella rakastanut Jumalaa hän olisi omistanut koko mielensä, tahtonsa, elämänsä ja jopa viisautensa Jumalalle, mutta hän ei ollut tehnyt tätä. Hänen olisi pitänyt ymmärtää että hän itse oli yhä elämänsä johdossa sen sijaan että hän olisi antanut Jumalan johdattaa itseään.

Jumala ei voinut työskennellä pastorin puolesta, sillä hän ei luottanut Jumalaan täydellisesti eikä täyttänyt tehtäviään, vaan sen sijaan hän luotti omaan tietoonsa ja ajatuksiinsa. Joten hän ei voinut esitellä Jumalan töitä jotka ovat ihmisten kykyjen yläpuolella vaikka hän saattoikin nähdä vaivannäkönsä tulokset.

Joten sinun tulisi rukoilla, kuulla Pyhän Hengen ääni ja antaa Pyhän Hengen olla oppaanasi sen sijaan, että luottaisit ihmisen ajautukseen, tietouteen ja kokemukseen ollessasi Jumalan palveluksessa. Sinä tulet kokemaan Hänen ylhäältä tulevan voimansa leimaamat ihmetyöt vasta sitten kun sinä olet totuuden mies ja täysin Pyhän Hengen johtama.

Jumala ei ole sinun kanssasi jos sinä luotat ihmisen ajatukseen ja teoriaan vaikka luuletkin tuntevasi Jumalan Sanan ja vaikka sinä rukoilet ja teet parhaasi täyttääksesi velvollisuutesi, sillä tämänkaltainen asenne on omahyväistä Jumalan silmissä. Sinun tulee siis heittää pois täysin syntinen luonteesi, rukoilla kiivaasti tullaksesi täydelliseksi hengelliseksi ihmiseksi ja pyytää Jumalan voimaa, ymmärtäen miksi apostoli Paavali tunnusti "minä kuolen joka päivä."

Jos sinä rukoilet Pyhän Hengen johdattamana

Jokaisen, joka on hyväksynyt Pyhän hengen tulisi rukoilla, sillä rukoileminen on hengellistä hengittämistä. Rukoustesi aiheet kuitenkin vaihtelevat uskosi tason mukaan. Uskon ensimmäisellä tasolla sinä rukoilet enimmäkseen itsesi puolesta ja sinä koet hankalaksi rukoilla kymmentä minuuttia kauempaa, sillä sinulla ei ole kovin monia rukousaiheita.

Vaikka sinä rukoilisitkin Jumalan valtakunnan ja vanhurskauden puolesta sinä et silti rukoile uskossa sydämesi pohjasta. Saavutettuasi uskon kolmannen tason sinä kykenet kuitenkin rukoilemaan Jumalan valtakunnan ja vanhurskauden puolesta ilman että pyytäisit mitään itsellesi.

Kuinka sinä sitten rukoilet saavutettuasi uskon neljännen tason? Tällä tasolla sinä rukoilet vain Jumalan valtakunnan ja vanhurskauden puolesta, sillä sinä olet heittänyt täydellisesti pois sekä syntiset teot että synnilliset halut.

Sinun ei tarvitse rukoilla päästäksesi synneistä eroon, sillä sinä elät jo valmiiksi Jumalan Sanan mukaisesti. Sinä pyydät Jumalalta muitakin kuin itseesi ja perheeseesi liittyviä asioita: muiden ihmisten pelastumista sekä Jumalan valtakunnan ja vanhurskauden leviämistä. Sinä rukoilet kirkkosi, kirkon työntekijöiden ja kaikkien uskon veljiesi ja –sisariesi puolesta. Sinä rukoilet lakkaamatta, sillä sinä olet tietoinen siitä, ettet pysty pelastamaan yhtä ainoaa sielua vastaanottamatta Jumalan voimaa taivaista. Sinä myös rukoilet palavasti koko sydämelläsi, sielullasi, mielelläsi ja voimallasi Jumalan valtakunnan ja vanhurskauden puolesta.

Saavutettuasi uskon viidennen tason sinä voit tarjota

Jumalalle Häntä miellyttäviä rukouksia sekä kiitosrukouksia, jotka liikuttavat itse Jumalaa joka istuu valtaistuimellaan.

Aikaisemmin sinulta kesti kauan aikaa ennen kuin saatoit rukoilla täynnä Pyhää Henkeä, mutta nyt sinä tunnet kuinka rukouksesi kohoavat kohti taivasta Pyhän Hengen innoittamina sillä samalla hetkellä kun polvistut rukoukseen.

Syntien poisheittämisen puolesta rukoilu on vaikeaa. Se ei ole kuitenkaan vaikeata kun rukoilet sitä palavalla rakkaudella Herraa kohtaan sekä uskolla, joka vastaanottaa Jumalan voiman usean sielun pelastamiseksi ja Jumalan miellyttämiseksi.

Merkkien ja ihmeiden näyttäminen

Useat merkit ja ihmeet näyttäytyvät sellaisen henkilön kautta, joka jatkuvasti rukoilee kiihkeästi palavalla rakkaudella Jumalan voiman vastaanottamiseksi. Tämä vahvistaa että hänellä on Jumalaa miellyttävä usko.

Jeesus teki useita ihmetekoja ja näytti useita merkkejä Hänen opetuskautensa aikana, sanoen Joh. 4:48:ssa *"Ellette näe merkkejä ja ihmeitä, te ette usko."* Jeesus pystyi helposti johdattamaan ihmisiä uskomaan Jumalaan todistamalla elävästä Jumalasta merkkejä ja ihmeitä näyttäen.

Myös nykyään Jumala valitsee ihmisiä ja sallii heidän näyttää merkkejä ja tehdä ihmetekoja jotka ovat jopa ihmeellisempiä tekoja kuin mitä Jeesus itse teki (Joh. 14:12.) Pelkästään minun kirkossani on tehty lukemattomia ihmetekoja ja nähty lukemattomia merkkejä.

Tutkikaamme nyt niitä merkkejä ja ihmeitä jotka näytäytyvät niiden kautta, joilla on Jumalaa miellyttävä usko. Ensinnäkin, me kutsumme sitä 'merkiksi', kun Jumalan ihmisten kykyjä suurempi voima toimii ja tulee näytetyksi. Esimerkkejä tästä on kun sokea saa näkönsä takaisin, kuuro alkaa kuulemaan, mykkä alkaa puhumaan, halvaantunut alkaa kävelemään, lyhentynyt jalka pidentyy, kumara selkä suoristuu tai kun CP-vamma parantuu.

Jeesus kertoo meille merkeistä (Mark. 16:17-18):

Ja nämä merkit seuraavat niitä, jotka uskovat: minun nimessäni he ajavat ulos riivaajia, puhuvat uusilla kielillä, nostavat käsin käärmeitä, ja jos he juovat jotakin kuolettavaa, ei se heitä vahingoita: he panevat kätensä sairasten päälle, ja ne tulevat terveeksi.

Tässä "ne jotka uskovat" tarkoittaa niitä joilla on isien usko. Merkit jotka seuraavat niitä "jotka uskovat" voidaan jakaa viiteen kategoriaan ja minä käsittelen niitä yksityiskohtaisemmin seuraavassa luvussa.

Toiseksi, Jumalan monien töiden joukossa 'ihme' on sään tai ilman muuttaminen, sisältäen pilvien liikuttamisen, taivaiden aukaisemisen sateiden päästämiseksi tai sateiden lakkauttamisen, taivaankappaleiden liikuttamisen, ja muun vastaavan.

Raamatun mukaan Jumala lähetti ukkosen ja sateen kun Samuel rukoili (1. Sam. 12:18). Kun Profeetta Jesaja kutsui Jumalaa, me tiedämme, että *"Hän antoi varjon Aahaan aurinkokellossa siirtyä takaisin kymmenen astetta."* (2. Kun. 20:11). Elia myös *"rukoili rukoilemalla ettei sataisi; eikä*

*satanut maan päällä kolmeen vuoteen ja kuuteen kuukauteen.
Ja hän rukoili uudestaan, ja taivas antoi sateen, ja maa kasvoi
hedelmää. "* (Jaak. 5:17-18.)

Samoin rakkauden Jumala johdattaa ihmisiä pelastuksen
tielle näyttämällä heille konkreettisia ihmemerkkejä ja ihmeitä
sellaisten ihmisten kautta, joiden Hän näkee olevan sopivia.
Sen tähden sinulla tulisi olla varma usko Jumalan sanaan joka
on kirjattu Raamattuun, ja sinun tulisi pyrkiä saavuttamaan
Jumalaa miellyttävä usko.

4. Uskollisena oleminen koko Jumalan talossa

Uskon ensimmäisellä tai toisella tasolla olevat ihmiset voivat
tilapäisesti saavuttaa uskon viidennen tason. Tämä johtuu siitä,
että kun he aluksi vastaanottavat Pyhän Hengen he ovat niin
täytettyjä sillä etteivät he pelkää edes kuolemaa, vaan täyttyvät
kiitoksella, rukoilevat ahkerasti, julistavat evankeliumia, ja
käyvät jokaisessa kirkon tilaisuudessa. He saavat vastaanottaa
mitä tahansa he pyytävätkin, sillä he ovat uskon neljännellä
tai viidennellä tasolla vaikka heidän kokemuksensa onkin vain
väliaikaista. Kun he menettävät Pyhän Hengen täyttymyksensä
he palaavat pian omalle uskon tasolleen.

Uskon viidennellä tasolla olevat ihmiset eivät kuitenkaan
koskaan muutu. Tämä johtuu siitä, että he ovat aina niin täysin
täytettyjä Pyhällä Hengellä että he voivat hallita ja ohjata
mieltään täydellisesti, eivätkä he elä niinkuin ihmiset jotka ovat
uskon ensimmäisellä tai toisella tasolla. Lisäksi he miellyttävät
Jumalaa olemalla tälle uskollinen koko Hänen talossaan.

4. Moos. 12:3 kertoo meille Mooseksesta seuraavasti, *"Mutta Mooses oli sangen nöyrä mies, nöyrempi kuin kukaan muu ihminen maan päällä"* ja jae 7 mainitsee: *"niin ei ole minun palvelijani Mooses, hän on uskollinen koko minun talossani."* Tästä me tiedämme että Mooses oli uskon viidennellä tasolla missä hän saattoi miellyttää Jumalaa.

Mitä tarkoittaa olla "uskollinen koko Jumalan talossa?" Miksi Jumala tunnistaa vain ne, jotka ovat Mooseksen tavoin uskollisia koko Hänen talossaan sellaisiksi, joilla on Häntä miellyttävä usko?

Koko Jumalan talossa uskollisena olemisen merkitys

Joka on "uskollinen koko Jumalan talossa" omaa Kristuksen uskon, tai "täydellisen hengellisen uskon", ja hän tekee kaiken Jeesuksen Kristuksen mielen mukaisesti. Hän tekee kaiken Kristuksen sydämellä ja hengen sydämellä ilman että hän luottaa omiin ajatuksiin tai mieleensä.

Koska hän on saavuttanut hyvyyden mielen, Kristuksen mielen, hän ei riitele tai kohota ääntään vihassa, eikä hän "muserra särjettyä ruokoa tai sammuta suitsevaista kynttilää." (Matt. 12:19-20). Tällainen henkilö on ristiinnaulinnut syntisen luonteen sen himojen ja halujen kera voidakseen olla uskollinen kaikissa valvollisuuksissaan.

Hänessä ei ole jäljellä "itseään", vaan ainostaan Kristuksen sydän – hengen sydän –, sillä hän on heittänyt pois kaiken lihallisen. Hänellä ei ole kiinnostusta maalliseen kunniaan, voimaan tai rikkauteen.

Sen sijaan hänen sydämensä on ylitsevuotavaisen toiveikas

ikuisten asioiden suhteen: kuinka toteuttaa Jumalan valtakunta ja Hänen vanhurskautensa hänen asuessaan tässä maailmassa, kuinka hän olisi suuri henkilö taivaassa ja Isä Jumalan rakastama, sekä kuinka hän onnellisesti eläisi ikuisesti rikkauksiensa kanssa taivaassa. Tämän johdosta hän voi olla uskollinen kaikissa velvollisuuksissaan, sillä hänen sydämensä syvyyksistä virtaa vain vilpittömyyttä ja palavaa halua toteuttaa Jumalan valtakunta ja Hänen vanhurskautensa.

Jumalan valtakunnan ja Hänen vanhurskautensa saavuttaneiden ihmisten uskon määrät vaihtelevat. Kun sinä vain suoritat sinulle annetut tehtävät niin silloin sinä yksinkertaisesti vain täytät henkilökohtaisia velvollisuuksiasi.

Sanotaan, että sinä palkkaat jonkun tekemään tietyn työn ja maksat siitä tälle henkilölle aiemmin sovitun palkat. Kun hän sitten saa suoritetuksi sen työn jota varten hänet palkattiin ja josta sinä hänelle maksoit, emme me sano että hän olisi "uskollinen koko talossa", vaikka hän olisikin tehnyt työnsä kunnolla. Kun henkilö on "uskollinen koko talossa" hän ei ainoastaan täytä saamiaan tehtäviään kunnolla vaan tekee ne esimerkillisesti omia materialistisia omistuksiaan säästämättä, suorittaen ne vilpittömyydellä joka kielii siitä että on kyse enemmän kuin vain omien tehtävien suorittamisesta.

Joten voi olla että sinä et ole "uskollinen koko Jumalan talossa" vaikka sinä olisitkin heittänyt pois syntisi kamppailemalla niitä vastaan oman veresi vuodatukseen saakka suuressa rakkaudessasi Jumalaa kohtaan, ja vaikka sinä olisitkin täyttänyt kaikki velvollisuutesi pyhitetyin sydämin. Sinä voit tulla "uskolliseksi koko Jumalan talossa" vain, jos sinä olet täysin pyhittynyt ja sinä täytät velvollisuutesi erinomaisesti ja paremmin kuin mihin olet velvollinen, tehden tämän kaiken Kristuksen uskolla, joka on kuuliainen kuolemaan saakka.

Uskollisena oleminen koko Jumalan talossa

Sinä olet uskon neljännellä tasolla kun sinä rakastat Jeesusta Kristusta äärimmäisyyteen saakka ja omaat 1. Kor. 13 kuvaillun hengellisen rakkauden, ja kun sinä kannat Pyhän Hengen hedelmää kuten kuvailtu Galatalaiskirjeen viidennessä luvussa. Tämän lisäksi sinä voit saavuttaa Jumalaa miellyttävän uskon kun sinä saavutat Matteuksen viidennen luvun hyveet ja olet uskollinen koko Jumalan talossa. Miksi näin?

Rakkaus, joka on Pyhän Hengen hedelmä, ja 1. Korinttolaiskirje 13:ssa kuvailtu rakkaus ovat erilaisia. Korinttolaiskirjeen rakkaus on hengellisen rakkauden määritelmä, kun taas rakkaus Pyhän Hengen hedelmänä viittaa lain täyttävään ikuiseen rakkauteen.

Tämän takia rakkaus Pyhän Hengen hedelmänä kattaa laajemman alan kun 1. Korinttolaiskirjeessä kuvailtu rakkaus. Toisin sanoen: Jeesus Kristus täytti lain rakkaudellaan ristillä ollessaan, ja kun tämä uhri lisätään 1. Korinttolaiskirjeen rakkauteen niin tätä yhteyttä voidaan kutsua "rakkaudeksi Pyhän Hengen hedelmänä."

Hengellisen onnen kanssa saapuu taivaasta ilo ja rauha, sillä sinussa olevat lihalliset asiat katoavat hengellisen rakkauden kypsyessä sinussa. On vain luonnollista, että sinä tulet täytetyksi ilolla ollessasi täynnä vain hyviä asioita sen johdosta että sinä näet, kuulet ja ajattelet vain hyviä asioita.

Sinä et vihaa ketään sillä sinussa ei ole yhtään vihaa. Sinä suorastaan vuodat iloa, sillä sinä haluat mieluusti palvella muita, antaa heille hyviä asioita ja uhrata heidän puolestaan. Vaikka sinä asutkin tässä maailmassa sinä et etsi lihallisia asioita oman mielihyväsi tähden, vaan sen sijaan sinä täytyt taivasunelmilla miettien kuinka sinä voisit laajentaa Jumalan valtakuntaa ja Hänen vanhurskauttaan sekä miellyttää Häntä pelastamalla enemmän ihmisiä. Sinä voit elää rauhassa naapureidesi kanssa, sillä sitä mukaa kun ilo kohtaa sinua sinä nautit aidosta onnellisuudesta ja sinulla on sielun rauha huolehtia heistä.

Sinä voit lisäksi olla kärsivällinen taivasunelmien kanssa niinkuin sinä olet kärsivällinen muiden kanssa. Sinä voit osoittaa muita kohtaan lempeyttä, sillä sinä voit olla heitä kohtaan sekä myötätuntoinen että kiitollinen. Sinä saavutat hyvyyden sillä sinä "et riitele tai kohota ääntäsi vihassa, et muserra särjettyä ruokoa tai sammutta suitsevaista kynttilää" jos sinussa on hyvyyttä. Ihmiset joissa on hyvyyttä voivat olla hengellisesti uskollisia sillä he ovat jo heittäneet pois itsekkyyden.

Myös uskollisten joukossa uskollisuuden määrä vaihtelee ihmisten sydänten mukaan. Mitä enemmän lempeyttä ihmisellä on, sitä suuremman uskollisuuden hän saavuttaa. Sinä voit nähdä kuinka lempeä joku on siitä kuinka uskollinen hän on koko Jumalan talossa. Hän täyttää kaikki velvollisuutensa kotona ja töissä sekä ihmisuhteissaan ja kirkossaan. Tällä tavoin Mooses, joka oli kaikista nöyrin mies maan päällä, saattoi olla uskollinen jokaisen velvollisuuden suhteen joka hänelle annettiin.

Kuinka sinä voisit olla täydellinen ilman itsekuria? Sinun

tulee olla uskollinen koko Jumalan talossa itsekurin avulla, sillä ei ole mahdollista olla tasapainoinen joka asiassa ilman sen apua. Joten sinä et voi olla uskollinen koko Jumalan talossa ilman itsekurin hedelmää vaikka sinä kantaisitkin Pyhän Hengen kahdeksan muuta hedelmää.

Sanotaan esimerkiksi, että sinä tapaat ystäväsi jossain toisaalla rukousryhmäsi jälkeen. Olisi epäkohteliasta tai töykeää jos sinä puhelimitse peruuttaisit tai lykkäisit tapaamista ystäväsi kanssa, ei siksi että kokouksesi venyi pitkäksi, vaan siksi että sinä jäit rupattelemaan muiden jäsenten kanssa kokouksen päätyttyä. Kuinka sinä voisit sitten olla uskollinen koko Jumalan talossa ilman itsekurin hedelmää jos sinä et pysty pitämään pientä lupausta tai täyttämään tämänkaltaista velvollisuutta? Sinun tulee ymmärtää että sinä voit olla uskollinen koko Jumalan talossa vasta silloin kun sinun elämäsi on tasa-painossa itsekurin hedelmän avulla.

Hengellinen rakkaus, Pyhän Hengen hedelmä, ja Hyveet

Hyveet tulevat osaksesi sen mukaan kuinka paljon sinulla on hengellistä rakkautta ja Pyhän Hengen hedelmiä ja kuinka sinä käytät niitä elämässäsi. Hyveillä verrataan henkilön luonteenpiirteitä astiaan, ja sinä voit olla uskollinen koko Jumalan talossa vasta sitten kun hyveet tulevat kokonaan osaksesi. Tämä tapahtuu sen kautta että sinä käyttäydyt ja elät täysin sen mukaan mitä sinä vaalit sydämessäsi.

Pitkälti koko Korean historian ajan kuninkaan uskollisen neuvonantajat pitivät kaikkia valtion asioita omina henkilökohtaisina asioinaan. Tällä tavoin nämä neuvonantajat saattoivat palvella kuningasta ja auttaa häntä tekemään oikeita päätöksiä siitä huolimatta, että joskus tämä saattoi tuoda heidän osalleen paljon henkilökohtaista kärsimystä tai jopa kuoleman. Nämä neuvonantajat eivät vain rakastaneet kuningastaan, vaan he rakastivat koko maata niinkuin he rakastivat itseään, ja he käyttäytyivät tämän mukaisesti.

Toisaalta nämä uskolliset neuvonantajat palvelivat kuninkaitaan loppuun saakka jopa omien henkiensä uhalla. Toisaalta taas jotkut neuvonantajat vaikuttivat olevan uskollisia kuninkaitaan kohtaan, mutta kun nämä eivät kuunnelleet heidän vilpittömiä ja toistuvia neuvojaan, he erosivat kuninkaan palveluksesta ja elivät eristäytyneinä. Todella uskolliset kuninkaalliset neuvonantajat eivät kuitenkaan toimineet näin. He olivat kuninkaalle uskollisia loppuun saakka vaikka nämä eivät kiinnittäneetkään heihin huomiota tai hylkäsivät heidän neuvonsa. Heidän kuninkaansa saattoivat hylätä heidät, heidän neuvonsa tai häpäistä heidät aiheetta. Silti he eivät kantaneet kaunaa kuningasta vastaan tai muuttaneet mieltään vaikka he olivatkin vaarassa menettää henkensä.

Henkilön luonteenpiirteet astiana ja hänen sydämensä luonteenpiirteet

Voidaksemme ymmärtää mitä tarkoittaa olla "uskollinen koko Jumalan talossa", tutkikaamme ensin henkilön luonteenpiirteitä astiana ja sydämen luonteenpiirteitä.

Ihmisen luonteen mitta astiana vaihtelee henkilöstä henkilöön, riippuen siitä kuinka kovasti he koettavat muokata sydäntään hyväksi, tai kuinka paljon hän muuttaa sydäntään lempeämmäksi. Joten henkilön luonne astiana riippuu siitä tekeekö hän sen, mitä on käsketty, ja onko hän kuuliainen vai ei. Joten mikä tekee eron ihmisen luonteeseen astiana? Tämä riippuu siitä miten ja minkälaisella sydämellä ihminen reagoi Jumalan sanaan ja kuinka pitkälti hän käyttäytyy sen mukaan, mitä hän varjelee sydämessään. Joten hyvä astia arvostaa Jumalan sanaa ja pohtii sen merkitystä tarkasti sydämessään kuten Maria: *"Mutta Maria kätki kaikki nämä sanat ja tutkiskeli niitä sydämessään"* (Luuk. 2:19)

Henkilön sydämen luonne riippuu siitä, kuinka hän avartaa mieltään täyttäessään velvollisuutensa, tai kuinka pätevästi hän käyttää mieltään velvollisuuksiensa parissa työskennellessään. Minä tulen jakamaan ihmisten sydänten luonteisiin perustuvat teot neljään kategoriaan käyttäen esimerkkeinä niitä useita tapoja joilla ihmiset reagoivat samaan tilanteeseen.

Ensimmäinen henkilö tekee enemmän kuin mitä häneltä pyydetään. Esimerkiksi kun vanhemmat käskevät lastaan nostamaan lattialta roskan, hän ei vain siivoa lattiaa, vaan pyyhkii myös pölyt, siivoaa huoneen jokaisen nurkan ja tyhjentää roska-astian. Tämä lapsi suo vanhemmilleen iloa ja tyydytystä sillä hän tekee enemmän kuin mitä hänen vanhempansa odottavat. Kuinka paljon hänen vanhempansa rakastaisivat häntä? Diakonit Stefanus ja Filip olivat tällaisia henkilöitä. He olivat avarakatseisia miehiä, joten he saattoivat tehdä ihmetekoja ja näyttää merkkejä ihmisten parissa apostolien tapaan (Ap t. 6.)

Seuraava henkilö tekee vain sen mitä häntä on käsketty tai

pyydetty tekemään. Jos lapsi nostaa roskan lattialta noudattaen vanhempiensa käskyä, hän saattaa tottelevaisuutensa johdosta olla rakastettava vanhemmilleen mutta hänen käytöksensä ei kenties miellytä heitä.

Kolmas henkilö ei tee mitä hänen kuuluisi tehdä. Hän on niin kylmäsydäminen ja apaattinen että hän ärsyyntyy sen johdosta että häntä on edes pyydetty tekemään jokin tietty askar. Sellaiset ihmiset jotka väittävät rakastavansa Jumalaa mutta jotka eivät rukoile tai pidä huolta Jeesuksen lampaista kuuluvat tähän joukkoon. Pappi ja leeviläinen jotka esiintyivät eräässä Jeesuksen vertauskuvassa kuuluvat tähän joukkoon, sillä he kulkivat pysähtymättä rosvotun miehen ohitse kohdatessaan tämän tien vierellä (Luuk. 10). Koska tällaisilla ihmisillä ei ole rakkautta, he saattavat tehdä sellaisia asioita joita Jumala vihaa eniten kuten olla kopeita, tehdä huorin ja pettää Hänet.

Viimeinen henkilö tekee kaikista vääriten, ja hän itse asiassa estää tehtävää tulemasta täytetyksi. Olisi ollut parempi jos hän ei olisi alunperin edes aloittanut askareen suorittamista. Lapsi, joka rikkoo kukkaruukun suuttuessaan vanhemmilleen siitä että häntä pyydetään siivoamaan roskia lattialta kuuluu tähän joukkoon.

Antelias sydän ja uskollisuus Jumalan koko talossa

Jakaessani ihmisten luonteet neljään kategoriaan minä selitin, että ihmisen voidaan katsoa omaavan suuren astian kun hän suorittaa velvollisuutensa tehden enemmän kuin mitä häneltä odotetaan. Tämä johtuu siitä että ihmisen astian koko tai suuruus riippuu siitä kuinka paljon hän avartaa mieltään toivolla, ja kuinka vilpittömästi hän pyrkii uskossaan eteenpäin. Tämä sama pätee kaikkeen mitä hän tekee niin koulussa, työssä, kuin kotonakin.

Tämän johdosta jos henkilö, jolle on annettu tietty tehtävä, toteuttaa tämän tehtävän sanoen "Aamen", hänen voidaan sanoa omaavan suuren astian. Henkilön voidaan sanoa omaavan anteliaan sydämen kun hän ei pelkästään noudata saamaansa käskyä, vaan suorittaa sen yli odotusten vilpittömästi ja avarin mielin. Tällä tavoin uskollisena oleminen koko Jumalan talossa liittyy anteliaisuuden määrään. Vilpittömyys vaihtelee anteliaisuuden määrän mukana.

Keskittykäämme muutamaan ihmiseen jotka ovat olleet uskollisia koko Jumalan talossa. Lukemalla 4. Moos. 12:7-8 sinä ymmärrät kuinka paljon Jumala rakastaa Moosesta, joka oli uskollinen koko Hänen talossaan. Nämä jakeet kertovat meille kuinka tärkeää on olla uskollinen koko Jumalan talossa:

Niin ei ole minun palvelijani Mooses, hän on uskollinen koko minun talossani; hänen kanssaan minä puhun suusta suuhun, avoimsti enkä peitetyin sanoin, ja että hän saa katsella Herran muotoa. Miksi ette siis peljänneet puhua minun palvelijaani Moosesta vastaan?

Mooses ei omannut vain rakkautta ja muuttumattoman sydämen Jumalaa kohtaan, sillä hänellä oli myös sama asenne kansaansa ja perhettään kohtaan ja hän täytti velvollisuutensa muuttamatta koskaan mieltään. Hän asetti aina Jumalan ikuiset asiat ensin ennen omaa kunniaansa tai vaurauttaan, ja hän miellytti Jumalaa uskollaan. Hän oli niin uskollinen, että hän jopa pyysi Jumalaa pelastamaan Hänen kansansa oman henkensä uhalla Israelin kansan tehtyä syntiä.

Kuinka Mooses reagoi siihen että hänen paastottuaan 40 päivää ja saatuaan tämän jälkeen Jumalalta Kymmenen Käskyä hän tapasi kansansa palvomasta kultaista vasikkaa palattuaan vuorelta kivitaulujen kera? Tällaisessa tilanteessa useimmat ihmiset olisivat voineet sanoa "Olen saanut heistä tarpeekseni, Jumala! Tee heidän kanssaan mitä lystäät!"

Silti Mooses pyysi Jumalaa antamaan heille heidän syntinsä anteeksi. Hän oli valmis uhraamaan oman henkensä uhrina, sillä hän rakasti kansaansa rajattomasti ja sydämensä pohjasta.

Samoin oli laita Aabrahamin, uskon esi-isän, kanssa. Kun Jumala aikoi tuhota Sodoman ja Gomorran kaupungit, Aabraham ei kuvitellut ettei sillä olisi ollut mitään tekemistä hänen itsensä kanssa. Sen sijaan Aabraham rukoili että Jumala säästäsi Sodoman ja Gomorran: *"Entä jos kaupungissa on viisikymmentä vanhurskasta; aiotko hukuttaa heidät etkä säästä paikkaa siellä olevain viidenkymmenen vanhurskaan tähden?"* (Genesis 18:24)

Tämän jälkeen hän pyysi, ettei Jumala armossaan tuhoaisi kaupunkeja jos niistä löytyisi 45 vanhurskasta ihmistä, ja tämän jälkeen hän kysyi Jumalalta mitä jos vanhurskaiden lukumäärä olisi 40, tai 35, tai kenties 35, 30 tai 10. Lopulta Aabraham sai Jumalalta Hänen lopullisen vastauksen: *"Niiden kymmenen tähden jätän hävittämättä."* (Genesis 18:23). Nämä kaksi kaupunkia kuitenkin tuhoutuivat, sillä niistä ei löytynyt edes kymmentä vanhurskasta ihmistä.

Tämän lisäksi Aabraham antoi Lootille oikeuden valita ensin mihin tämä asettuisi, kun maa jota Aabraham ja Loot asuttivat ei enää pystynyt elättämään heitä molempia heidän suuren varallisuutensa tähden. Loot valitsi itselleen kokonaisen lakeuden joka näytti hyvältä hänen silmissään, ja hän lähti matkaan sitä kohti.

Vähän aikaa myöhemmin Sodoma ja Gomorra valloitettiin sodassa ja useat ihmiset vangittiin, mukaan lukien Loot, Aabrahamin veljenpoika. Oman henkensä uhalla Aabraham ajoi vihollista takaa 318 miehen avulla ja hän pelasti Lootin sekä muun väen ja toi takaisin heidän omaisuutensa.

Tuolloinen Sodoman kuningas tervehti Aabrahamia ja sanoi tälle, *"Anna minulle väki ja pidä tavarat"* (Genesis 14:21). Mutta Aabraham ei ottanut omaisuudesta mitään itselleen sanoen, *"En totisesti ota, en langan päätä, en kengän paulaa enkä mitään muuta."* (jae 23) Hän todellakin palautti kaiken omaisuuden Sodoman kuninkaalle. (Genesis 14:1-24).

Samoin Aabrahamilla oli tasainen luonne kun hän tapasi tai seurusteli muiden ihmisten kanssa, eikä hän ei vahingoittanut tai vaivannut ketään. Hän ei ainostaan lohduttanut ihmisiä ja antanut heille mielihyvän aiheita ja toivoa, vaan myös rakasti ja palveli heitä vilpittömästi.

Kuinka olla uskollinen koko Jumalan talossa

Mooses ja Aabraham olivat molemmat hyvin anteliaita miehiä ja he olivat vilpittömiä, täydellisiä, ja totuudenmukaisia jättämättä mitään huomioimatta. Mitä sinun tulisi tehdä ollaksesi uskollinen koko Jumalan talossa?

Ensinnäkin sinun tulee punnita kaikki ja pitää kiinni hyvyydestä antamatta Hengen liekin sammua ja kohtelematta profetioita halveksien. Toisin sanoen sinun tulisi nähdä, kuulla, ja ajatella hyvyyttä, sekä puhua vain totuuksia ja mennä vain hyviin paikkoihin.

Toisekseen, sinun tulee kieltää itsesi ja uhrata itsesi hengellisellä rakkaudella Jumalan valtakunnan ja Hänen vanhurskauden puolesta. Voidaksesi tehdä tämän, sinun tulee ristiinnaulita syntinen luonne sen himoineen ja haluineen. Kun sinä halajat hengellisiä asioita etkä ole maallisen maailman sitoma, sinä voit päätellä mikä tärkeysjärjestyksesi tulisi olla, ja toimia niin että miellytät Jumalaa

Sinun tulee pyrkiä omaamaan usko, jolla sinä voit rakastaa Jumalaa äärimmäisyyteen saakka jos sinä seisot jo uskon kalliolla. Jos sinä omaat uskon rakastaa Jumalaa äärimmäisyyteen saakka, niin sinun tulee astua nopeasti siihen ulottuvuuteen, jossa sinä voit miellyttää Jumalaa olemalla uskollinen koko Hänen talossaan.

Jumalaa miellyttävän uskon omaamista voidaan verrata korkeakoulusta valmistumiseen. Valmistumisesi jälkeen sinä voit lähteä maailmalle ja käyttää kaikkea koulussa oppimaasi tullaksesi menestyksekkääksi maailmassa.

Samalla tavoin, saavutettuasi uskon neljännen tason hengellisen maailman syvemmät tasot avautuvat edessäsi, sillä hengellinen maailman on ääretön syvyydessään, pituudessaan ja korkeudessaan.

Kun sinä saavutat uskon viidennen tason sinä tulet ymmärtämään tiettyyn pisteeseen saakka Jumalan syvän ja anteliaan sydämen. Sinä voit ymmärtää kuinka paljon rakkautta Jumalalla on ja kuinka täynnä rakkautta, armoa, anteeksiantamusta, lempeyttä ja hyvyyttä Hän on. Sinä saat myös kokea Hänen suuren rakkautensa, sillä sinä tunnet kuinka Jumala kulkee kanssasi ja sinä purskahdat kyyneliin ajatellessasi Herraa.

Joten sinun tulee tulla anteliaaksi henkilöksi, jolla on paljon enemmän tottelevaisuutta, omistautumista ja rakkautta, tietäen että neljännen ja viidennen tason uskon välillä on suuri ero mitä tulee hengellisen rakkauden ja uhrautumisen määrään. Minä myös toivon että sinä saat kaiken Jumalalta sellaisella uskolla joka miellyttää Häntä, ja että sinä olet tarpeeksi siunattu voidaksesi tehdä ihmetekoja ja näyttää merkkejä lakkaamatta rukoillen.

Minä rukoilen Jeesuksen Kristuksen nimessä, että sinä saisit nauttia kaikista siunauksista jotka Jumala on sinulle valmistanut!

Luku 9

Merkit Jotka Seuraavat Niitä Jotka Uskovat

USKON MITTA

Ja nämä merkit seuraavat niitä,

jotka uskovat:

minun nimessäni he ajavat ulos riivaajia,

puhuvat uusilla kielillä,

nostavat käsin käärmeitä,

ja jos he juovat jotakin kuolettavaa,

ei se heitä vahingoita:

he panevat kätensä sairasten päälle,

ja ne tulevat terveeksi

(Mark. 16:17-18).

M e voimme lukea kuinka Jeesus näyttää meille useita merkkejä Raamatussa. Nämä merkit tapahtuvat Jumalan voimalla, jonka valta on voimakkaampi kuin mihin ihmiset pystyvät. Mikä oli Jeesuksen näyttämä ensimmäinen merkki?

Ensimmäinen merkki oli veden muuttaminen viiniksi Kaanan häissä Galileassa, mikä on kuvattu Joh. 2:1-11:ssa. Kun Jeesus tiesi että viini oli loppunut, Hän pyysi palvelijoita täyttämään kuusi kivistä vesiastiaa ääriään myöten. He ammensivat näistä astioista ja veivät sen pitojen valvojalle, joka maistoi tätä viiniksi muuttunutta vettä ja ylisti tämän hyvää makua.

Miksi Jeesus, Jumalan Poika, suoritti ensimmäisenä merkkinään veden muuttamisen viiniksi? Tällä tapahtumalla on useita hengellisiä merkityksiä. Galilean Kaanan viittaa tähän maailmaan, ja häävastaanotto viittaa viimeiseen kertaan tässä maailmassa kun ihmiset syövät itsensä kylläisiksi, juovat itsensä humalaan ja ovat täysin pahan saastuttamia (Mat. 24:37-38). Vesi viittaa Jumalan sanaan ja viini Jeesuksen Kristuksen kallisarvoiseen vereen.

Veden muuttaminen viiniksi tarkoittaa siten sitä, että Jeesuksen veri Hänen ristiinnaulitsemisessaan olisi se veri, joka antaa ihmiskunnalle ikuisen elämän. Ihmiset ylistivät viiniä sen hyvän maun johdosta. Tämä tarkoittaa sitä että ihmiset iloitsevat, sillä heidän syntinsä ovat anteeksiannetut Jeesuksen veren kautta ja he saavat osakseen unelman taivaasta.

Jeesus näytti useita ihmeellisiä merkkejä tämän merkin jälkeen. Hän pelasti kuolevan lapsen; Hän ruokki viisi tuhatta henkeä viidellä leivällä ja kahdella kalalla; ajoi ulos riivaajia; antoi sokeille näön; ja toi Lasaruksen, joka oli ollut kuolleena neljä päivää, takaisin elämään.

Mikä sitten oli perimmäinen syy siihen että Jeesus näytti näitä merkkejä? Se oli ihmisten pelastaminen ja uskon antaminen näille ihmisille, kuten Hän meille kertoi Joh. 4:48:ssa, *"Ellette näe merkkejä ja ihmeitä, te ette usko."* Tämän tähden Jumala, jolle yksi ainoa sielu on arvokkaampi kuin koko maailmankaikkeus, näyttää meille jopa tänä päivänä yhä monia merkkejä niiden kautta, joilla on uskoa jopa oman elämänsä uhraamiseen ihmisten pelastamiseksi.

Tutkikaamme nyt tarkemmin niitä useita merkkejä, jotka seuraavat niitä joilla on Jumalaa miellyttävä usko.

1. Riivaajien karkoittaminen

Raamattu kertoo meille selvästi riivaajahengen olemassaolosta. Silti monet ihmiset väittävät nykyään ettei riivaajaa ole olemassa. Riivaaja on eränlainen henkiolento joka toimii Jumalaa vastaan. Yleensä riivaaja kiusaa ihmisiä, jotka palvovat vääriä jumalia, tuomalla heille koettelemuksia ja vaikeuksia saaden heidät siten palvomaan näitä yhä ahkerammin.

Sinun tulee hallita riivaajaa ja ajaa se ulos jos sinulla on oikeaa uskoa, sillä Jeesus sanoo meille, *"Ja nämä merkit seuraavat niitä, jotka uskovat: minun nimessäni he ajavat ulos riivaajia."* Joh. 1:12 sanoo myös, *"Mutta kaikille, jotka ottivat hänet vastaan, hän antoi voiman tulla Jumalan lapsiksi, niille, jotka uskovat hänen nimeensä."* Kuinka häpeällistä olisikaan, jos sinä Jumalan lapsena pelkäisit riivaajaa tai joutuisit sen temppujen kohteeksi?

Ajoittain uudet uskovat joilla ei ole hengellistä uskoa joutuvat riivaajien harhauttamaksi ollessaan matkalla rukousvuorelle rukoillakseen yksin. Jotkut ihmiset voivat jopa tulla henkien riivaamiksi sen tähden, että he pyytävät lahjoja Jumalalta yrittämättä päästä eroon pahuudestaan.

Tuoreiden uskovien tulisi siis olla sellaisten hengellisten johtajien saattelemia jotka pystyvät ajamaan ulos riivaajia Jeesuksen Kristuksen nimessä heidän tahtoessaan mennä rukousvuorelle. Vasta silloin he pystyvät rukoilemaan ilman häiriöitä.

Riivaajien ajaminen ulos Jeesuksen Kristuksen nimessä

Sama koskee saarnaajia ja kirkon työntekijöitä kun he vierailevat kirkon jäsenten luona. Heidän tulisi ensin ajaa ulos riivaajat hengellisiin asioihin keskittymisen kautta ja vasta sitten henkilöt, joiden luona vieraillaan, voivat avata sydämensä ja he saavat osakseen Jumalan armon ja uskon vierailijan sanoman kautta. Nämä vierailut voivat kuitenkin tulla häirityksi jos sinä vierailet kirkon jäsenen luona ilman, että olet ajanut Saatanan ulos etukäteen. Se, jonka hengelliset silmät ovat avoimet, pystyy helposti erottamaan häiriköivät pahat henget.

Jotkut ovat täysin riivaajien vallassa, mutta useimmiten ihmiset ovat vain osaksi heidän ajatuksissaan asuvien riivaajien hallinnassa. He toimivat totuutta vastaan kun Saatana tekee tekojaan heidän ajatuksissaan, sillä heidän uskonsa on yhä heikko tai koska heissä on yhä sellaisia syntisen luonteen jäänteitä, kuten haureutta, varkautta, valehtelua, vihaa, mustasukkaisuutta tai kateutta. Ihmisten sydämet voivat kuitenkin muuttua kun he kuulevat sanoman sellaisen saarnaajan kautta jolla on tarpeeksi hengellistä voimaa ajaa riivaajat ulos Jeesuksen Kristuksen nimessä.

Ihmiset katuisivat kyyneleet silmissään, sillä he ovat syvästi liikuttuneita sydämessään tai koska he ymmärtävät syntinsä saarnaajan välittäessä sanomaansa Jumalan antamalla voimalla. Heille annetaan myös vahva usko ja voimia kamppailla syntejä vastaan. Muutaman kuukauden kuluttua he saavat huomata kuinka heidän luonteensa ja uskonsa ovat muuttuneet. Täten heidän on mahdollista muuttaa totuudessa jopa luonteensa.

Sinä voit nähdä neljässä evankeliumissa kuinka useiden ihmisten sisäinen luonne muuttui heidän tavatessaan Jeesuksen. Vaikka esimerkiksi apostoli Johannes oli aluksi niin äkkipikainen, että häntä kutsuttiin ukkosen-jylinän pojaksi (Mark. 3:17), hän muuttui niin paljon, että Jeesuksen kohdattuaan häntä kutsuttiin "rakkauden apostoliksi."

Samalla tavoin henkilö, jonka usko on täysi, pystyy muuttamaan muita ihmisiä Jeesuksen tavoin. Hän pystyy myös ajamaan ulos riivaajia Jeesuksen Kristuksen nimessä, sillä hänellä on voima hallita Saatanaa, vihollista.

Kuinka ajaa ulos riivaajia

On olemassa useita eri tapoja joilla riivaajia voidaan ajaa ulos. Joskus se lähtee pois saman tien rukoilun avulla, kun taas joskus se ei lähde pois vaikka sinä rukoilisit sata kertaa. Jos joku jolla on uskoa tulee riivaajan vaivaamaksi sen tähden että, Jumala on kääntänyt kasvonsa pois tästä henkilöstä hänen tuotettuaan Jumalalle pettymyksen jollain tavalla, tämä riivaaja voidaan ajaa ulos helposti jos kyseisen henkilön puolesta rukoillaan hänen kaduttuaan kyynelin. Tämä siksi että hän omaa jo uskon, ja hän tuntee Jumalan sanan.

Missä tapauksissa riivaajan ulosajaminen on sitten vaikeaa jopa runsaalla rukouksella? Tämä tapahtuu silloin kun erittäin paha riivaaja asuttaa ihmisen, jolla ei ole uskoa, ja joka ei tunne totuutta. Tällaisissa tapauksissa henkilön ei ole helppoa saada omakseen uskoa ollessaan riivaajaan vallassa, sillä paha hänessä on liian syvälle juurtunutta. Voidakseen vapauttaa tämä riivattu henkilö jonkun täytyy auttaa häntä löytämään uskon, ymmärtämään totuuden, katumaan, ja tuhoamaan synnin muurin.

Jos vanhempien Kristuksessa elämisessä on vaikeuksia niin heidän rakas lapsensa saattaa tulla riivatuksi. Tällaisissa tapauksissa lapsi ei tule vapautetuksi riivajastaan ennen kuin sen vanhemmat katuvat syntejään, vastaanottavat pelastuksen, ja seisovat vakaasti uskon kalliolla.

Sinä voit myös joutua pimeyden voimien vaikutuksen alaiseksi. Sinä saatat nähdä kuinka joku elää tuskallista uskonelämää sen tähden, että hänellä on vaikeuksia avata sydämensä ja maalliset asiat, epäily ja väsymys estävät häntä kuuntelemasta sanomaa vaikka hän vilpittömästi sitä yrittääkin.

Tällaiset tapaukset voivat tapahtua, sillä pimeyden voimat voivat työskennellä ihmisen perheen parissa jos hänen esi-isänsä palvelivat uskollisesti vääriä jumalia, tai jos hänen vanhempansa ovat noitia tai väärien jumalien palvelijoita. Tästä huolimatta riivaaja lähtee hänestä, ja hän ja hänen perheensä pelastuvat kun hän muuttuu valon lapseksi kuuntelemalla uskollisesti Jumalan sanaa ja rukoilemalla tunnollisesti.

Silti Jumala vihaa väärien jumalien palvojia niin paljon, että Hänen ja näiden ihmisten välillä on paksu synnin muuri. Tämän tuloksena hänen tulisi jatkaa kamppailemista elääkseen totuudessa kunnes hän saattaa repiä alas synnin muurin. Hänet voidaan vapauttaa nopeasti riippuen siitä kuinka palavasti hän rukoilee ja muuttuu.

Poikkeuksia jolloin riivaajat eivät lähde

Missä tapauksissa riivaajat eivät sitten lähde pois vaikka niitä käsketään Jeesuksen Kristuksen nimessä?

Riivaajat eivät jätä ihmistä, joka on aiemmin uskonut Herraan, mutta jonka omatunto on kuin poltinraudalla poltettu sen jälkeen kun hän jätti Herran. Hän ei voi palata Herran luokse vaikka sitä yrittää, sillä hänen hyvä omatuntonsa on korvautunut kokonaan epätotuudella.

Tämän tähden 1. Joh 5:16 sanoo, *"On syntiä, joka on kuolemaksi; siitä minä en sano; että olisi rukoiltava."* Toisin sanoen Jumala ei vastaa vaikka hän rukoilisi.

Mikä sitten on syntiä joka on kuolemaksi? Se on jumalanpilkkaa tai Pyhää Henkeä vastaan puhumista. Henkilö, joka tekee tällaista syntiä, ei saa anteeksiantoa tässä tai tulevassa maailmassa. Joten tällainen henkilö ei voi saada anteeksi vaikka hän rukoilisikin ahkerasti.

Matteus 12:31:ssä Jeesus kertoo meille että Pyhän Hengen pilkkaamista ei anneta anteeksi. Hengen pilkkaaminen tarkoittaa Pyhän Hengen työn häiritsemistä pahoin mielin, ja sen tuomitsemista ja arvostelemista oman tahtonsa mukaisesti. Esimerkiksi se, että ihmiset tuomitsevat sellaisen kirkon jossa Jumalan työt tulevat toteen "harhaoppiseksi" ja levittävät siitä vääriä huhuja ja väittämiä on pilkkaamista (Mark. 3:20-30).

Jeesus sanoi lisäksi Matteus 12:32:ssa: *"Ja jos joku sanoo sanan Ihmisen Poikaa vastaan, niin hänelle annetaan anteeksi; mutta jos joku sanoo jotakin Pyhää Henkeä vastaan, niin hänelle ei anteeksi anneta, ei tässä maailmassa eikä tulevassa."* Myös Luukaksen jakeessa 12:10 Jeesus muistuttaa meitä: *"Jokaiselle, joka sanoo sanan Ihmisen Poikaa vastaan, annetaan anteeksi; mutta sille, joka Pyhää Henkeä pilkkaa, ei anteeksi anneta."*

Kuka tahansa, joka puhuu Ihmisen Poikaa vastaan Häntä tuntematta voi saada osakseen anteeksiannon. Se, joka pilkkaa Jumalaa ja puhuu Pyhää Henkeä vastaan, ei voi kuitenkaan saada tätä anteeksi, ja hän joutuu kuolemaan, sillä hän estää Jumalan työn toteutumista ja pilkkaa Henkeä. Tämä kaikki toteutuu siitä huolimatta, että tämä henkilö olisi jo aiemmin hyväksynyt Jeesuksen Kristuksen ja ottanut vastaan Pyhän Hengen. Joten sinun ei tule pilkata Henkeä tai puhua Pyhää Henkeä vastaan, sillä sinun tulee ymmärtää että nämä synnit ovat liian vakavia anteeksiannettaviksi, pelastuksen myöntämisestä puhumattakaan.

Heprealaiskirje 10:26 kertoo meille että jos henkilö jatkaa

tahallaan syntien tekemistä saatuaan tiedon totuudesta, ei hänen syntiensä edestä ole enää uhria jäljellä. Hän tietää Jumalan sanan kautta sangen hyvin mitä synti on eikä hänen tulisi enää tehdä pahoja asioita.

Hänen omatuntonsa muuttuu kuitenkin vähitellen tunnottomammaksi synnin suhteen jos hän tekee syntiä tahallaan ja tietoisesti, ja se arpeutuu kuin se olisi poltinraudalla poltettu. Lopulta hänet hylätään, sillä hän ei voi saada osakseen katumisen henkeä.

Lisäksi katumisen henkeä ei enää anneta niille, jotka ovat jo kerran tulleet valistuneiksi ja jotka ovat maistaneet taivaallisia lahjoja, saaneet osakseen Pyhän Hengen ja maistaneet Jumalan sanan hyvyyttä, mutta jotka ovat "kääntyneet pois", sillä tämä tarkottaisi sitä että Jumalan Poika tulisi jälleen ristiinnaulituksi ja julkisesti häpäistyksi (Hepr. 6:4-6).

Niille, jotka ovat saaneet osakseen Pyhän Hengen ja jotka omaavat tiedon taivaasta ja helvetistä ja jotka tuntevat Jumalan Sanan ja silti antavat periksi maailman kiusauksille ja siten lankeavat ja häpäisevät Jumalan kunnian, ei anneta tilaisuutta katua.

Sinä voit hallita Saatanaa paholaista näitä yllämainittuja tapauksia lukuunottamatta, joissa Jumala ei voi olla kääntymättä pois. Tämän tähden riivaajat eivät voi olla lähtemättä pois kun sinä käsket niitä Jeesuksen Kristuksen nimessä.

Rukoile lakkaamatta eläessäsi kokonaan totuudessa

Kuinka tuskissaan Jumalan palvelija tai työntekijä olisikaan jos pahat henget eivät lähde pois vaikka hän käskeekin niitä Jeesuksen Kristuksen nimessä? Sinun tulee siis luonollisesti vastaanottaa voima ja valta käskeä ja hallita Saatanaa ja paholaista. Voidaksesi näyttää merkkejä jotka seuraavat niitä, jotka uskovat, sinun tulee saavuttaa tila, jossa sinä miellytät Jumalaa. Tätä tilaa ei saavuteta ainoastaan olemalla kokonaan kuuliainen totuudelle rakastaen Jumalaa sydämesi pohjasta, vaan sinun tulee myös rukoilla lakkaamatta ja kiihkeästi.

Vähän aikaa sen jälkeen kun olin perustanut kirkkoni epilepsian kourissa oleva mies tuli tapaamaan minua Gangwonin provinssista, sillä hän oli kuullut uutisia parantavista rukouksistani. Siitä huolimatta, että hän oli palvellut Jumalaa hyvin pyhäkoulun opettajan ja kuoron jäsenenä hän ei yrittänyt päästä eroon synneistään, vaan jatkoi syntien tekemistä, sillä hän oli hyvin omahyväinen. Tästä johtuen paha henki pääsi hänen saastuneen mielensä sisään ja nyt hän kärsi tästä vakavasti.

Parantamisen työ tuli hänen osakseen hänen isänsä vilpittömien rukousten ja hänen pojalleen omistautumisen tuloksena. Saatuani selville riivaajan henkilöllisyyden ja ajettuani sen ulos rukouksen voimalla tämä nuori mies kaatui tajuttomana maahan pahanhajuisen vaahdon peittäessä hänen suunsa. Hän palasi kotiinsa aseistettua itsensä Jumalan sanalla kirkossani, ja hänestä tuli uusi ihminen Kristuksessa. Myöhemmin minä kuulin että hän palveli kirkkoaan uskollisesti todistaen parantumisestaan.

Hänen lisäksi useat ihmiset vapautetaan nykyään

riivaajistaan tai pimeyden voimista pitkien välimatkojen ja aikavälien päästä rukouksen kautta, joka on suoritettu nenäliinan kanssa jonka päällä minä olen rukoillut.

Eräässä tapauksessa nuori mies Ul-sanista, Kyungnamin provinssista, pahoinpideltiin vakavasti ylempiluokkalaisten miesten ja hänen ystäviensä toimesta, sillä hän kieltäytyi polttamasta heidän kanssaan. Tämän johdosta tämä nuorukainen kärsi levottomuudesta, tuli lopulta riivatuksi ja joutui mielisairaalaan seitsemän kuukauden ajaksi. Silti hän vapautui riivajastaan sen jälkeen kun hänen puolestaan rukoiltiin sen nenäliinan kanssa jonka kanssa minä itse olin aiemmin rukoillut. Hän sai terveytensä takaisin ja on nyt arvokas kirkon työntekijä.

Tämänkaltaiset työt tapahtuvat myös ulkomailla. Esimerkiksi Pakistanissa eräs maallikkojäsen oli kärsinyt pahasta hengestä neljän vuoden ajan, mutta hän vapautui siitä nenäliinan kanssa rukoilun kautta ja hän otti vastaan Pyhän Hengen ja kielilläpuhumisen lahjan.

2. Uusilla kielillä puhuminen

Toinen merkki joka seuraa niitä jotka uskovat on uusilla kielillä puhuminen. Mitä kielilläpuhuminen sitten oikein tarkoittaa?

1. Korinttolaiskirje 14:15 sanoo seuraavasti: *"Minun on rukoiltava hengelläni, mutta minun on rukoiltava myöskin ymmärrykselläni; minun on veisattava kiitosta hengelläni, mutta minun on veisattava myöskin ymmärrykselläni."* Sinä

näet, että henki on eri asia kuin mieli. Mitä eroa näiden kahden välillä sitten on?

Ihmisen sydämessä on kahdenlaista mieltä: totuuden mieltä ja epätotuuden mieltä. Totuuden mieli on henki, valkoinen mieli, kun taas epätotuuden mieli on lihallista, mustaa mieltä. Hyväksyttyäsi Jeesuksen Kristuksen sinun sydämesi täytyy hengellä sen mukaan kuinka paljon sinä rukoilet ja heität pois syntisi elämällä Jumalan Sanan mukaisesti, sillä tämän mukaisesti epätotuus kaivetaan sinusta ulos.

Lopulta sinun sydämesi täyttyy vähä vähältä hengellä, eikä sinne jää jäljelle yhtään epätotuutta sen jälkeen kun sinä saavutat uskon neljännen tason, missä sinä rakastat Jumalaa äärimmäisyyteen saakka. Jos sinulla on Jumalaa miellyttävä usko sinun sydämesi täyttyy kokonaan hengellä. Tätä kutsutaan "täydeksi hengeksi." Tässä vaiheessa sinun mielesi on henkeä ja sinun henkesi on sinun mielesi.

Uusilla kielillä puhuminen

Kun sinussa oleva tällainen henki rukoilee Jumalaa Pyhän Hengen inspiroimana tätä kutsutaan "kielillä rukoilemiseksi." Kielillä rukoilu on sinun ja Jumalan välistä keskustelua ja siten se on äärimmäisen hyödyllistä sinun elämällesi Kristuksessa, sillä Saatana ei voi kuunnella tätä.

Kielilläpuhumisen lahja annetaan yleensä Jumalan lapselle kun hän rukoilee vilpittömästi Pyhän Hengen täyteydessä. Jumala tahtoo antaa tämän lahjan jokaiselle Hänen lapselleen.

Kun sinä rukoilet kiivaasti kielillä sinä voit alitajuisesti laulaa lauluja kielillä, tanssia, ja jopa liikkua rytmisesti Pyhän Hengen inspiroimana. Jopa ne, jotka eivät tavallisesti ole hyviä laulajia, voivat laulaa erittäin hyvin, ja jopa ne, jotka eivät tavallisesti osaa tanssia kovin hyvin, voivat tanssia ammattitanssijoita paremmin, sillä Pyhä Henki hallitsee heitä täysin.

Lisäksi sinä saat uuden hengellisen kokemuksen kielilläpuhumisen kautta kun sinä astut syvemmälle tasolle. Tätä kutsutaan "uusilla kielillä puhumiseksi." Sinä voit puhua uusilla kielillä heti alettuasi rukoilla kielillä uskon viidennellä tasolla.

Tarpeeksi voimakas ajamaan Saatana ulos

Uusilla kielillä puhuminen on niin voimallista että Saatana pelkää sitä ja menee pois. Kuvittele, että sinä kohtaat murtovarkaan joka tahtoo puukottaa sinua veitsellä. Tuolla hetkellä Jumala on kykeneväinen muuttamaan hänen mielensä tai antamaan enkelin jäykistää hänen kätensä jos sinä rukoilet uusilla kielillä.

Lisäksi jos sinä tunnet olosi rauhattomaksi tai mielesi tekee rukoilla matkallasi jonnekin, tämä johtuu siitä että Jumala ohjaa mieltäsi Pyhän Hengen kautta; Hän tietää jo edessäsi odottavasta onnettomuudesta.

Tämän mukaisesti, kun sinä rukoilet kuuliasena Pyhän Hengen työlle, sinä voit estää odottamattoman katastrofin tai onnettomuuden, sillä vihollisesi paholainen lähtee sinusta ja Jumala johdattaa sinut välttämään tämän onnettomuuden.

Joten puhumalla uusilla kielillä sinä tulet suojelluksi ja sinä voit estää ja välttää koettelemuksia ja vaikeuksia kotona, töissä, tai missä tahansa muualla ilman Saatanan tai paholaisen väliintuloa.

3. Käärmeiden käsittely paljain käsin

Kolmas uskovaisia seuraava merkki on käärmeiden käsittely paljain käsin. Mihin "käärme" sitten viittaa? Tutkikaamme tarkemmin Genesiksen jakeita 3:14-15

Ja Herra Jumala sanoi käärmeelle: "Koska tämän teit, kirottu ole sinä kaikkien karjaeläinten ja kaikkien metsän eläinten joukossa. Vatsallasi sinun pitää käymän ja tomua syömän koko elinaikasi. Ja minä panen vainon sinun ja vaimon välille ja sinun siemenesi ja hänen siemenensä välille; se on polkeva rikki sinun pääsi, ja sinä olet pistävä sitä kantapäähän."

Tässä kohtauksessa käärme kirotaan sen kiusattua Eevaa. Tässä "vaimo" viittaa hengellisesti Israeliin ja "hänen siemenensä" Jeesukseen Kristukseen. Joten se, että vaimon siemen on polkeva rikki käärmeen pään tarkoittaa sitä, että Jeesus Kristus tulee murtamaan Saatanan ja paholaisen hallitseman kuoleman vallan. Se, että käärmeen sanotaan pistävän sitä kantapäähän, ennustaa Saatanan ja paholaisen ristiinnaulitsevan Jeesuksen.

On myös selvää, että käärmeellä viitataan viholliseen Saatanaan ja paholaiseen, sillä Ilmestyskirja 12:9 sanoo seuraavasti: *"Ja suuri lohikäärme, se vanha käärme, jota perkeleeksi ja saatanaksi kutsutaan, koko maanpiirin villitsijä, heitettiin maan päälle, ja hänen enkelinsä heitettiin hänen kanssansa."*

"Käärmeiden käsittelyllä" tarkoitetaan siis sitä, että sinä tulet erottamaan osan Saatanan joukosta ja tuhoamaan sen Jeesuksen Kristuksen nimessä.

Saatanan synagoogan tuhoaminen

Me löydämme Ilmestyskirjasta seuraavat jakeet:

"Minä tiedän sinun ahdistuksesi ja köyhyytesi – sinä olet kuitenkin rikas – ja mitä pilkkaa sinä kärsit niiltä, jotka sanovat olevansa juutalaisia, eivätkä ole, vaan ovat saatanan synagooga" (2:9).

"Katso, minä annan sinulle saatanan synagoogasta niitä, jotka sanovat olevansa juutalaisia, eivätkä ole, vaan valhettelevat; katso, minä olen saattava heidät siihen, että he tulevat ja kumartavat sinun jalkojesi eteen ja ymmärtävät, että minä sinua rakastan" (3:9).

Tässä "juutalaisilla" Jumalan valitsemina viitataan hengellisesti kaikkiin niihin jotka uskovat Jumalaan. Ne, jotka "sanovat olevansa juutalaisia", ovat ihmisiä jotka estävät Jumalan työtä tuomiten ja mustamaalaten sitä sen tähden, ettei Jumalan työ sovi yhteen heidän omien mielipiteidensä kanssa. Nämä ihmiset vihaavat ja nurisevat keskenään kateudesta ja mustasukkaisuudesta.

"Saatanan synagoogalla" viitatataan kahden tai useamman

hengen kokoontumiseen jossa puhutaan muista pahaa syyttä, ja joissa hankaloitetaan kirkon toimintaa. Muutaman ihmisen eripuraisuus tarttuu useaan muuhun, ja siten Saatanan synagooga tulee syntyneeksi.

Rakentavat ehdotukset ja kommentit tulee tietenkin hyväksyä kirkon kehitykseksi. Jos kirkon jäsenet taistelevat Juman palvelijaa vastaan jakaen kirkon kahtia jostain syystä ja muodostaen ryhmän, joka on totuutta vastaan, niin tämä on Saatanan synagooga.

Monissa kirkoissa rukous ja rakkaus viilenevät, elpyminen lakkaa kokonaan, eikä Jumalan valtakunta ei ole vakaalla perustalla. Kaikki tämä on Saatanan synagoogien syytä, ja se tapahtuu siitä huolimatta että kirkkojen pitäisi olla yhdistyneitä totuudessa ja täynnä rakkautta ja pyhyyttä

Saatanan synagooga ei voi kuitenkaan käyttää voimaansa silloin kuin sinä tunnistat sen omatessasi Jumalaa miellyttävää viidennen tason uskon.

Siitä päivästä lähtien kun perustin kirkkoni siinä ei ole ollut Saatanan synagoogaa. Kirkollisen urani alkuaikoina se saattoi tietenkin ilmestyä muutaman henkilön kautta joiden ajatukset olivat Saatanan hallitsemia sillä kirkon jäsenet eivät olleet vielä aseistettuja totuudella. Joka hetki Jumala kuitenkin puhui minulle ja Hän antoi minun tuhota sen sanomallani. Täten kaikki yritykset Saatanan synagoogan muodostamiseksi epäonnistuivat. Nykyään kirkkoni jäsenet voivat itse helposti tunnistaa totuuden epätotuudesta. Ne, jotka tulivat kirkkoon aikoen salassa muodostaa Saatanan synagoogan joko lähtivät pois tai katuivat joidenkin heistä yhä omatessa hyvyyden sydämet. Saatanan synagooga ei voi siis muodostua jos kukaan ei käyttäydy sen mukaisesti.

4. Tappavat myrkyt eivät vahingoita sinua

Neljäs merkki joka seuraa niitä jotka uskovat, on että vaikka he joisivat tappavaa myrkkyä se ei voisi vahingoittaa heitä. Mitä tämä sitten oikein tarkoittaa?

Apostolien teot 28:1-6 kertoo kuinka myrkkykäärme puri apostoli Paavalia Maltan saarella. Saaren asukkaat odottivat että puremakohta turpoaisi tai että Paavali kuolisi äkillisesti, mutta puremalla ei ollut Paavaliin mitään vaikutusta (jae 6). Tämä johtui siitä että Paavali omasi täydellisen uskon eikä edes myrkkykäärmeen myrkky voinut häntä vahingoittaa.

Vaikka myrkkykäärme purisi sinua

Ihmiset, joilla on täydellinen usko eivät sairastu tai tule bakteerien, virusten tai myrkkyjen tartuttamiksi vaikka he vahingossa nauttisivatkin jotakin saastunutta, sillä Jumala polttaa myrkyn pois Pyhän Hengen tulella.

Heitä ei kuitenkaan suojella jos he juovat myrkkyä tahallaan, sillä heidän aikomuksenaan on koetella Jumalaa. Hän ei hyväksy että kukaan koettelee Häntä kymmenyksiä lukuunottamatta. Sinä voit silti nauttia myrkkyä ruokamyrkytyksen kautta jonka tarkoituksena on vahingoittaa sinua ja sinä olet turvassa.

Mies voi antaa naiselle juotavaa jossa on nukutuslääkettä voidakseen käyttää häntä hyväkseen, tai joku voi yrittää huumata toisen kidnapataakseen tämän tai viedäkseen tämä rahat. Jopa tällaisissa tapauksissa henkilö, jolla on täydellinen usko, tulee suojelluksi eikä hän vahingoitu, sillä nämä myrkyt tulisivat neutraloiduiksi Pyhän Hengen toimesta.

Pyhän Hengen tuli polttaa kaikki myrkyt

Teologisen seminaarin kolmannen vuoden lopussa minä tunsin kerran terävää kipua vatsassani. Olin juuri valmistelemassa ensimmäistä herätyskokousta ja olin nauttinut erästä juomaa valmistelun aikana. Tunsin kuitenkin oloni paremmaksi sen jälkeen kun olin rukoillut pitäen käsiäni vatsan päällä ja minun vatsani tyhjeni ripulin avulla. En tiennyt juomani sisältäneen myrkkyä ennenkuin vasta seuraavana päivänä.

Minä yövyin kerran Jochiwonin kaupungissa Choongchungin provinssissa rukousmatkallani. Lähellä paikkaa jossa minä yövyin oli yliopisto, ja siellä oli usein mielenosoituksia joita poliisi hillitsi kyynelkaasua käyttämällä. Ympärilläni olevat ihmiset kärsivät kovasti tästä kaasusta ja se vaikutti heidän hengitykseensä, mutta minä en kokenut mitään tällaisia vaikutuksia.

Saarnaurani alkuaikoina asuin perheeni kanssa kirkkorakennukseni kellarikerroksessa. Niiihin aikoihin Koreassa käytettiin vielä talonlämmityksessä koksia. Perheeni kärsi kovasti savusta ja häkästä varsinkin pilvisinä päivinä jolloin ilma ei kiertänyt. Silti minä en koskaan kärsinyt myrkyllisen kaasun johdosta. Pyhä Henki haihduttaa välittömästi kaikenlaiset myrkyt vaikka ne joutuisivatkin sellaisen henkilön elimistöön jolla on Jumalaa miellyttävä usko, sillä Pyhä Henki Hänen täyteydessään liikkuu sekä meidän kehomme ympärillä että sen sisäpuolella.

5. Sairaat parantuvat sinun kättesi alla

Viides merkki joka seuraa niitä jotka uskovat, on että kun he asettavat kätensä sairaiden päälle nämä parantuvat. Jumalan armosta tämä merkki seurasi minua jo ennen kuin minä aloitin pappeuteni. Kirkkoni perustamisesta lähtien lukuisat ihmiset ovat parantuneet ja ylistäneet Jumalaa.

Nykyään minä rukoilen sairaiden puolesta ainoastaan saarnastuolista käsin sillä minä en voi panna käsiäni jokaisen kirkkoni jäsenen päälle. Silti useat sairaat ovat parantuneet ja liikuntavammaiset ovat parantuneet ja tulleet vahvoiksi rukouksen kautta.

Lisäksi vuosittaisen kaksiviikkoisen Herätyskokouksen aikana joita pidettiin joka toukokuu vuoteen 2004 saakka, lukuisat sairaudet leukemiasta halvauksiin ja syöpään parantuivat. Lisäksi sokeat ovat saaneet näön, kuurot ovat saaneet kuulon ja liikuntavammaiset ovat saaneet terveyden lahjan. Näiden ihmeellisten Jumalan tekojen kautta lukemattomat ihmiset ovat tavanneet elävän Jumalan.

Miksi on sitten yhä ihmisiä, jotka eivät saa vastauksia rukouksiinsa kaikkien näiden Pyhän Hengen palavien tekojen keskellä kun virukset poltetaan ja sairaat paranevat ja liikuntakyvytömät kävelevät?

Ensiksi meidän tulee muistaa että jos jonkun puolesta rukoillaan, eikä hänellä ole uskoa, ei hän voi parantua. On vain sopivaa ettei hän saa vastausta jos hän ei omaa uskoa, sillä Jumala työskentelee jokaisen ihmisen uskonmäärän mukaan. Toiseksi, huolimatta siitä, että ihmisellä on uskoa, hän ei voi tulla parannetuksi jos hän omaa synnin muurin. Tässä tapauksessa hän voi parantua rukouksen kautta vasta sitten kun hän on katunut syntejään ja palannut Jumalan luokse.

Sinun täytyy kuitenkin olla tietoinen siitä, että vaikka joku parantaakin toisen rukouksella tämä ei tarkoita sitä, että hän on saavuttanut uskon viidennen tason. Sinä voit parantaa ihmisiä jos sinulla on parantamisen lahja vaikka sinä olisitkin uskon kolmannella tasolla.

Joku, joka on uskon toisella tasolla, voi usein parantaa ihmisiä rukoustensa kautta hänen ollessa täytettynä Pyhällä Hengellä, sillä hän voi hetkellisesti saavuttaa uskon neljännen tai viidennen tason. Lisäksi vanhurskaan rukous tai rakkauden rukous ovat niin voimakkaita ja tehokkaita että Jumalan työt voivat tulla toteen (Jaak. 5:16).

Näillä tapauksilla on kuitenkin rajansa. Sellaiset sairaudet, jotka ovat virusten tai muiden mikrobien aiheuttamia, kuten lievät sairaudet, syövät ja keuhkotaudit, voivat tulla parannetuiksi, mutta sellaiset suuret Jumalan teot kuin kävelykyvyn palauttaminen liikuntavammaiselle tai näön antaminen sokealle eivät voi tapahtua.

Vaikka riivaajat ajettaisiinkin ulos rakkauden rukouksella tai parantamisen lahjalla on todennäköistä, että nämä riivaajat palaavat takaisin jonkin ajan kuluttua. Kun uskon viidennellä tasolla oleva henkilö kuitenkin ajaa riivaajat ulos ne eivät voi palata takaisin.

Sinun voidaan sanoa olevan uskon viidennellä tasolla vain jos sinä voit näyttää kaikki nämä viisi merkkiä yhdessä. Lisäksi sinä voit osoittaa myös yhä suurempia Pyhän Hengen voimia ja lahjoja jos sinä olet saavuttanut tämän vaiheen.

Nykyään niin monet ihmiset ovat täysin kokonaan pahuuden ja synnin tahraamia että he uskovat vasta sitten kun he näkevät voimallisempia ihmeitä ja merkkejä kuin mitä ihmisille näytettiin Jeesuksen aikana.

Tämän takia Jumala tahtoo, että Hänen lapsensa eivät vain omaa hengellistä ja täydellistä uskoa, vaan että he myös näyttävät niitä merkkejä jotka seuraavat niitä jotka uskovat jotta he voisivat johdattaa lukemattomia ihmisiä pelastuksen tielle.

Sinun tulisi yrittää saada osaksesi vahvuutta, voimaa ja vaikutusvaltaa tietäen, että sinä voit tehdä samoja ja vielä voimallisempiakin tekoja kuin Jeesus jos sinulla on Jumalaa miellyttävä Kristuksen usko.

Minä rukoilen Jeesuksen Kristuksen nimessä että sinä laajentaisit Jumalan valtakuntaa mittavasti ja että sinä saavuttaisit Hänen vanhurskautensa tämänkaltaisella uskolla niin pian kuin mahdollista, ja että sinä loistaisit ikuisesti taivaassa auringon tavoin.

Luku 10

Taivaan Eri Asuinsijat Ja Kruunut

U S K O N   M I T T A

Älköön teidän sydämenne olko murheellinen.

Uskokaa Jumalaan, ja uskokaa minuun.

Minun Isäni kodissa on monta asuinsijaa.

Jos ei niin olisi, sanoisinko minä teille,

että minä menen valmistamaan teille sijaa?

Ja vaikka minä menen valmistamaan teille sijaa,

tulen minä takaisin ja otan teidät tyköni,

että tekin olisitte siellä, missä minä olen.

(Joh. 14:1-3).

Olympiamitalin voittamisen täytyy olla erittäin tunteellinen hetki. Kultamitalia ei voiteta sattumalta, vaan se saavutetaan perusteellisen ja ankaran harjoittelun tuloksena, jonka aikana urheilija on parantanut taitojaan ja pidättäytynyt muista harrastuksista ja useimmista ruoista. Hän kykenee sietämään tämän ankaran harjoittelun, sillä hänessä palaa vahva halu voittaa kultamitali ja hän tietää että hänen vaivannäkönsä palkitaan ruhtinaallisesti.

Sama koskee meitä kristittyjä. Hengellisessä kilpajuoksussa kohti taivaan valtakuntaa meidän täytyy taistella uskon hyvä taistelu sekä rankaista ja orjuuttaa kehojamme voidaksemme selviytyä äärimmäisen palkinnon voittajaksi. Tässä maailmassa ihmiset tekevät kaikkensa saadakseen maallisia palkintoja ja kunniaa. Mitä sinun tulisi sitten tehdä saadaksesi osaksesi palkintoja ja kunniaa taivaan ikuisessa valtakunnassa?

Raamattu sanoo 1. Korinttolaiskirje 9:24-25:ssä seuraavasti: *"Ettekö tiedä, että jotka kilparadalla juoksevat, ne tosin kaikki juoksevat, mutta yksi saa voittopalkinnon? Juoskaa niinkuin hän, että sen saavuttaisitte. Mutta jokainen kilpailija noudattaa itsensähillitsemistä kaikessa; he saadakseen vain katoavaisen seppeleen, mutta me katoamattoman."*

Nämä jakeet rohkaisevat meitä noudattamaan kaikessa itsekuria ja juoksemaan tauotta, janoten kunniaa joka ajallaan tulee lankeamaan osaksesi.

Tutkikaamme nyt yksityiskohtaisemmin kuinka sinä voit saada osaksesi taivaan kunniallisen valtakunnan, ja kuinka sinä voit saavuttaa paremman asuinsijan taivaassa.

1. Taivaaseen pääsee vain uskon avulla

Monet ihmiset eivät tiedä mistä ihminen tulee, minkä tähden hän elää, ja mihin hän menee, siitä huolimatta että heillä on kunniaa ja vaikutusvaltaa, vaurautta ja rikkauksia, sekä paljon tietoutta. He kuvittelevat että syntymästään lähtien ihmiset yksinkertaisesti syövät, juovat, menevät kouluun, työskentelevät, menevät naimisiin ja elävät, kunnes he lopulta päätyvät kouralliseksi tomua kuoleman jälkeen.

Jumalan ihmiset, jotka ovat hyväksyneet Jeesuksen Kristuksen, eivät kuitenkaan ajattele tällä tavoin. He tietävät, että heidän oikea Isä joka antaa heille elämän on Jumala, sillä he uskovat, että Hän loi ensimmäisen ihmisen ja salli Aatamille hänen jälkeläisensä antamalla hänelle elämän siemenen. Nämä ihmiset elävät tuottaakseen Jumalalle kunniaa, olivat he sitten syömässä tai juomassa tai tekemässä jotain muuta, sillä he tietävät miksi Jumala loi ihmiset ja salli heidän asua tässä maailmassa. He myös elävät Jumalan tahdon mukaisesti sillä he tietävät kuinka he tulevat pelastetuksi ja pääsevät taivaaseen ja kuinka he saavat ikuisen elämän, mutta he tietävät myös kuinka he voivat tulla rangaistuksi helvetin ikuisella tulella.

Ne, joilla on uskoa, ovat Jumalan lapsia, ja heillä on taivaan kansalaisuus. Jumala tahtoo heidän tietävän taivaan valtakunnasta ja Hän tahtoo heidän olevan täynnä toivoa heidän kodistaan siellä, sillä mitä useammat ihmiset tietävät taivaan valtakunnasta, sitä aktiivisemmin he voivat elää uskossa tässä elämässä.

Sinä voit saavuttaa taivaan vain uskon avulla, joten vain ne jotka pelastuvat uskon avulla päätyvät sinne. Vaikka sinulla olisi suuri summa rahaa ja kaikki maailman valta ja kunnia, sinä et pääse taivaaseen omin voiminesi. Vain ne, joilla on oikeus Jumalan lapsina Jeesuksen Kristuksen hyväksyttyään, ja jotka elävät Hänen sanansa mukaan, voivat mennä taivaaseen ja nauttia ikuisesta elämästä ja siunauksista.

Pelastus Vanhan testamentin aikoina

Tarkoittaako tämä sitä, että ne jotka eivät tiedä Jeesuksesta mitään eivät voi tulla pelastetuiksi? Ei, tästä ei ole kyse. Vanhan testamentin ihmiset pelastuivat sen mukaan kuinka he noudattivat Jumalan Sanaa eli Lakia, sillä Vanhan testamentin aika oli Lain aikaa. Sen jälkeen kun Johannes Kastaja kuitenkin todisti Jeesuksesta Kristuksesta Uuden testamentin aikaan ihmiset ovat pelastuneet Jeesukseen Kristukseen uskomisen kautta.

Jopa meidän aikanamme on olemassa ihmisiä jotka eivät ole hyväksyneet Jeesusta Kristusta, sillä he eivät ole saaneet mahdollisuutta kuulla Hänestä. Tällaiset ihmiset tuomittaisiin heidän omantuntonsa mukaan (jos tahdot lukea lisää tästä aiheesta, lue *Ristin Sanoma*). Nykyään monet ihmiset tuntuvan käsittävän Jumalan tahdon väärin pelastuksen suhteen. He luulevat virheellisesti että he voivat tulla pelastetuiksi vain jos he tunnustavat uskoaan suullaan, sanoen: "Minä uskon

Jeesukseen Kristukseen, pelastajaani", sillä Uuden testamentin aikoina Jumala antoi pelastuksen armon Jeesuksen Kristuksen kautta. Nämä ihmiset kuvittelevat, ettei heidän tarvitse yrittää elää Hänen sanan mukaan, ja että synnin tekeminen ei ole mikään suuri asia. He ovat kuitenkin täysin väärässä.

Mitä sitten tarkoittaa tulla pelastetuksi tekojen kautta Vanhan testamentin aikana tai uskon kautta Uuden testamentin aikana?

Jeesus ei tullut tähän maailmaan pelastaakseen niitä, jotka eivät elä Jumalan sanan mukaisesti; Hän tuli johdattaakseen ihmiset elämään Jumalan sanan mukaisesti, ei vain teoillaan, vaan myös sydämissään.

Tämän tähden Jeesus julistaa (Matteus 5:17): *"Älkää luulko että minä olen tullut lakia tai profeettoja kumoamaan; en minä ole tullut kumoamaan, vaan täyttämään."* Hän myös muistuttaa meitä siitä, että jos joku tekee syntiä sydämessään, hänen katsotaan jo tehneen syntiä: *"Te olette kuulleet sanotuksi: 'Älä tee huorin'. Mutta minä sanon teille: jokainen, joka katsoo naista himoiten häntä, on jo sydämessään tehnyt huorin hänen kanssaan."* (Matteus 5:27-28).

Pelastus Uuden testamentin aikoina

Vaikka joku tekikin sydämessään huorin Vanhan testamentin aikoina hänen ei katsottu tehneen syntiä ellei hän toiminut näiden halujen mukaan. Vasta sitten kun hän teki konkreettisesti jotain katsottiin hänen olevan syntinen. Tämän johdosta ihmiset kivittivät hänet kuoliaaksi vasta sitten, kun hän teki huorin käytännössä (5. Moos. 22:21-24). Samaan tapaan jos joku oli Vanhan testamentin aikoina sydämeltään hyvin paha ja ilkeä, suunnitellen sydämessään jonkun tappamista tai jonkin varastamista näin kuitenkaan tekemättä, hän saattoi tulla pelastetuksi sillä hän ei ollut tehnyt syntiä.

Katsokaamme sitten jaetta 1. Joh. 3:15 voidaksemme ymmärtää mitä tarkoittaa tulla pelastetuksi uskon kautta Uuden testamentin aikoina: *"Jokainen, joka vihaa veljeänsä, on murhaaja; ja te tiedätte, ettei kenessäkään murhaajassa ole iankaikkista elämää, joka hänessä pysyisi."*

Uuden testamentin aikaan ihmistä ei voida pelastaa vaikka hän ei käytännössä tekisi syntiä jos hän tekee syntiä sydämessään, sillä tämä on sama kuin synnin tekeminen käytännössä.

Joten Uuden testamentin aikaan jos joku aikoo varastaa, hän on jo varas; jos joku katsoo naista himoiten, hän on jo tehnyt aviorikoksen; ja jos joku vihaa veljeään ajatellen tämän tappamista, hän on jo murhaaja. Ollen tästä selvästi tietoinen sinun tulee ottaa pelastus vastaan, näyttäen uskosi Jumalaa kohtaan teoillasi ja tekemättä syntiä sydämessäsi.

Heitä pois lihallisen luonteiset teot ja halut

Sinä voit usein löytää Raamatusta sellaisia termejä kuin "synnillinen", "liha", "lihalliset asiat", "lihalliset teot" "synnin ruumis", ja niin edelleen. On kuitenkin hyvin vaikeaa löytää edes uskovien joukosta ketään joka tietäisi näiden termien todellisen merkityksen.

Sanakirjan mukaan termien "liha" ("flesh") ja keho "body") välillä ei ole eroa. Raamatun mukaan nillä on kuitenkin eri merkitys hengellisesti. Voidaksesi ymmärtää näiden sanojen hengellisen merkityksen sinun tulee ymmärtää se prosessi, jonka kautta synti tuli ensimmäisen ihmisen osaksi.

Ensimmäinen ihminen oli henkenä hengellinen olento jossa ei ollut mitään epätotuuksia, sillä Jumala oli opettanut hänelle vain elämän tietouden. Kuolema tuli hänen osakseen sen tähden ettei hän pitänyt Jumalan käskyä mielessään. Tämä tapahtui vasta sen jälkeen kun hän teki syntiä olemalla tottelematon ja ottamalla hedelmän hyvän ja pahan tiedon puusta (Room. 6:23).

Kun henki, joka aiemmin oli toiminut Aatamin isäntänä kuoli, Aatami ei voinut enää kommunikoida Jumalan kanssa. Hänen tuli luotuna pelätä Luojaa ja pitää Hänen käskyt, mutta hän ei pystynyt täyttämään kokonaan edes näitä ihmisen velvollisuuksia. Hänet ajettiin ulos Eedenin puutarhasta ja hän joutui elämään tässä maailmassa, joutuen kokemaan kyyneliä, suruja, kärsimyksiä, sairauksia ja kuolemaa. Hän ja hänen jälkeläisensä alkoivat tehdä syntiä heidän hiljalleen muututtua pahemmaksi sukupolvi sukupolven jälkeen.

Kun se elämän totuus, jonka Jumala ihmiselle antoi, poistuu tästä sen prosessin aikana jolloin ihminen tahraantuu synnillä, me kutsumme tätä tilaa "ruumiiksi", ja kun synnilliset piirtet lisätään tähän "ruumiiseen", niin sitä kutsutaan "lihaksi."

Joten "liha" on yleistermi, joka kuvaa ihmisen sydämessä olevia näkymättömiä mutta pinnan alla makaavia piirteitä, jotka voivat kypsyä teoiksi vaikkei ihminen käytännössä toimisi näiden mukaisesti. Kun me jaamme ja luokittelemme lihan yksityiskohtaisesti eri piirteiksi me kutsumme niitä "lihan haluiksi."

Esimerkiksi sellaiset piirteet kuin kateus, mustasukkaisuus ja viha ovat näkymättömiä, mutta ne voivat milloin tahansa tulla esiin teoissamme niin kauan kun ne pysyvät sydämessämme. Tämän takia Jumala katsoo myös näiden olevan syntejä.

Jos sinä et hankkiudu eroon näistä lihan haluista ne paljastuvat teoissasi, ja kun lihan teot paljastuvat teoissa, me kutsumme niitä "lihan teoiksi." Kun syntisen luonteiset yksittäiset teot pannaan yhteen, niitä kutsutaan "lihaksi."

Toisin sanoen, kun me jaamme lihan yksittäisiin tekoihin me kutsumme niitä "lihan teoiksi." Jos sinä aiot pahoinpidellä jonkun, tämänkaltainen sydän kuuluu "lihan haluihin", ja jos sinä todella pahoinpitelet jonkun sitä kutsutaan "lihan teoksi."

Mikä on "lihan" Genesis 6:3:ssa määritelty hengellinen merkitys?

Silloin Herra sanoi: "Minun henkeni ei ole vallitseva ihmisessä iankaikkisesti, koska hän on liha."

Tämä jae muistuttaa meitä siitä, että Jumala ei tahdo olla ikuisesti sellaisten ihmisten parissa jotka eivät elä Hänen sanansa mukaan ja tekevät sen sijaan syntiä ja tulevat "lihaksi."

Raamattu kuitenkin kertoo meille, että Jumala oli kaikkina aikoina hengellisten ihmisten, kuten Aabrahamin, Mooseksen, Elian, Nooan ja Danielin kanssa, jotka etsivät vain totuutta ja elivät Jumalan sanan mukaisesti. Joten tietäen, että lihalliset ihmiset, jotka eivät elä Jumalan sanan mukaan, eivät voi pelastua, sinun tulisi pyrkiä heittämään nopeasti pois sekä kaikki lihan teot että lihan lihalliset halut.

Lihallinen ihminen ei peri Jumalan valtakuntaa

Koska Jumala on rakkaus Hän antaa oikeuden tulla Hänen lapsekseen ja Pyhän Hengen lahjaksi niille, jotka ymmärtävät olevansa syntisiä ja jotka katuvat syntejään ja hyväksyvät Jeesuksen Kristuksen Pelastajakseen. Kun sinä saat Pyhän Hengen lahjana ja sinä synnytät hengen Pyhän Hengen kautta sinussa oleva kuollut henki virkoaa.

Joten sinä voit saada pelastuksen ja ikuisen elämän, sillä sinä et ole enää lihan ihminen vaan hengen ihminen. Sinä et kuitenkaan tule pelastetuksi jos sinä kuitenkin jatkat lihan tekojen tekemistä, sillä Jumala ei ole silloin sinun kanssasi.

Lihan teot määritellään yksityiskohtaisesti Galatalaiskirje 5:19-21:ssä:

> *Mutta lihan teot ovat ilmeiset, ja ne ovat: haureus, saastaisuus, irstaus, epäjumalanpalvelus, noituus, vihamielisyys, riita, kateellisuus, vihat, juonet, eriseurat, lahkot, kateus, juomingit, mässäykset ja muut senkaltaiset, joista teille edeltäpäin sanon, niinkuin jo ennenkin olen sanonut, että ne, jotka semmoista harjoittavat, eivät peri Jumalan valtakuntaa.*

Jeesus kertoo myös Matteus 7:21:ssä: *"Ei jokainen, joka sanoo minulle: 'Herra, Herra', pääse taivasten valtakuntaan, vaan se, joka tekee minun taivaallisen Isäni tahdon."* Kertomalla meille yhä uudestaan ja uudestaan Raamatussa että epävanhurskaat jotka eivät elä Hänen tahtonsa mukaan ja jotka tekevät lihan tekoja eivät voi päästä taivaaseen, Jumala tahtoo jokaisen tulevan pelastetuksi uskon kautta ja pääsevän taivaaseen.

Jos tahdot pelastua uskon avulla

Roomalaiskirje 10:9-10 kuuluu seuraavasti: *"Sillä jos sinä tunnustat suullasi Jeesuksen Herraksi ja uskot sydämessäsi, että Jumala on hänet kuolleista herättänyt, niin sinä pelastut; sillä sydämen uskolla tullaan vanhurskaaksi ja suun tunnustuksella pelastutaan."*

Jumalan haluama usko on sellaista että se saa sinut uskomaan sydämelläsi ja tunnustamaan suullasi. Toisin sanoen, jos sinä todella uskot sydämessäsi että Jeesuksesta tuli sinun Pelastajasi ylösnousemuksen kautta kolmantena päivänä ristiinnaulitsemisen jälkeen, sinä tulet oikeutetuksi heittämällä pois syntisi ja elämällä Jumalan Sanan mukaan. Kun sinä tunnustat suullasi ja elät tällä tavoin Hänen tahtonsa mukaisesti sinä voit tulla pelastetuksi, sillä tunnustuksesi on totta.

Tämän tähden Roomalaiskirje 2:13 sanoo: *"Sillä eivät lain kuulijat ole vanhurskaita Jumalan edessä, vaan lain noudattajat vanhurskautetaan."* Raamattu myös sanoo meille Jaak. 2:26:ssa: *"Sillä niinkuin ruumis ilman henkeä on kuollut, niin myös usko ilman tekoja on kuollut."*

Sinä voit osoittaa uskosi teoillasi vasta sitten kun sinä uskot Jumalan sanaan sydämessäsi, et silloin kun säilöt sen vain pelkkänä tiedonjyvänä. Kun tämä tietoisuus istutetaan sinun sydämeesi teot tulevat seuraamaan sitä.

Joten, jos sinä olet aiemmin ollut joku, jossa on ollut paljon vihaa, sinä voit muuntautua sellaiseksi joka rakastaa muita. Jos sinä olet ollut varas, sinä voit muuntautua sellaiseksi joka ei enää varasta. Sinun uskosi on kuollut jos sinä yhä elät pimeydessä seuranasi rakkaus maailmaa kohtaan ja jos sinä tunnustat uskosi pelkästään suullasi, sillä sillä ei ole mitään tekemistä pelastuksen kanssa.

1. Joh. 1:7 sanoo lisäksi: *"Mutta jos me valkeudessa vaellamme, niinkuin hän on valkeudessa, niin meillä on yhteys keskenämme, ja Jeesuksen Kristuksen, hänen Poikansa, veri puhdistaa meidät kaikesta synnistä."*

Kun totuus on sinussa sinä voit kuitenkin luonnollisesti kulkea valossa, sillä sinä elät totuuden mukaan. Sinusta tulee vanhurskas sydämessäsi olevan uskon kautta kun sinä heittämällä pois kaiken synnin astut ulos pimeydestä ja kuljet valoon. Sinä valehtelet Jumalalle jos sinä kuitenkin elät yhä pimeydessä syntiä ja pahuutta tehden. Joten sinun tulisi mahdollisimman nopeasti saavuttaa tekojen säestämä usko.

Sinun tulee kulkea valossa

Jumala käskee meitä kamppailemaan syntiä vastaan aina oman veremme vuodatukseen saakka (Hepr. 12:4), sillä Hän haluaa meidän olevan täydellisiä niinkuin Hänkin on täydellinen (Mat. 5:48), ja pyhiä niinkuin Hän on pyhä (1 Piet. 1:16).

Vanhan testamentin aikoina ihmiset pelastuivat vain jos heidän tekonsa olivat täydellisiä; heidän ei tarvinnut heittää pois syntejä sydämestään, sillä ihmisinä heidän oli mahdotonta hankkiutua niistä eroon omin voimin.

Jeesuksen ei olisi tarvinnut tulla lihaksi jos sinä pystyisit heittämään syntisi pois omin voiminesi. Jeesus ristiinnaulittiin koska sinä et kuitenkaan pysty ratkaisemaan synnin ongelmaa tai tulemaan pelastetuksi omien kykyjesi ja voimiesi perusteella, ja Hän antaa kaikille jotka uskovat Pyhän Hengen lahjana ja Hän johdattaa heidät pelastukseen.

Joten sinä voit heittää pois kaikenlaisen pahan Pyhän Hengen avulla ja ottaa osaa taivaallisen pöydän antimiin, sillä Pyhä Henki tekee sinut tietoiseksi synnistä, vanhurskaudesta ja tuomitsemisesta tullessaan sinun sydämeesi.

Sinun ei tulisi tyytyä vain Jeesuksen Kristuksen hyväksymiseen, vaan sinun tulisi myös rukoilla kuumeisesti, heittää pois kaikenlaisen pahan ja kulkea valossa Pyhän Hengen avulla, kunnes sinä voit osaa taivaallisen pöydän antimiin.

Ainut tapa päästä taivaaseen on omata tekojen rikastama hengellinen usko, niinkuin Matteus 7:21 toteaa: *"Ei jokainen, joka sanoo minulle 'Herra, Herra'. Pääse taivasten valtakuntaan, vaan se, joka tekee minun taivaallisen Isäni tahdon."*

Sinun tulee myös tehdä kaikkesi kunnes saavutat oikean määrän isien uskoa, sillä taivaan asuinsijat jaetaan ihmisten oman henkilökohtaisen uskon määrän mukaisesti.

Minä toivon, että sinä tulet ottamaan osaa taivaallisiin menoihin, ja että sinä saavutat Uuden Jerusalemin, missä Jumalan valtaistuin sijaitsee.

2. Taivasten valtakuntaa vasten on hyökätty

Jumala antaa meidän niittää mitä olemme kylväneet ja Hän palkitsee meidät tekojemme mukaisesti, sillä Hän on oikeudenmukainen. Niinpä myös taivaassa jokainen henkilö palkitaan erilaisella asuinsijalla heidän uskonsa määrän mukaan, ja ihmiset palkitaan eri tavoin sen mukaan kuinka he ovat omistautuneet ja palvelleet Jumalan valtakuntaa. Jumala, joka uhrasi jopa oman ainoan poikansa antaakseen meille taivaan ja ikuisen elämän, odottaa malttamattomana Hänen lastensa saapumista jotta he voivat elää ikuisesti Hänen kanssaan parhaissa taivaan asuinsijoissa Uudessa Jerusalemissa.

Kautta mailman historian vahvemmat valtiot ovat sotineet heikompiaan vastaan ja laajentaneet näin aluettaan. Voidakseen valloittaa toisen maan valtion piti ensin hyökätä sitä vastaan ja voittaa sen sodassa.

Samalla tavalla sinun tulee Jumalan lapsena ja taivaan kansalaisena edetä kohti taivasta kiivaalla toivolla, sillä sinä olet siitä hyvin tietoinen. Jotkut saattavat ihmetellä kuinka me uskallamme edetä kohti taivasta joka on kaikkivaltiaan Jumalan valtakunta. Sen tähden meidän tulee ensin ymmärtää mitä tarkoittaa hengellisesti se, että "taivas on kärsinyt väkivaltaa", ja sitten valloittaa se voimallisesti.

Johannes Kastajan päivistä lähtien

Jeesus sanoo meille Matteus 11:12:ssa; *"Mutta Johannes Kastajan päivistä tähän asti hyökätään taivasten valtakuntaa vastaan, ja hyökkääjät tempaavat sen itselleen."* Päivät ennen

Johannes Kastajaa viittaavat Lain aikoihin, jolloin ihmiset pelastuivat tekojensa avulla.

Vanha testamentti on Uuden testamentin varjo; profeetat kertoivat ihmisille Jehovasta ja he profetoivat Messiaasta. Johannes Kastajan päivistä lähtien Uuden testamentin aikakausi tai Uuden Lupauksen aikakausi avattiin sulkemalla Vanhan testamentin profetiat.

Pelastajamme Jeesus ei ilmestynyt historian näyttämölle minkään tai kenenkään varjona, vaan Hän ilmestyi Itsenään. Johannes Kastaja alkoi todistaa Jeesuksesta, joka tuli hänen luokseen. Tästä alkoi armon aikakausi, jossa kuka tahansa saattaa pelastua hyväksymällä Jeesuksen Pelastajakseen ja vastaanottamalla sitten Pyhän Hengen.

Kuka tahansa, joka hyväksyy Jeesuksen Kristuksen, ja uskoo Hänen nimeensä, ansaitsee oikeuden tulla Jumalan lapseksi ja päästä taivaaseen. Jumala on kuitenkin jakanut taivaan useaan asuinsijaan ja Hän antaa jokaisen lapsen asustaa niissä hänen oman uskon määränsä mukaan, sillä Jumala on oikeudenmukainen ja Hän palkitsee jokaisen ihmisen tämän omien ansioidensa mukaan. Vain ne, jotka ovat tulleet kokonaan pyhitetyiksi elämällä Sanan mukaan ja jotka ovat täyttäneet tehtävänsä kokonaan, saavat astua Uuteen Jerusalemiin, missä Jumalan valtaistuin sijaitsee.

Tämän tähden sinun tulee olla voimallinen voidaksesi saada osaksesi parhaimman asuinsijan taivaassa, sillä sinä tulet saamaan asuinsijan uskosi määrän mukaan, vaikka pääsy itse taivaaseen saavutetaankin uskolla.

Johannes Kastajan päivistä Jeesuksen toiseen tulemiseen saakka kuka tahansa, joka etenee kohti taivasta saa siitä osansa.

Jeesus kertoo meille Joh. 14:6:ssa: *"Minä olen tie ja totuus ja elämä; ei kukaan tule Isän tykö muutoin kun minun kauttani."*

Herra sanoo meille ettei kukaan pääse Isän tykö muutoin kuin Hänen kauttaan, sillä Hän on tie joka johtaa taivaaseen, itse totuus ja elämä. Tästä syystä Hän tuli tähän maailmaan, ja Hän todisti Jumalasta, jotta me ymmärtäisimme Jumalaa selvästi, ja Hän opetti meille kuinka päästä taivaaseen toimimalla meille mallina.

Taivas on jaettu eri asuinsijoihin

Taivas on Jumalan valtakunta jossa Hänen pelastetut lapsensa elävät ikuisesti. Toisin kuin tämä maailma, se on rauhan valtakunta ilman muutoksia tai rappeutumista. Se on täynnä iloa ja onnellisuutta ilman sairauksia, surua, tuskaa tai kuolemaa, sillä vihollinen Saatana tai paholainen tai synti eivät ole siellä.

Vaikka me yrittäisimme kuvitella sitä, minkälainen taivas on, me tulemme olemaan täysin yllättyneitä kun me näemme sen todellisen kauneuden ja taivaan kirkkauden. Kuinka ihmeelliseksi Kaikkivaltias Jumala ja maailmankaikkeuden Luoja onkaan tehnyt taivaan, jossa Hänen lapsensa tulevat elämään ikuisesti! Jos sinä tutkit tarkasti Raamattua sinä huomaat, että taivas on jaettu useisiin eri asuinsijoihin.

Jeesus sanoo Joh. 14:2:ssa: *"Minun Isäni kodissa on monta asuinsijaa. Jos ei niin olisi, sanoisinko minä teille, että minä menen valmistamaan teille sijaa?"* Nehemia myös mainitsee useita "taivaita": *"Sinä yksin olet Herra. Sinä olet tehnyt taivaat ja taivasten taivaat kaikkine joukkoinensa, maan ja kaikki, mitä siinä on, meret ja kaikki, mitä niissä on. Sinä annat elämän niille kaikille, ja taivaan joukot kumartavat sinua."* (Nehemia 9:6).

Ennen vanhaan ihmiset luulivat että on olemassa vain yksi taivas, mutta nykyään tieteen kehityttyä me tiedämme, että on olemassa useita avaruuksia sen lisäksi minkä me voimme nähdä paljain silmin. Yllätykseksemme Jumala on jo kirjannut tämän tosiasian Raamattuun.

Esimerkiksi Salomon tunnusti että on olemassa useita taivaita: *"Mutta asuuko todella Jumala maan päällä? Katso, taivaisiin ja taivasten taivaisiin sinä et mahdu; kuinka sitten tähän temppeliin, jonka minä olen rakentanut?"* (1. Kun. 8:27). Apostoli Paavali tunnusti 2. Korinttolaiskirjeen jakeissa 12:2-4, että hänet oli johdatettu Paratiisin kolmanteen taivaaseen, ja Ilmestyskirja 21 kuvailee Uuden Jerusalemin, missä Jumalan valtaistuin sijaitsee.

Sinun tulisi tiedostaa että taivas ei muodostu vain yhdestä asuinsijasta vaan useasta sellaisesta. Minä jaan taivaan useaan osaan niiden uskonmäärän mukaan ja nimeän ne Paratiisiksi, Ensimmäiseksi Kuningaskunnaksi, Toiseksi Kuningaskunnaksi, Kolmanneksi Kuningaskunnaksi, ja Uudeksi Jerusalemiksi. Paratiisi on niille, joiden usko on vähäisin; Ensimmäinen Kuningaskunta niille, joiden usko on suurempi kuin niiden jotka ovat Paratiisissa; Toinen Kuningaskunta niille, joiden usko on suurempi kuin niiden jotka ovat Ensimmäisessä Kuningaskunnassa; Kolmas Kuningaskunta on niille, joiden usko on suurempi kuin niiden jotka ovat Toisessa Kuningaskunnassa. Kolmannessa Kuningaskunnassa on Uuden Jerusalemin Pyhä Kaupunki, jossa Jumalan valtaistuin sijaitsee.

Taivasten valtakuntaa vasten on hyökätty niiden toimesta joilla on uskoa

Koreasta löytyy saaria kuten Ul-lung ja Jeju, sekä maaseutuja ja vuoristoisia alueita. Siellä on myös sekä pieniä että suuria kaupunkeja ja suurkaupunkialueita. Sen pääkaupungissa Soulissa sijaitsee presidentin virka-asunto Cheong Wa Dae.

Kuten valtio, joka on jaettu useaan alueeseen hallinnon helpottamiseksi, niin on myös taivaan valtakuntakin jaettu useaan asuinsijaan tiukkojen sääntöjen mukaan. Toisin sanoen sinun asuinsijasi määräytyy sen mukaan kuinka tarkasti sinä elät Jumalan sydämen mukaisesti

Jumala on tyytyväinen kun sinä elät omaten toivon taivaasta, sillä se on todiste siitä että sinä omaat uskoa. Samanaikaisesti se on oikopolku jonka avulla sinä voit voittaa taistelun Saatana-vihollista ja paholaista vastaan ja tulla kokonaan pyhitetyksi heittämällä pikaisesti pois lihan teot ja halut.

Sen jälkeen kun sinä olet hyväksynyt Jeesuksen Kristuksen sinä ymmärrät, että lihan teoista eroon hankkiutuminen on helppoa, mutta että lihan haluista eroon hankkiutuminen ei olekaan yhtä vaivatonta, sillä ne ovat sinuun juurtuneita synnin piirteitä.

Tämän tähden ne, joilla on oikeaa uskoa, rukoilevat ja paastoavat jatkuvasti voidakseen tulla Jumalan pyhiksi lapsiksi heittämällä kokonaan pois jopa lihalliset halut.

Taivaaseen päästään vain uskon avulla ja jokainen asuinsija määräytyy sen mukaan mitä ihminen on tehnyt, sillä taivaassa Jumala hallitsee oikeudenmukaisuudella ja rakkaudella. Toisin sanoen uskon ensimmäisellä tasolla olevan ihmisen asuinsija on erilainen verrattuna sellaisen ihmisen asuinsijaan joka on uskon toisella tai kolmannella tasolla ja niin edelleen. Mitä korkeammalla uskon määrän tasolla sinä olet, sitä kauniimpaan ja kunniallisempaan asuinsijaan sinä taivaassa muutat.

Sinun tulee edetä kohti taivasta

Joten jos sinä saat astua vain Paratiisiin niin sinun tulisi taistella saadaksesi edetä Ensimmäiseen Kuningaskuntaan ja kohti taivaan parempia asuinsijoja. Ketä vastaan sinä sitten taistelet edetessäsi kohti taivasta? Kyse on jatkuvasta taistelusta paholaista vastaan jotta sinä voisit pitää kiinni uskostasi tässä maailmassa ja edetä kohti taivaan portteja.

Vihollisemme Saatana ja paholainen tekevät kaikkensa johdattaakseen ihmiset Jumalaa vastaan jotta nämä eivät pääsisi taivaaseen; jotta nämä epäilisivät ja eivät siten omaisi uskoa, ja lopulta; jotta he voisivat johdattaa heidät kuolemaan antamalla heidän tehdä syntejä. Tämän takia meidän tulee voittaa paha. Sinä pääset parempaan asuinsijaan vasta sitten kun sinä muistutat Herraa kamppailemalla syntejä vastaan oman veresi vuodatukseen saakka.

Kuvittele, että on olemassa nyrkkeilijä, joka on sietänyt kaikenlaisia vaikeita harjoituksia tullakseen maailmanmestariksi. Nyrkkeilijä tietää että tämänkaltaisen rankan harjoittelun kautta hänestä voi tulla maailmanmestari ja että sitten hän voi nauttia kunniasta, varaudesta ja menestyksestä. Hänen täytyy kuitenkin sietää kivuliasta harjoittelua ja taistella itseään vastaan ennen kuin hän voittaa omakseen mestarin tittelin.

Sama koskee taivaan valloittamista sitä kohti edeten. Sinun tulisi taistella tullaksesi kokonaan pyhitetyksi heittämällä pois kaikenlaisen pahan, ja täyttää kaikki Jumalan antamat velvollisuutesi. Sinun täytyy voittaa hengellinen taistelu taivaasta rukoillen palavasti, vaikka vihollisesi Saatana ja paholainen estelevätkin sinua lakkaamatta taistelussasi edetä kohti taivaan valtakuntaa.

Sinun tulee kuitenkin tietää että paholaista vastaan taistelu ei ole itse asiassa niinkään vaikeaa. Kuka tahansa, jolla on uskoa, kykenee voittamaan taistelun vihollistamme Saatanaa ja paholaista vastaan, sillä Jumala auttaa ja johdattaa häntä taivaallisten joukkojen ja enkeleiden avulla sekä Pyhällä Hengellä.

Meidän tulisi saavuttaa taivas etenemällä sitä kohden ja voittamalla se totuuden avulla. Voitettuaan tittelin nyrkkeilijän täytyy jatkaa kamppailua pitääkseen sen hallinnassaan. Taistelu taivaaseen pääsemiseksi on kuitenkin iloista ja miellyttävää, sillä mitä voittoisampi sinä olet, sitä kevyemmäksi sinun syntiesi kuorma muuttuu. Milloin tahansa sinä voitatkin taistelun, sinä muutut tyytyväisemmäksi ja taisteleminen muuttuu helpommaksi päivä päivältä, sillä sinulla on kaikki hyvin ja sinä saat nauttia hyvästä terveydestä sen mukaisesti kuinka hyvin sinun sielusi menestyy.

Vaikka nyrkkeilijästä tuleekin maailmanmestari ja hän saa kunniaa, vaurautta ja menestystä osakseen, kaikki tämä kuitenkin katoaa hänen kuollessaan. Kaikki se kunnia ja siunaukset jotka sinä saat taisteltuasi taivasta kohden edetäksesi kestävät kuitenkin ikuisesti.

Minkä puolesta sinun tulisi sitten tehdä parhaasi ja taistella?

Sinun tulee olla viisas henkilö, joka saavuttaa paremman taivaspaikan edeten sitä kohti voimallisesti, ja joka ei etsi maallisia asioita vaan halajaa ikuisia palkkioita.

Jos tahdot edetä kohti taivasta uskon avulla

Kun Jeesus kertoo taivaasta, Hän opettaa ihmisiä vertauskuvien avulla joissa esiintyy maallisia asioita jotta ihmiset voisivat paremmin ymmärtäää niitä. Yksi näistä vertauskuvista on sinapinsiemenen vertaus.

Vielä toisen vertauksen hän puhui heille sanoen: 'Taivasten valtakunta on sinapinsiemenen kaltainen, jonka mies otti ja kylvi peltoonsa. Se on kaikista siemenistä pienin, mutta kun se on kasvanut, se on suurin vihanneskasveista ja tulee puuksi, niin että taivaan linnut tulevat ja tekevät pesänsä sen oksille (Matteus 13:31-32).

Kun kosket paperia kuulakärkikynällä siihen jää pienen pieni mustetahra. Tämän koko on melkein sama kuin sinapinsiemenen. Jopa tästä pienestä siemenestä kasvaa suuri puu niin, että taivaan linnut tulevat ja pesivät sen oksilla. Jeesus käyttää tätä vertauskuvaa näyttääkseen uskon kasvamisen prosessin: vaikka sinulla on nyt vain vähäisesti uskoa, sinä voit silti kasvattaa siitä uskon joka on suuri.

Jeesus kertoo meille Matteus 17:20:ssä: *"Jos teillä olisi uskoa sinapinsiemenkään verran, niin te voisitte sanoa tälle vuorelle: 'Siirry täältä tuonne', ja se siirtyisi, eikä mikään olisi teille mahdotonta.* " Kun Hänen opetuslapsensa pyysivät Häntä "lisäämään heidän uskoaan" Jeesus vastasi Luukas 17:6:ssa: *"Jos teillä olisi uskoa sinapinsiemenkään verran, niin te voisitte sanoa tälle silkkiäispuulle: 'Nouse juurinesi ja istuta itsesi mereen'. Ja se tottelisi teitä.'"*

Sinä voit ihmetellä kuinka on kahdollista siirtää puu tai vuori niitä pelkästään käskemällä sinapinsiemenen kokoisen uskon avulla. Silti pieninkään kirjain tai vähäisinkään kynänveto ei katoa Jumalan sanasta millään tavalla.

Mikä sitten on näiden jakeiden hengellinen merkitys. Ottaessasi Jeesuksen Kristuksen vastaan ja saadessasi Pyhän Hengen sinulle annetaan sinapinsiemen kokoinen usko. Tämä vähäinen usko itää ja kasvaa kun sinä istutat sen sydämesi pellolle. Sinä voit siirtää vuoria niitä yksinkertaisesti käskemällä siemenen kasvaessa suureksi uskoksi, ja sinä voit myös näyttää Jumalan suuria tekoja antamalla esimerkiksi sokeille näön, kuuroille kuulon, mykille puheen, ja herättämällä kuolleita.

Ei ole kuitenkaan oikein että sinä kuvittelet ettei sinulla ole uskoa sen takia ettet sinä kykenen näyttämään Jumalan voiman tekoja, tai koska sinulla on yhä ongelmia perheesi tai taloutesi kanssa. Sinä kuljet kohti ikuista elämää käymällä kirkossa, ylistämällä, rukoilemalla ja omaamalla sinapinsiemenen kokoisen uskon. Sinä et vain koe vielä voimallisia tekoja sillä uskosi määrä on yhä pieni.

Joten sinun sinapinsiemenen kokoisen uskosi täytyy kasvaa jotta siitä voisi tulla tarpeeksi suuri voidakseen siirtää vuoria. Aivan kuten sinä istutat viinirypäleen siemenen ja pidät siitä huolen kun se itää, kasvaa, kukkii ja kantaa hedelmää, niin myös sinun uskosikin käy läpi samankaltaisen prosessin.

Sinun täytyy omata hengellistä uskoa

Sama koskee taivasten valtakuntaa kohti etenemistä. Sinä et voi astua Uuten Jerusalemiin sanomalla pelkästään "Kyllä, minä uskon." Sinun täytyy valloittaa se askel kerrallaan, aloittaen Paratiisista kunnes saavutat Uuden Jerusalemin. Päästäksesi Uuten Jerusalemiin sinun täytyy tietää selvästi kuinka se saavutetaan. Jos et tunne tietä sinne sinä et voi valloittaa sitä, ja sinä myös voit juuttua paikoillesi kaikesta vaivannäöstäsi huolimatta.

Egyptistä lähtenyt Israelin kansa nurisi Moosesta vastaan ja valitti, sillä heillä ei ollut tarpeeksi uskoa Punaisen meren halkaisemiseen. Siten Mooseksen, jonka usko oli tarpeeksi suuri siirtämään vuoria, täytyi jakaa Punainen meri kahtia. Tästä huolimatta Israelin kansan kohtalo juuttui paikoilleen vaikka he olivat juuri todistaneet Punaisen meren jakautumisen.

He valmistivat kultaisen vasikan ja kumarsivat sitä Mooseksen ollessa Siinai-vuorella vastaanottamassa Kymmenen Käskyä rukoillen ja paastoten (Exodus 32). Jumala suuttui tästä ja Hän sanoi Moosekselle *"...hukuttaakseni heidät; mutta sinusta minä teen suuren kansan."* (jae 10). Israelin kansalla ei ollut vielä tarpeeksi hengellistä uskoa Jumalan noudattamiseksi vaikka he olivat nähneet useita ihmeitä ja merkkejä Mooseksen kautta.

Lopulta Exoduksen aikaisen Israelin kansan ensimmäinen sukupolvi ei päässyt astumaan Kanaaniin Joosuaa ja Kaalebia lukuunottamatta. Minkälainen oli sitten Joosuan ja Kaalebin johtama Exoduksen toinen sukupolvi? Samantien kun Liiton Arkkia kantavat papit astuivat Jordan-jokeen Joosuan johtamina, sen vesi lakkasi virtaamasta ja kaikki israelilaiset saattoivat ylittää sen.

Noudattaen Jumalan käskyä he lisäksi marssivat ympäri Jerikon kaupunkia seitsemän päivän ajan, päästäen sitten kovan huudon jolloin vahvan Jerikon muurit sortuivat. He saattoivat kokea Jumalan ihmeellisiä töitä, ei omien voimiensa ansioista, vaan siksi, että noudattivat Joosuan johdatusta, ja Joosualla oli tarpeeksi uskoa vaikka vuoren siirtämiseksi. Tähän mennessä myös Israelin kansa oli lisäksi saavuttanut hengellisen uskon.

Kuinka Joosua saattoi omata niin vahvan ja suuren uskon? Joosua oli perinyt Mooseksen kokemuksen ja uskon, sillä hän oli viettänyt tämän kanssa 40 vuotta erämaassa. Kuten Elisha, joka peri kaksinkertaisen annoksen Elian henkeä seurattuaan tätä loppuun saakka, niin Joosuasta, joka oli Jumalan tunnustama seuraaja Moosekselle, tuli voimakkaan uskon mies hänen palveltuaan ja toteltuaan Moosesta tätä seuratessaan. Tämän johdosta hän teki voimakkaita tekoja, pysäyttäen jopa auringon ja kuun (Joosua 10:12-13).

Sama koski Joosuaa seurannutta Israelin kansaa. Exoduksen ensimmäinen sukupolven jäsenet, jotka olivat 20-vuotiaita tai tätä vanhempia, olivat neljän vuosikymmenen ajan kärsineet ja kuolleet erämaassa. Silti heidän jälkeläisensä jotka seurasivat Joosuaa saivat astua Kanaaniin, sillä he saavuttivat hengellisen uskon kaikenlaisten vaikeuksien ja koettelemusten kautta.

Sinun täytyy ymmärtää selvästi mitä hengellinen usko on. Jotkut ihmiset sanovat että he omasivat ennen niin hyvän uskon että he olivat kirkkonsa uskollisia palvelijoita. Silti he sanovat etteivät he ole enää uskollisia, sillä heidän uskonsa on jotenkin päässyt haalistumaan. Heidän väittämänsä ei voi pitää paikkaansa, sillä hengellinen usko ei koskaan muutu. Heidän aikaisempi uskonsa muuttui koska se ei ollut hengellistä uskoa vaan uskoa tietona. Jos se olisi ollut hengellistä uskoa niin se ei olisi muuttunut tai haalistunut pitkänkään ajan kuluessa.

Kuvittele, että on olemassa valkoinen nenäliina. Kun minä näytän sitä sinulle kysyen "Uskotko sinä että tämä nenäliina on valkoinen?", sinä sanot tietenkin, "Uskon." Kuvittele taas, että kymmenen vuotta kuluu, ja minä kysyn sinulta taas näyttäen sinulle samaa nenäliinaa: "Tämä on valkoinen nenäliina. Uskotko sinä sen?" Mikä olisi sinun vastauksesi? Kukaan ei olisi skeptinen sen värin suhteen tai väittäisi sitä mustaksi siitä huolimatta että pitkä aika olisi ehtinyt kulua viime kerrasta. Sama nenäliina, jonka minä uskoin olevan valkoinen 10 tai 20 vuotta sitten, on silti oleva mielestäni valkoinen tänäänkin.

Tässä on toinen vertauskuva. Kun sinä menet pyhiinvaellukselle Pyhään Maahan sinä näet että siellä myydään sinapinsiemenillä täytettyjä kirjekuoria. Eräänä päivänä eräs mies osti ja kylvi näitä sinapinsiemeniä pellolle, mutta ne eivät kuitenkaan lähteneet itämään. Siementen elämänvoimat olivat kuolleet niiden oltua niin kauan kirjekuoressa ilman, että niitä oli istutettu.

Vaikka sinä olet hyväksynyt Jeesuksen Kristuksen, saanut Pyhän Hengen, ja sinä omaat sinapinsiemenen verran uskoa, sinussa oleva Pyhä Henki voi haihtua pois jollet sinä kylvä pitkään aikaan uskoa sydämesi peltoon.

Tämän tähden 1. Tessalonikalaiskirje 5:19 varoittaa meitä "sammuttamasta henkeä." Siitä huolimatta, että sinun uskosi on nyt vain sinapinsiemenen kokoinen, se voi vähitellen kasvaa istutettuasi sen sydämesi peltoon ja toimien teoillasi uskosi mukaisesti. Jos et kuitenkaan elä Jumalan sanan mukaisesti pitkään aikaan Pyhän Hengen vastaanottamisen jälkeen, niin Hengen tuli sinussa voi sammua.

Taivaan valloittaminen hengellisellä uskolla

Joten jos sinä olet hyväksynyt Jeesuksen Kristuksen ja saanut Pyhän Hengen, niin sinun tulee elää Jumalan sanan mukaan. Kuuliaisuudessasi Jumalan Sanalle sinun tulee heittää pois synnit, rukoilla, ylistää, seurustella niiden kanssa jotka ovat sinulle veljiä ja sisaria Kristuksessa, levittää evankeliumia, ja rakastaa lähimmäisiäsi.

Uskosi tulee kasvamaan kun huolehdit siitä tällä tavoin. Kun esimerkiksi seurustelet uskon veljiesi ja sisartesi kanssa sinun uskosi kasvaa, sillä sinä voit ylistää Jumalaa vaihtaen keskenänne todistuksia Jumalan voimasta ja keskustellen keskenänne totuudessa.

Sinä saatat huomata että henkilön usko on altis niiden ihmisten vaikutusvallalle joiden kanssa hän seurustelee. Jos vanhempien usko on hyvä, niin heidän lapsensakin tulevat todennäköisesti omaamaan hyvän uskon. Jos ystäväsi omaa hyvän uskon niin myös sinunkin uskosi kasvaa, sillä sinun uskosi muistuttaa ystäväsi uskoa.

Koska sinun vihollisesi Saatana ja paholainen yrittävät varastaa uskosi, sinun tulisi olla aseistettuna Jumalan sanalla kaikkina aikoina sekä lisäksi rukoilla lakkaamatta voittaaksesi hengellisen taistelun olemalla aina riemumielin ja antaen kiitosta kaikissa olosuhteissa Jumalan voiman ja vallan avulla.

Tällöin sinun sinapinsiemenen kokoinen vähäinen uskosi

kasvaa suureksi puuksi joka on täynnä lehtiä ja kukintoja, ja lopulta se kantaa paljon hedelmiä. Sinä saatat ylistää ja tuottaa Jumalalle kunniaa, tuottaen määrättömästi Pyhän Hengen yhdeksää hedelmää, hengellisen rakkauden hedelmää, sekä valon hedelmää.

Sinä tiedät kuinka paljon vaivannäköä ja kärsivällisyyttä maanviljelijä tarvitsee sinä aikana, joka kuluu siemenen istuttamisen ja sadonkorjuun välillä. Samalla tavalla mekään emme voi päästä taivaaseen vain käymällä kirkossa. Meidän tulee myös nähdä vaivaa ja kamppailla henkisesti voittaaksemme sen omaksemme.

Kertoessasi ihmisille evankeliumista sinä voit tavata sellaisia ihmisiä jotka sanovat että he haluavat ensin tehdä paljon rahaa ja nauttia elämästä ja vasta sitten mennä kirkkoon kun he ovat hieman vanhempia. Kuinka hölmöjä he ovatkaan! Sinä et tiedä mitä huomenna tapahtuu tai milloin meidän Herramme palaa takaisin.

Sitä paitsi sinä et saavuta uskoa yhdessä päivässä eikä usko kasva lyhyessä ajassa. Tietenkin sinä voit omata uskoa tietona niin paljon kuin ikinä haluat, mutta sinä voit saada Jumalan antaman hengellisen uskon vasta sitten kun sinä ymmärrät Jumalan sanan ja näet vaivaa elääksesi sen mukaan.

Maanviljelijä ei kylvä siemeniä mihin tahansa. Ensin hän tekee työtä karun maan kanssa ja tekee siitä hedelmäistä. Sitten hän kylvää siemenet tähän peltoon ja pitää niistä huolen kastelemalla ja lannoittamalla niitä. Vasta sitten kasvit saattavat kasvaa hyvin ja maanviljelijä voi korjata runsaan sadon. Samoin, jos sinulla on uskoa, joka on sinapinsiemen kokoinen, sinun tulee kylvää ja huolehtia uskostasi niin, että siitä kasvaa suuri puu jonka oksille monet linnut saapuvat lepäämään.

Toisaalta "linnulla" viitataan Matteus 13:1-9:ssä olevassa kylväjän vertauskuvassa paholaiseen, joka syö ne Jumalan Sanan siemenet jotka putosivat tien oheen.

Toisaalta "linnuilla" viitataan Matteus 13:31-32:ssa ihmisiin: *"Taivasten valtakunta on sinapinsiemenen kaltainen, jonka mies otti ja kylvi peltoonsa. Se on kaikista siemenistä pienin, mutta kun se on kasvanut, on se suurin vihanneskasveista ja tulee puuksi, niin että taivaan linnut tulevat ja tekevät pesänsä sen oksille."*

Aivan kuten linnut voivat levätä ja pesiä suuressa puussa niin monet ihmiset voivat levätä hengellisesti sinussa sinun uskosi kasvaessa sen täyteen mittaan, sillä sinä voit jakaa uskosi ja vahvistaa heitä Jumalan armolla.

Mitä pyhitetymmäksi sinä tulet, sitä enemmän sinä omaat hengellistä rakkautta ja hyveitä. Tämän johdosta sinä tulet vastaanottamaan ja hyväksymään useita ihmisiä, ja tämä on se oikopolku jonka kautta sinä voit edetä voimallisesti kohti taivasta.

Jeesus sanoo Matteus 5:5:ssä: *"Autuaita ovat hiljaiset, sillä he saavat maan periä."* Tämä kohta opettaa sinulle, että mitä enemmän sinun uskosi kasvaa ja mitä nöyremmäksi sinä tulet, sitä suuremman taivasosan sinä saat periä omaksesi.

Erilainen kunnia taivaassa uskon määrän mukaisesti

Apostoli Paavali kommentoi taivaallisia kehoja 1. Korinttolaiskirje 15:41:ssä seuraavasti: *"Toinen on auringon kirkkaus ja toinen kuun kirkkaus ja toinen tähtien kirkkaus, ja toinen tähti voittaa toisen kirkkaudessa.* " Jokainen saa taivaassa eri määrän kunniaa osakseen, sillä Jumala maksaa jokaiselle takaisin hänen omien tekojensa mukaan.

Tässä "auringon kirkkaudella" viitataan siihen kunniaan, jonka ne, jotka ovat kokonaan pyhitettyjä ja uskollisia koko Jumalan talossa, saavat omakseen. "Kuun kirkkaus" viittaa kunniaan, joka on hieman vähäisempää kuin auringon kirkkaus, ja "tähtien kirkkaus" viittaa sellaisten ihmisten kunniaan, joiden usko on heikompaa kuin niiden, jotka omaavat kuun kirkkauden.

Kohta, joka lukee "toinen tähti voittaa toisen kirkkaudessa", tarkoittaa sitä, että niinkuin jokainen tähti eroaa kirkkaudessa toisistaan, niin ihmisetkin saavat osakseen erilaiset palkkiot ja taivaalliset arvot ylösnousemuksemme jälkeen vaikka me asuittaisimmekin samoja asuinsijoja.

Tällä tavoin Raamattu kertoo meille että jokainen meistä saa osakseen erilaisen kunnian kun me astumme taivaaseen ylösnousemuksen jälkeen. Me voimme ymmärtää tästä että meidän taivaalliset asuinsijamme ja palkkiomme tulevat olemaan erilaisia sen mukaan kuinka paljon hengellistä uskoa me omaamme heittettyämme pois synnit, ja kuinka uskollisia me olemme Jumalan valtakunnalle tässä maailmassa eläessämme.

Ihmiset, jotka ovat pahoja tai laiskoja heittämään pois synnit ja olemaan uskollisia velvollisuuksilleen eivät voi astua taivaaseen, mutta sen sijaan he tulevat heitetyksi sen ulkopuolelle pimeyteen. (Matteus 25). Joten sinun tulee edetä kohti kaunista taivasta voimallisesti uskon avulla.

Kuinka edetä kohti taivasta

Tässä maailmassa ihmiset viettävät koko elämänsä ansaiten rikkauksia joita he eivät voi omistaa ikuisesti. Jotkut ihmiset työskentelevät ahkerasti ja kiristävät vyötään ostaakseen talon, kun taas toiset opiskelevat ahkerasti nukkumatta tarpeeksi saadakseen hyvät työpaikan. Jos ihmiset tekevät parhaansa saadakseen paremman elämän maan päällä vaikka se kestääkin vain vähän aikaa, niin kuinka paljon vaivaa meidän pitäisi sitten nähdä taivaan ikuisen elämän puolesta? Tutkikaamme tarkemmin kuinka me voimme edetä kohti taivasta.

Ensinnäkin sinun tulee noudattaa Jumalan Sanaa. Hän kehottaa sinua jatkamaan pelastuksen työtä pelolla ja vavistuksella (Fil. 2:12). Vihollinen Saatana ja paholainen sieppaavat uskosi jos et ole hereillä. Sen tähden sinun tulee pysyä Jumalan sanassa ja pitää sitä "makeampana kuin hunaja ja mehiläisen mesi" (Psal 19:11). Sinä et pelastu silloin kun kutsut Jeesusta "Herra, Herra" vaan silloin kun toimit Jumalan tahdon mukaisesti Pyhän Hengen avittamana.

Toiseksi, sinun pitää vetää yllesi Jumalan taisteluvarustus. Voidaksesi olla vahva Herran mahtavassa voimassa ja kyetäksesi kohtaamaan paholaisen juonet, sinun pitää pukea yllesi Jumalan haarniska. Sinun kamppailusi ei ole lihaa ja verta vastaan, vaan hallitsijoita ja auktoriteetteja, tämän pahan maailman voimia, sekä pahan hengellisiä voimia vastaan. Tämän takia sinun pitää pukea yllesi Jumalan taisteluvarustus jotta sinä voit seistä vakaasti silloinkin, kun pahan päivä koittaa, ja jotta sinä voit pysyä pystyssä sen jälkeen kun olet tehnyt kaikkesi (Ef. 6:10-13).

Sinun tulee siis seistä vakaana totuuden vyö tiukasti vyötettynä ja vanhurskauden rintalaatta paikallaan, seisten jaloilla, joissa on rauhan evankeliumista tuleva valmius. Ota tämän lisäksi myös uskon kilpi jonka avulla sinä voit torjua kaikki pahan liekehtivät nuolet. Ota pelastuksen kypärä ja Hengen miekka, joka on Jumalan Sana. Rukoile Hengessä kaikissa olosuhteissa kaikenlaisia rukouksia ja pyyntöjä. Pidä tämä mielessäsi ja ole aina valpas ja rukoile lakkaamatta (Ef. 6:14-18). Sinun taivaallinen asuinsijasi riippuu siitä kuinka suuren osan Jumalan varustuksista sinä puet yllesi ja kuinka usein näin teet, sekä siitä kuinka voittoisa sinä olet vihollistamme Saatanaa ja paholaista vastaan.

Kolmanneksi, sinun täytyy omata hengellistä rakkautta kaikkina aikoina. Uskon avulla sinä pääset taivaaseen ja taivaasta unelmoimisen avulla sinä saatat pysyä totuudessa. Rakkauden voimalla sinä voit myös tulla pyhitetyksi ja olla uskollinen kaikissa velvollisuuksissasi.

Lisäksi sinä saat astua Uuteen Jerusalemiin, taivaan kauneimpaan paikkaan, kun sinä saavutat täydellisen rakkauden. Sinun täytyy saavuttaa täydellinen rakkaus voidaksesi asua Uudessa Jerusalemissa, sillä Jumala asuu siellä ja Hän on itse rakkaus.

Apostoli Paavali kertoo meille 1. Korinttolaiskirje 13:13:ssa: *"Niin pysyvät nyt usko, toivo, rakkaus, nämä kolme: mutta suurin niistä on rakkaus."*

3. Eri asuinsijat ja kruunut

Ihmiset jotka asuvat kolmiulotteisessa maailmassa eivät voi tietää taivaasta joka on osa neliulotteista maailmaa. Uskon ihmisenä sinä kuitenkin innostut ja täytyt ilolla pelkästään sanan "taivas" kuulemisesta, sillä taivaallinen valtakunta on sinun kotisi jossa sinä tulet elämään ikuisesti. Sinun sielusi menestyy paremmin ja sinun uskosi kasvaa nopeammin jos sinä opit yksityiskohtia taivaasta, sillä sinä täytyt toivolla taivaan valtakuntaa kohtaan.

Taivaassa Jumala on valmistanut useita asuinsijoja Hänen lapsilleen. (5. Moos. 10:14; 1. Kun. 8:27; Nehemia 9:6; Psalmit 148:4; Joh. 14:2). Jokainen teistä tulee saamaan erilaisen asuinsijan uskonne määrän mukaisesti, ja koska Jumala on oikeudenmukainen Hän antaa teidän niittää niinkuin te olette kylväneet (Gal. 6:7), ja Hän palkitsee teidän sen mukaan mitä te olette tehneet (Matteus 16:27; Ilmestyskirja 2:23).

Kuten jo aikaisemmin mainitsin, taivas on jaettu useaan eri osaan kuten Paratiisiin, Ensimmäiseen ja Toiseen Kuningaskuntaan sekä Kolmanteen Kuningaskuntaan, jossa Uusi Jerusalem sijaitsee. Jumalan valtaistuin on Uudessa Jerusalemissa aivan kuten Korean presidentin virka-asunto – Cheong Wa Dae – sijaitsee pääkaupungissa Soulissa ja Yhdysvaltojen presidentin virka-asunto – Valkoinen talo – sijaitsee heidän pääkaupungissaan Washingtonissa

Raamattu kertoo meille myös erilaisista kruunuista jotka jaetaan palkintoina Jumalan lapsille. Useiden eri tehtävien joukosta sielujen johdattaminen Herralle ja Hänen pyhättöjen rakentaminen ansaitsevat suurimmat palkkiot.

On olemassa useita tapoja johdattaa sieluja Herran luokse. Sinä voit ottaa osaa evankeliumin julistamiseen ihmisille, auttaa tätä tapahtumaa erilaisilla uhreilla tai evankelioida epäsuorasti työskentelemällä uskollisesti Jumalan valtakunnalle lahjojesi mukaan. Tämän kaltaiset epäsuorat tavat ovat myös tärkeitä Jumalan valtakunnan laajentamiselle aivan kuten kaikki sinun kehosi osat ovat sinulle korvaamattomia.

Suora osanottaminen ihmisten evankelioimiseen ja pyhättöjen rakentaminen, joihin ihmiset voivat kokoontua palvomaan, ansaitsevat kuitenkin suurimmat palkinnot, sillä ne vastaavat Jeesuksen janon helpottamista ja Hänen verensä takaisin maksamista.

Sinä voit ansaita taivaallisen kruunun usealla eri tavalla, ja näistä tavoista riippuu kruunun arvo joka vaihtelee kruunusta kruunuun. Ihmisten kruunuista sinä voit päätellä hänen taivaallisen asuinsijansa sekä sen, kuinka pyhittynyt hän on, aivan kuten monarkian aikana sinä saatoit päätellä henkilön sosiaalisen aseman hänen asustuksestaan.

Syventykäämme seuraavaksi uskonmäärän, taivaallisten asuinsijojen, ja taivaallisten kruunujen väliseen suhteeseen.

Paratiisi ensimmäisen tason uskon omaaville

Vaikka Paratiisi onkin taivaan alhaisin paikka, tähän maailmaan verrattuna se on silti täynnä uskomatonta iloa, onnellisuutta, kauneutta ja rauhaa. Kuinka ihana onkaan paikka jossa syntiä ei ole olemassakaan! Paratiisi on paljon parempi paikka kuin Eedenin puutarha johon Jumala sijoitti Aatamin ja Eevan heidät luotuaan.

Paratiisi on kaunis paikka, johon Jumalan valtaistuimesta lähtöisin oleva Elämän Joki virtaa kuljettuaan ensin Ensimmäisen, Toisen, ja Kolmannen kuningaskunnan lävitse. Toisella puolella jokea seisoo elämän puu joka kantaa kahtatoista eri hedelmää, tuottaen satoa joka kuukausi (Ilm. 22:2).

Paratiisi on niitä varten jotka hyväksyvät Jeesuksen Kristuksen mutta joilla ei ole uskon tekoja. Tämä tarkoittaa sitä, että ihmiset jotka ovat uskon ensimmäisellä tasolla ja jotka vain vaivoin saavat omakseen pelastuksen ja Pyhän Hengen, pääsevät Paratiisiin. Heille ei kuitenkaan anneta palkintoja tai kruunuja, sillä he eivät tehneet uskon tekoja.

Luukas 23:43 kertoo meille, että Jeesuksen ollessa ristillä Hän sanoi vierellään roikkuvalle rikolliselle: *"Totisesti minä sanon sinulle: tänä päivänä pitää sinun oleman minun kanssani paratiisissa."* Tämä ei kuitenkaan tarkoita sitä että Jeesus asuu ainoastaan Paratiisissa; Jeesus on kaikkialla taivaassa, sillä Hän on taivaan Isäntä. Raamattu sanoo myös että kuolemansa jälkeen Jeesus meni alas Ylempään Hautaan, ei Paratiisiin.

Efesolaiskirje 4:9 kysyy: *"Mutta että hän astui ylös, mitä se on muuta, kuin että Hän oli astunut alaskin, maan alimpiin paikkoihin?"* 1. Piet. 3:18-19 kuuluu seuraavasti: *"Sillä myös Kristus kärsi kerran kuoleman syntien tähden, vanhurskas vääräin puolesta, johdattaaksensa meidät Jumalan tykö; Hän, joka tosin kuoletettiin lihassa, mutta tehtiin eläväksi hengessä, jossa Hän myös meni pois ja saarnasi vankeudessa oleville hengille."* Toisin sanoen: Jeesus meni Ylempään Hautaan ja Hän saarnasi siellä evankeliumia ja nousi uudestaan kolmantena päivänä.

Joten kun Jeesus sanoi: *"Tänä päivänä pitää sinun oleman minun kanssani paratiisissa"* hän tiesi ennalta että rikollinen tulisi pelastetuksi, ja että hän päätyisi Paratiisiin. Tämä rikollinen sai vain vaivoin pelastuksen osakseen ja hän meni Paratiisiin, sillä hän hyväksyi Jeesuksen vain juuri ennen kuolemaansa eikä siten nähnyt vaivaa syntejänsä vastaan kamppailemiseksi eikä hän täyttänyt velvollisuuksiaan Jumalan valtakuntaa kohtaan.

Taivaan Ensimmäinen kuningaskunta

Minkälainen on sitten taivaan Ensimmäinen Kuningaskunta? Samalla tavalla niinkuin Paratiisin ja tämän maailman välillä on suuri ero, niin myös taivaan Ensimmäinen Kuningaskunta on täysin käsittämättömällä tavalla onnellisempi ja iloisempi paikka Paratiisiin verrattuna.

Jos Ensimmäiseen Kuningaskuntaan päässeen henkilön onnellisuutta verrattaisiin akvaariossa uivan kultakalan onnellisuuteen, niin siinä tapauksessa Toiseen Kuningaskuntaan päässeen henkilön onnellisuutta voitaisiin verrata Tyynessä valtameressä uivan valaan onnellisuuteen. Kuten akvaariossa asuva kultakala, joka on tyytyväinen ja onnellinen kotona ollessaan, niin myös Ensimmäiseen Valtakuntaan päässyt henkilö on tyytyväinen päästyään sinne, ja hän tuntee tämän johdosta todellista onnellisuutta.

Nyt sinä tiedät että taivaan asuinsijojen onnellisuuden määrien välillä on eroja. Voitko kuvitella kuinka onnellista elämää Uudessa Jerusalemissa oleva elää asuen samassa paikassa, missä Jumalan valtaistuin sijaitsee? Se tulee olemaan loistavaa, kaunista ja henkeäsalpaavaa, yli kaiken mitä me voimme edes kuvitella. Tämän tähden meidän tulee kasvaa tunnollisesti uskossamme toivoen pääsevämme Uuteen Jerusalemiin ja tyytymättä saavuttamaan Paratiisin tai Ensimmäisen Kuningaskunnan.

Sinä voit pian saavuttaa Pyhän Hengen avulla uskon toisen asteen, jossa sinä yrität elää Jumalan sanan mukaan jos sinusta tulee Jumalan lapsi hyväksyttyäsi Jeesuksen Keistuksen Pelastajaksesi.. Tässä vaiheessa sinä yrität pitää Hänen sanansa sitä mukaa kun sinä sitä opit mutta sinä et vielä osaa elää täysin sen mukaisesti.

Samalla tavalla alle vuoden ikäinen lapsi yrittää lukuisista yrityksistään huolimatta turhaan seistä pystyssä. Hän pystyy lopulta seisomaan harjoittelun tuloksena sekä kävelemään eteenpäin, ja pian hän yrittää jopa juosta. Kuinka ihanaa ja rakastettavaa tämän lapsen äidille onkaan, jos hänen lapsensa jatkaa kasvamistaan tällä tavalla?

Sama koskee uskon tasoja. Kuten vauva joka yrittää seistä, kävellä ja juosta sen tähden että se on elossa, niin myös usko etenee eteenpäin siinä olevan olevan elämän tähden saavuttaen ensin sen toisen tason ja sitten sen kolmannen tason. Joten Jumala antaa Ensimmäisen Valtakunnan niille joiden usko on sen toisella tasolla, sillä Jumala rakastaa heitä.

Katoamaton kruunu

Taivaan Ensimmäisessä Kuningaskunnassa sinulle annetaan kruunu. Taivas on jaettu erilaisiin asuinsijoihin ja samalla tavalla siellä on erilaisia kruunujakin: katoamaton kruunu, kunnian kruunu, elämän kruunu, kultainen kruunu ja vanhurskauden kruunu. Se, joka saavuttaa Ensimmäisen Kuningaskunnan saa näiden joukosta katoamattoman kruunun.

2. Tim. 2:5-6 sanoo: *"Eihän sitäkään, joka kilpailee, seppelöidä, ellei hän kilpaile sääntöjen mukaisesti. Peltomiehen, joka vaivaa näkee, tulee ennen muuta päästä osalliseksi hedelmistä."* Kulkiessamme kapeaa tietä pitkin taivaaseen meidät palkitaan samalla tavalla niinkuin me saamme palkintoja tässä maailmassa tehtyämme ahkerasti töitä.

Urheilija palkitaan kultamitalilla tai seppeleellä vain jos hän on kilpaillut kaikien sääntöjen mukaisesti ja voittanut. Samoin sinä voit saada kruunun vain ja ainoastaan jos sinä kilpailet Jumalan sanan mukaisesti edetessäsi voimallisesti kohti taivasta.

Jeesus sanoi: *"Ei jokainen, joka sanoo minulle: 'Herra, Herra!' pääse taivasten valtakuntaan, vaan se, joka tekee minun taivaallisen Isäni tahdon."* (Matteus 7:21). Jos joku laiminlyö hengellisen lain, Jumalan lain, hänelle ei voida antaa kruunua vaikka hän väittäisikin uskovansa Jumalaan, sillä hän omaa ainoastaan uskoa tietona ja hän on kuin urheilija, joka ei kilpaile sääntöjen mukaan.

Vaikka sinun uskosi olisikin heikkoa sinut kuitenkin palkitaan katoamattomalla kruunulla jos sinä yrität kilpailla Jumalan sääntöjen mukaisesti. Sinä saat katoamattoman kruunun sillä sinun katsotaan osallistuneen ja kilpailleen kilpailussa sen sääntöjen mukaisesti.

Uskovan kilpailu on hengellinen kamppailu vihollistamme paholaista ja syntiä vastaan. Palkinto sille, joka voittaa kilpailun päihitämällä paholaisen on katoamaton kruunu.

Sanotaan, että sinä käyt vain sunnuntain aamujumalanpalveluksessa ja käytät sitten iltapäivän ystäviesi tapaamiseen. Tässä tapauksessa sinä et voi saada edes katoamatonta kruunua, sillä sinä olet jo hävinnyt taistelu vihollistamme Saatanaa ja paholaista vastaan.

1. Korinttolaiskirje 9:25 julistaa: *"Mutta jokainen kilpailija noudattaa itsensähillitsemistä kaikessa: he saadakseen katoavaisen seppeleen, mutta me katoamattoman."*

Kilpailuihin valmistautuvat ihmiset alistavat itsensä ankaralle harjoitusohjelmalle ja he kilpailevat sääntöjen mukaisesti. Myös meidän tulisi alistaa itsemme ohjelmalle ja elää Jumalan tahdon mukaisesti. Jumala valmistaa kruunun joka ei katoa ikinä kaikille niille, jotka yrittävät elää Hänen lainsa mukaisesti tässä maailmassa, sillä Hän muistaa heidän vaivannäkönsä. Tästä me tiedämme kuinka rajattomasti Hän meitä rakastaakaan!

Toisin kuin Paratiisissa, Ensimmäisen Kuningaskunnan saavuttaneita odottaa siellä palkinnot. Palkinnot ja kunnia odottavat niitä jotka astuvat tähän paikkaan, sillä he ovat nähneet Jumalan valtakunnan eteen vaivaa Herran nimessä.

Toinen Kuningaskunta

Taivaan Toinen Kuningaskunta on korkeammmalla tasolla kuin Ensimmäinen Kuningaskunta. Toiseen Kuningaskuntaan saavat astua ihmiset jotka ovat saavuttaneet uskon kolmannen tason ja jotka elävät Jumalan sanan mukaan.

Korean pääkaupungin Soulin ympärillä sijaitsee

satelliittikaupunkeja ja näitä kaupunkeja ympäröivät laitakaupungit. Samaan tapaan Uusi Jerusalem sijaitsee keskellä taivaan Kolmatta Kuningaskuntaa, ja Kolmannen Kuningaskunnan ympärillä sijaitsevat Toinen ja Ensimmäinen Kuningaskunta sekä Paratiisi. Tämä ei kuitenkaan tarkoita tietenkään sitä, että jokainen taivaan asuinsija olisi samalla tavalla levittäytynyt kuin tämän maailman kaupungit.

Me emme voi täysin käsittää ihmisen rajoitetun ymmärryksemme avulla ihmeellisesti ja meille tuntemattomalla tavalla rakentuvaa taivasta. Vaikka sinun tulee yrittää ymmärtää siitä mahdollisimman paljon, et silti voi käsittää sitä vaikka yrittäisitkin kuvitella sitä omien ajatustesi ja mielikuvituksesi avulla. Sinä voit ymmärtää taivasta sen mukaan kun sinun uskosi kasvaa, sillä taivasta ei voida selittää millään, mikä on tästä maailmasta kotoisin.

Suurista rikkauksista, vauraudesta ja vaikutusvallasta nauttiva kuningas Salomon valitti vanhoilla päivillään: *"Turhuuksien turhuus, sanoi saarnaaja, turhuuksien turhuus; kaikki on turhuutta! Mitä hyötyä on ihmiselle kaikesta vaivannäöstä, jolla hän vaivaa itseänsä auringon alla?"* (Saarnaaja 1:2-3).

Myös Jaakob 4:14 muistuttaa meitä: *"Te, jotka ette tiedä mitä huomenna tapahtuu: sillä mikä on teidän elämänne? Savu te olette, joka hetkisen näkyy ja sitten haihtuu."* Suuri rikkaus ja menestys tässä maailmassa kestää vain hetkisen verran ennen katoamistaan.

Ikuiseen elämään verrattuna elämä, jota elämme tällä hetkellä on myös kuin savua, joka ilmestyy vain hetkeksi ja sitten katoaa. Silti Jumalan antama kruunu on ikuinen eikä se ikinä katoa, ja se on niin kallisarvoinen ja arvokas palkinto että se on ikuinen ylpeydenaihe kantajalleen.

Kuinka tarkoitukseton ihmisen elämä onkaan jos hän ei voi antaa kunniaa Jumalalle tunnustaessaan uskoaan Häneen! Jos ihminen on kuitenkin uskon kolmannella tasolla hän tulee usein kuulemaan kuinka hänen naapurinsa tunnustavat "Nähtyäni sinut minun pitäisi itsekin alkaa käymään kirkossa", sillä tämä henkilö tekee kaiken vilpittömästi.

Tällä tavalla hän tuottaa Jumalalle kunniaa ja tämän tähden Jumala palkitsee hänet kirkkauden kruunulla.

Kirkkauden kruunu

1. Piet. 5:2-4 kehoittaa meitä:

Kaitkaa teille uskottua Jumalan laumaa, ei pakosta, vaan vapaaehtoisesti, Jumalan tahdon mukaan, ei häpeällisen voiton tähden, vaan sydämen halusta, ei herroina halliten niitä, jotka ovat teidän osallenne tulleet, vaan ollen laumalle esikuvina, niin te, ylipaimenen ilmestyessä, saatte kirkkauden kuihtumattoman seppeleen.

Sinun saavuttaessasi uskon kolmannen tason sinun ympärilläsi leijuu Kristuksen henki, sillä sinun puheesi ja käyttäytymisesi muuttuvat niin paljon että sinä voit tulla maailman suolaksi ja valoksi heittämällä pois syntisi niitä vastaan kamppailemalla aina oman veresi vuodattamiseen saakka. Jos henkilö, joka aiemmin suuttui helposti ja puhui muita vastaan pahaa, muuttuu nöyräksi ja alkaa puhumaan muista vain hyvää, niin hänen naapurinsa sanovat: "Hän on muuttunut niin paljon sen jälkeen kun hänestä tuli kristitty." Tällä tavalla Jumala saa kunniaa hänen tähtensä.

Joten kirkkauden kulumaton kruunu annetaan sille, josta tulee hyvä esimerkki laumalle, sillä hän tuo Jumalalle kunniaa heittämällä tunnollisesti syntinsä pois ja olemalla tässä maailmassa tunnollinen Jumalan antamien velvollisuuksien suhteen. Se, minkä me olemme tehneet Herran nimessä ja minkä me olemme tehneet täyttääksemme velvollisuutemme samalla kun olemme heittäneet syntimme pois, tulee taivaassa muuttumaan palkinnoiksemme.

Tämän maailman kunniat tulevat lahoamaan mutta kaikki se kunnia, jonka sinä tuotat Jumalalle, ei tule koskaan haalistumaan pois ja se palaa luoksesi kirkkauden kruununa, joka ei myöskään koskaan katoa.

Joskus sinä saatat kysyä itseltäsi: "Tuon henkilön tulisi olla täydellinen kaikessa ja muistuttaa Herran mieltä, sillä hän on hyvin uskollinen Jumalan työlle. Miksi hänen sisässään on silti pahaa jäljellä?"

Tällaisissa tapauksissa kyseinen henkilö ei ole vielä täysin pyhittynyt syntejään vastaan kamppailemalla mutta hän tuottaa Jumalalle kunniaa tekemällä parhaansa täyttääkseen velvollisuutensa. Tämän takia hän tulee saamaan kirkkauden kruunun joka ei koskaan haihdu pois.

Miksi sitä sitten kutsutaan "kirkkauden kruunuksi?" Useimmat ihmiset voittavat jonkinlaisen palkinnon ainakin kerran tai pari elämänsä aikana. Mitä suuremman palkinnon sinä voitat sitä iloisempi sinusta tulee ja sitä enemmän sinä kerskailet. Kun jonkin ajan kuluttua sinä kuitenkin katsot taaksepäin sinusta tuntuu että kaikki tämän maailman kunnia on arvotonta. Kunniakirja teoistasi muuttuu kuluneeksi paperinpalaksi, pokaalit peittyvät pölyyn, ja kerran niin voimakkaat muistot haalistuvat ajan myötä.

Meidän osaksemme taivaassa tuleva kunnia ei kuitenkaan koskaan muutu. Tämä tähden Jeesus sanoo meille: *"Vaan kootkaa itsellenne aarteita taivaaseen, missä ei koi eikä ruoste raiskaa ja missä eivät varkaat murtaudu sisään eivätkä varasta."* (Matteus 6:20).

Joten kun me vertaamme "kirkkauden kruunua" tämän mailman kruunuihin me näemme, että sen kunnia ja kirkkaus tulee olemaan ikuista. Jos pelkkä kruunu on taivaassa ikuinen ja katoamaton niin me voimme vain kuvitella kuinka täydellistä kaikki muu tulee siellä olemaan.

Miltä taivaan alemmilla paikoilla – Paratiisissa tai Ensimmäisessa Kuningaskunnassa – asuvista ihmisistä sitten tuntuu kun joku, joka kantaa kirkkauden kruunua, tulee vierailemaan heidän luonaan? Taivaassa alemmilla paikoilla asuvat ihmiset ihailevat ja kunnioittavat sydämensä pohjasta niitä, jotka ovat korkeammassa asemassa. He kumartavat näiden edessä pitäen jopa silmänsä alhaalla samalla tavalla kuin alamaiset ennen kumarsivat kuninkaan edessä.

Ihmiset eivät kuitenkaa vihaa tai ole kateellisia tai mustasukkaisia näiden ihmisten takia, sillä taivaassa ei ole pahuutta. Sen sijaan ihmiset katsovat näitä kunnioituksella ja rakkaudella. Taivaassa sinä et tunne oloasi epämukavaksi tai ylpeäksi vaikka sinä kumartaisit kunnioittaen tai vaikka sinulle kumarrettaisiin koska sinä asut ylemmässä asuinsijassa. Ihmiset yksinkertaisesti osoittavat kunnioitusta tai toivottavat toiset rakkaudella tervetulleeksi pitäen toisiaan kallisarvoisina.

Kolmas Kuningaskunta

Taivaan Kolmas valtakunta on niille, jotka elävät täysin Jumalan sanan mukaisesti ja jotka omaavat marttyyriuden uskon. He pitävät elämäänsä arvottomana sillä he rakastavat Jumalaa eniten. Uskon neljännellä tasolla olevat ihmiset ovat valmiita kuolemaan Herran edestä.

Useita kristittyjä surmattiin Koreassa Chosun-dynastian viimeisinä päivinä. Tämän aikakauden aikana kristinusko koki suuria vainoja ja sortoa. Hallitus meni jopa niin pitkälle, että se lupasi palkkioita niille jotka raportoivat kristittyjen olinpaikoista. Tästä huolimatta Yhdysvalloista ja Euroopasta saapuvat lähetyssaarnaajat eivät pelänneet kuolemaa vaan jatkoivat evankeliumin levittämistä yhä ahkerammin. Useita ihmisiä tapettiin ennenkuin evankeliumi puhkesi siihen kukkaan, jonka me voimme nähdä tänään.

Joten jos sinä tahdot mennä lähetyssaarnaajaksi toiseen maahan minä neuvon sinua omaamaan martyyrin uskon. Vaikka sinä tulisitkin kokemaan vaikeuksia työskennellessäsi lähetyssaarnaajana vieraassa maassa sinä voit tehdä työtäsi iloiten ja kiitosta antaen, sillä sinä tiedät että sinun kipusi ja kärsimyksesi tullaan palkitsemaan taivaassa runsain mitoin.

Jotkut teistä saattavat ajatella seuraavasti: "Minä elän maassa jossa ei ole vainoja sillä täällä vallitsee uskonnonvapaus. Mutta tunnen oloni kauheaksi, sillä en voi kuolla Jumalan valtakunnan puolesta vaikka minulla onkin tarpeeksi vahva usko kuollakseni marttyyrin kuoleman." Nykyään sinun ei kuitenkaan tarvitse kuolla marttyyrinä niinkuin alkukirkkojen päivinä voidaksesi levittää evankeliumia.

Tietenkin marttyyreitä tulee olla jos niin on tarvetta. Mutta jos sinä voit kuitenkin tehdä Jumalan töitä uskolla, joka on valmis uhraamaan jopa oman henkensä, niin eikö Hän kuitenkin olisi mieltynyt sinuun vaikket kuolisikaan marttyyrin kuolemaa?

Lisäksi Jumala, joka tutkii sydämesi, tietää kyllä minkälaisen uskon sinä todella omaat tilanteissa, joissa henkesi on vaarassa evankeliumin tähden; Hän tietää sydämesi syvyyden ja sen ytimen. Elävänä marttyyrinä eläminen voi olla Hänelle kallisarvoisempaa, sillä kuten vanha sanonta kuuluu: 'Eläminen on vaikeampaa kuin kuoleminen.'

Me kohtaamme jokapäiväisessä elämässämme monia asioita, jotka edellyttävät meiltä marttyyrin uskoa. Esimerkiksi paastoaminen ja rukoileminen päivin ja öin on mahdotonta ilman lujaa päättäväisyyttä ja uskoa, sillä ihminen paastoaa ja rukoilee saadakseen Jumalan vastauksia oman henkensä uhalla. Minkälaiset ihmiset voivat sitten astua taivaan Kolmanteen Kuningaskuntaan? Ne, jotka ovat täysin pyhitettyjä voivat astua sinne.

Alkukirkon päivinä monet ovat saattaneet päästä Kolmanteen Kuningaskuntaan, sillä useat ihmiset saattoivat kuolla Jeesuksen Kristuksen tähden. Tänään kuitenkin vain hyvin pieni määrä ihmisiä jotka ovat erityisen ansioituneita heittettyään syntinsä pois Jumalan edessä voivat astua Kolmanteen Kuningaskuntaan, sillä ihmisen pahuus on suuri maan päällä.

Ne, joilla on isien usko, pääsevät Kolmanteen Kuningaskuntaan, sillä he heittävät pois kaiken synnin voittamalla kaikenlaiset vaikeudet ja koettelemukset tullen täysin pyhitetyiksi ja ollen uskollisia kuolemaansa saakka. Jumala pitää heitä kallisarvoisina ja antaa enkeleiden ja taivaallisten joukkojen vartioida heitä, ja Hän peittää heidät kunnian ja kirkkauden pilvellä.

Elämän kruunu

Minkälaisen kruunun ihmiset saavat Kolmannessa Kuningaskunnassa? Heidät palkitaan elämän kruunulla, kuten Jeesus lupaa Ilmestyskirja 2:10:ssä: *"Ole uskollinen kuolemaan asti niin minä annan sinulle elämän kruunun."*

Tässä "uskollisena olemisella" ei viitata ainoastaan sinun velvollisuuksiin kirkossasi. On äärimmäisen tärkeätä heittää pois kaikenlainen paha kamppailemalla syntejäsi vastaan veresi vuodatukseen saakka ilman, että sinä teet myönnytyksiä tälle maailmalle. Kun sinä saavutat puhtaan ja pyhän hengen syntejä vastaan kamppailemalla veresi vuodatukseen saakka, sinut palkitaan elämän kruunulla.

Sinut palkitaan elämän kruunulla myös silloin jos sinä annat henkesi lähimmäistesi ja ystäviesi puolesta, ja kun sinä kestät koettelemuksia voitettuasi kiusaukset (Joh. 15:13; Jaak 1:12).

Kun ihmiset kohtaavat koettelemuksia monet heistä kestävät ne ilman kiitollista sydäntä, tulevat vihaisiksi kestävyyden puutteesta, tai valittavat Jumalalle.

Sinun voidaan katsoa tulleen täysin pyhitetyksi jos sinä päinvastoin kohtaat koettelemukset ilolla. Se, joka rakastaa

Jumalaa kovasti voi olla uskollinen kuolemaan saakka ja selviytyä iloiten kaikenlaisista koettelemuksista.

Ihmisten elämänlaadut vaihtelevat suuresti siitä riippuen elävätkö he uskon ensimmäisellä, toisella, kolmannella vai neljännellä tasolla. Pahan voimat eivät voi edes vahingoittaa ihmistä jos tämä on uskon neljännellä tasolla. Jopa silloin, kun jokin tietty sairaus hyökkää hänen kimppuunsa, se tulee hänen tietoonsa välittömästi. Hän voi asettaa kätensä sairaan ruumiinosansa päälle ja pian vaiva katoaa. Mikään sairaus ei voi ottaa ihmistä haltuunsa jos hän on uskon viidennellä tasolla, sillä kunnian kirkkaus ympäröi häntä kaiken aikaa.

Jumalan päätarkoitus ihmisten paimentamiseen maan päällä on heistä huolehtiminen ja tosi lasten löytäminen. Nämä lapset saavat astua Kolmanteen Kuningaskuntaan ja sitäkin korkeammalle. Taivaan jokainen asuinsija on kaunis ja onnellinen paikka asua mutta taivas sen todellisessa merkityksessä viittaa Kolmanteen Kuningaskuntaan ja sitä korkeampiin osiin missä vain Jumalan pyhät ja täydelliset lapset saavat olla ja asua. Se on erillinen alue Jumalan todellisille lapsille jotka ovat eläneet Jumalan tahdon mukaisesti. Siellä he voivat katsoa Jumalaa kasvoista kasvoihin.

Koska rakkauden Jumala tahtoo kaikkien pääsevän Kolmanteen Valtakuntaan ja sitäkin ylemmälle, Hän auttaa sinua tulemaa pyhitetyksi Pyhän Hengen avulla, antaen sinulle Hänen armonsa ja voimansa kun sinä rukoilet rakkaamatta ja kuuntelet elämän sanaa.

Sananlaskut 17:3 sanoo meille: *"Hopealle sulatin, kullalle uuni, mutta sydämet koettelee Herra."* Jumala jalostaa meitä tehdäkseen meidät Hänen todellisiksi lapsikseen.

Minä toivon, että sinä voit tulla pian pyhitetyksi heittämällä syntisi pois kamppailemalla niitä vastaan veresi vuodatukseen saakka, ja että sinä omaisit sen täydellisen uskon jonka Jumala tahtoo meidän omaavan.

Uusi Jerusalem

Mitä enemmän sinä opit taivaasta, sitä salaperäisemmän sinä huomaat sen olevan. Uusi Jerusalem on taivaan kaunein paikka, ja siellä sijaitsee Jumalan valtaistuin. Jotkut saattavat käsittää väärin ja kuvitella, että kaikki pelastetut sielut tulevat asumaan Uudessa Jerusalemissa tai että koko taivas muodostuu Uudesta Jerusalemista.

Näin ei kuitenkaan ole. Ilmestyskirja 21:16-17 kuvailee Uuden Jerusalemin kaupungin mitat: sen leveys, pituus ja korkeus ovat kaikki noin 1400 mailia (tai 2200 kilometriä). Tämä vastaa aluetta joka on hieman Kiinan Kielletyä Kaupunkia pienempi.

Jos Uusi Jerusalem olisi koko taivas niin siinä tapauksessa taivaassa olisi hieman tunkua kaikkien pelastettujen sielujen johdosta. Taivaan valtakunta on kuitenkin käsittämättömän tilava ja Uusi Jerusalem on vain osa siitä.

Kuka sitten pääsee Uuteen Jerusalemiin?

Autuaat ne, jotka pesevät vaatteensa, että heillä olisi valta syödä elämän puusta ja he pääsisivät porteista sisälle kaupunkiin! (Ilmestyskirja 22:14).

Tässä "vaatteilla" viitataan sinun sydämeesi ja tekoihisi, ja "vaatteiden pesemisellä" tarkoitetaan sinun valmistautumistasi Jeesuksen Kristuksen morsiamena ja sitä, kuinka sinä samalla jatkat sydämesi puhdistamista käyttäytyen ja toimien oikealla tavalla.

"Valta syödä elämän puusta" tarkoittaa, että sinä tulet pelastetuksi ja pääset taivaaseen uskon avulla. "Porteista sisälle kaupunkiin pääseminen" tarkoittaa, että sinä saat kulkea Uuden Jerusalemin helmiporttien läpi kuljettuasi jokaisen taivaan kuningaskunnan porttien lävitse uskosi kasvun mukaisesti. Mitä pyhittyneempi sinä olet sitä, lähemmäksi sinä pääset Pyhää Kaupunkia, jossa Jumalan valtaistuin sijaitsee.

Joten sinä voit päästä Uuteen Jerusalemiin vain jos sinä omaat viidennen tason uskon jolla sinä miellytät Jumalaa tulemalla kokonaan pyhitetyksi ja olemalla uskollinen kaikissa velvollisuuksissasi. Jumalaa miellyttävä usko on sellaista että se on tarpeeksi uskottava liikuttamaan jopa Jumalan sydäntä tai saamaan Hänet kysymään sinulta: "Mitä minä tekisin puolestasi?" jopa ennen kuin sinä olet ehtinyt pyytää Häneltä mitään. Tämä on täydellistä hengellistä uskoa, Jeesuksen Kristuksen uskoa, joka teki kaikessa Jumalan sydämen mukaan.

Jeesus oli luonnoltaan Jumala, mutta Hän ei pitänyt itseään Jumalan vertaisena. Tämä on jotain mitä meidän täytyy pitää mielessämme. Hän alensi itsensä ottaen itselleen palvelijan roolin. Hän nöyryytti itsensä ja Hän oli uskollinen kuolemaan saakka. (Fil. 2:6-8).

Tämän tähden Jumala ylensi Hänet korkeuksiin ja antoi Hänelle nimen, joka on kaikkia nimiä korkeammalla (Fil. 2:9), kunnian istua Jumalan oikealla puolella, ja vallan olla kuninkaiden Kuningas ja herrojen Herra.

Voidaksesi päästä Uuteen Jerusalemiin sinun tulisi olla Jeesuksen tavoin kuuliainen kuolemaan saakka jos tämä on Jumalan tahto. Jotkut teistä voivat kysyä itseltään "Minusta tuntuu että kuolemaan asti uskollisena oleminen on enemmän kuin mihin olen pystyväinen. Voinko silti saada viidennen tason uskon?"

Tällaiset tunnustukset ovat lähtöisin heikosta uskostasi. Opittuasi Uudesta Jerusalemista yksikään teistä ei tee tällaisia tunnustuksia, sillä teistä tulee toiveliaampia saamaan ikuinen elämä näin kauniissa paikassa.

Käytä mielikuvitustasi ja nauti Pyhän Kaupungin autuudesta ja sen ihanista piirteistä minun kuvaillessani lyhyesti Uuden Jerusalemin tunnusmerkkejä ja kunniaa

Uuden Jerusalemin kauneus

Jumala valmistelee ja koristaa Uutta Jerusalemia mitä kauneimmin tavoin samalla tavalla kuin morsian kaunistaa itseänsä kohdatakseen sulhasensa kauniina. Raamattu kertoo tästä Ilmestyskirjassa 21:20-11:

Ja hän vei minut hengessä suurelle ja korkealle vuorelle ja näytti minulle pyhän kaupungin, Jerusalemin, joka laskeutui alas taivaasta Jumalan tyköä, ja siinä oli Jumalan kirkkaus; sen hohto oli kaikkein kalleimman kiven kaltainen, niinkuin kristallinkirkas jaspis-kivi.

Tämän lisäksi myös kaupungin muuri oli tehty jaspis-kivestä ja tässa kaupunginmuurissa oli kaksitoista porttia. Nämä kaksitoista porttia on tehty helmestä ja jokainen näistä porteista muodostuu yhdestä kokonaisesta helmestä. Lisäksi kaupungin leveät kadut on valmistettu niin puhtaasta kullasta että se muistuttaa läpikuultavaa lasia. (Ilmmstyskirja 21:11-21).

Miksi Jumala on valinnut kuvailtavaksi kadut ja kaupunginmuurit kaikkien muiden mahtavien ja kauniiden maamerkkien kustannuksella? Tässä maailmassa tätä kultaa pidetään kaikkein kallisarvoisimpana asiana ja monet tahtovat omistaa sitä. Ihmiset pitävät kullasta sillä se ei ole ainoastaan arvokasta mutta se ei myöskään koskaan menetä arvoaan edes aikojen kuluessa.

Uudessa Jerusalemissa jopa kadut, joiden päällä ihmiset kävelevät, on tehty kullasta, ja kaupunginmuuri on tehty erilaisista jalokivistä. Voitko kuvitella kuinka kauniita muut rakennukset muurien sisällä sitten ovat? Tämän tähden Jumala kuvaa tällä tavalla tien ja kaupunginmuurin.

Kaupunki ei myöskään tarvitse aurinkoa ta lamppujen valoa, sillä Jumalan valo antaa sille valoa eikä siellä ole koskaan yö. Siellä on Elämän Veden Joki, joka virtaa kristallinkirkkaana Jumalan valtaistuimen ja Karitsan luota kaupungin suuren tien mukana.

Toisella puolella Jokea on kultaisia ja hopeisia hiekkarantoja sekä elämän puu, joka kantaa kaksitoista hedelmäsatoa tuottaen hedelmiä joka kuukausi. Kaikkialla kaupunki on täynnä onnellisuutta ja rauhaa meidän Herramme Jeesuksen Kristuksen kirkkaan valon ja rakkauden ansiosta, joita kumpaakaan ei voida tämän maailman sanoilla kuvailla tarpeeksi.

Sinun ei tarvitse kuin nähdä nämä uskomattomat ja loistavat näkymät ja sinä haltioidut: kullasta ja jalokivistä tehtyjä kartanoita sekä läpikuultavia ja puhtaita kultaisia katuja jotka loistavat häikäisevästi. Tämä on maailma, jota emme osaa edes kuvitella, ja jonka kunniaa ja arvokkuutta ei voida mitata.

Eikä kaupunki tarvitse valoksensa aurinkoa eikä kuuta; sillä Jumalan kirkkaus valaisee sen, ja sen lamppu on Karitsa. (Ilmestyskirja 21:23).

Ja minä näin uuden taivaan ja uuden maan; sillä ensimmäinen taivas ja ensimmäinen maa ovat kadonneet, eikä merta enää ole. Ja Pyhän Kaupungin, uuden Jerusalemin, minä näin laskeutuvan alas taivaasta Jumalan tyköä, valmistettuna niinkuin mosian, miehellensä kaunistettuna. (Ilmestyskirja 22:1-2).

Ketä varten on sitten näin kaunis Uusi Kaupunki valmistettu? Jumala on tehnyt Uuden Jerusalemin valmiiksi pelastettujen sielujen joukossa olevia Hänen todellisia lapsia varten, jotka ovat yhtä pyhiä ja täydellisiä kuin Hän itse. Tämän tähden Hän kehottaa meitä olemaan täysin pyhitettyjä, sanoen: *"Karttakaa kaikenlaista pahaa"* (1. Tes. 5:22), *"Olkaa pyhät, sillä minä olen pyhä"* (1. Piet. 1:16), ja *"Olkaa siis täydelliset, niinkuin teidän taivaallinen Isänne täydellinen on."* (Matteus 5:48).

Vaikka ihmiset olisivatkin täysin pyhitettyjä, osa heitä pääsee Uuteen Jerusalemiin osan jäädessä taivaan Kolmanteen

Kuningaskuntaan riippuen siitä, kuinka samankaltaisia he ovat Herran sydämen kanssa ja kuinka paljon he saavuttivat sille teoillaan. Ihmiset jotka pääsevät Uuteen Jerusalemiin eivät ole vain pyhitettyjä, mutta he ovat myös miellyttäneet Herraa ymmärtämällä Hänen sydäntään ja olemalla kuuliainen kuolemaan saakka Hänen tahtonsa mukaisesti.

Kuvittele, että perheessä on kaksi poikaa. Eräänä päivänä perheen isä saapuu kotiin töistä ja sanoo olevansa janoinen. Vanhempi pojista tietää isänsä pitävän virvoitusjuomista, joten hän toi tälle limonadin. Tämän lisäksi hän antoi isälleen hieronnan ja auttoi tätä rentoutumaan. Nuorin poika kuitenkin toi hänelle vain kupillisen vettä ja meni sitten huoneeseensa opiskelemaan. Kumman näistä kahdesta luulet saaneen isän tuntemaan olonsa mukavammaksi ja tyytyväisemmäksi tuntemalla isänsä niin hyvin? Toki tämä oli vanhempi poika.

Samalla tavoin ne, jotka pääsevät Uuteen Jerusalemiin ja ne, jotka pääsevät taivaan Kolmanteen Kuningaskuntaan, eroavat toisistaan siinä kuinka paljon he ovat miellyttäneet Jumalaa ja kuinka uskollisia he ovat olleet kaikessa Jumalan sydäntä ymmärtäen.

Jeesus kutsuu uskon viidettä tasoa Jumalaa miellyttäksi uskoksi saadakseen sinut ymmärtämään syvemmin Jumalan tahtoa. Jumala kertoo meille, että Hän on hyvin tyytyväinen ihmisiin, jotka ovat pyhitettyjä uskolla. Jumala sanoo, että Hän iloitsee niistä, jotka ovat innokaita pelastamaan ihmisiä evankeliumin levittämisen kautta. Jumala sanoo, että ne jotka ovat uskollisia Hänen kuningaskuntansa laajentamisessa ja vanhurskaudessa, ovat rakkaita Hänen silmissään.

Kullan tai vanhurskauden kruunu

Kullan tai vanhurskauden kruunu annetaan palkintona Uuden Jerusalemin ihmisille. Nämä kruunut ovat taivaan kruunuista kaikkein kunniakkaimpia ja niitä pidetään vain erikoistapauksissa, kuten suurten juhlien aikana.

Ilmestyskirja 4:4 sanoo meille: *"Ja valtaistuimen ympärillä oli kaksikymmentäneljä valtaistuinta, ja niillä valtaistuimilla istui kaksikymmentäneljä vanhinta, puettuina valkeihin vaatteisiin, ja heillä oli pääsään kultaiset kruunut."* Kaksikymmentäneljä vanhinta saavat istua Jumalan valtaistuimen ympärillä. Tässä "vanhimmilla" ei viitata niihin, jotka omasivat vanhimman aseman kirkossa vaan ihmisiin, joiden on tunnustettu seuranneen Jumalan sydäntä. He ovat täysin pyhitettyjä ja he ovat rakentaneet sekä näkyviä pyhättöjä että näkymättömiä pyhättöjä sydämiinsä.

Luvuissa 1. Kor. 3:16-17 Jumala kertoo meille, että Hänen Henkensä pitää meidän sydämiämme temppelinä. Sen tähden Hän "tuhoaa" jokaisen, joka häpäisee tätä pyhättöä. Näkymättömän pyhätön rakentaminen sydämeen tarkoittaa hengelliseksi ihmiseksi tulemista syntisi pois heittämällä, ja näkyvän pyhätön rakentaminen tarkoittaa velvollisuuksiesi kokonaan täyttämistä tässä maailmassa.

"Kaksikymmentäneljä" viittaa kaikkiin niihin ihmisiin, jotka eivät vain astu pelastuksen porteista sisään uskon avulla kuten Israelin kaksitoista heimoa, mutta jotka ovat myös täysin pyhitettyjä niinkuin Jeesuksen kaksitoista apostolia. Koska sinut tunnustetaan Jumalan lapseksi uskosi tähden sinusta tulee yksi Israelin ihmisistä, ja tämän lisäksi sinä voit astua Uuteen

Jerusalemiin jos sinä olet täysin pyhitetty ja uskollinen niinkuin Jeesuksen kaksitoista opetuslasta. "Kaksikymmentäneljä vanhinta" symboloi niitä, jotka ovat täysin pyhitettyjä, täysin uskollisia velvollisuuksissaan, ja jotka ovat Jumalan tunnustamia. Hän palkitsee heidät kultaisilla kruunuilla, sillä he omaavat uskon joka on yhtä kallisarvoista kuin puhdas kulta.

Lisäksi Jumala antaa vanhurskauden kruunun niille jotka eivät vain heitä pois syntejään, mutta jotka myös täyttävät velvollisuutensa apostoli Paavalin tavoin Häntä tyydyttävällä tavalla Jumalaa miellyttävän uskon avulla. Paavali koki monia vaikeuksia ja vainoja vanhurskauden tähden. Hän teki kaikkensa ja kesti kaiken uskossaan saavuttaakseen Jumalan valtakunnan ja vanhurskauden, oli hän sitten syömässä tai juomassa tai tekemässä mitä tahansa muuta; Paavali ylisti Jumalaa ja näytti Hänen voimansa minne tahansa hän menikin. Tämän tähden hän saattoi todistaa varmana: *"Tästedes on minulle talletettuna vanhurskauden seppele, jonka herra, vanhurskauden tuomari, on antava minulle sinä päivänä, eikä ainosataan minulle, vaan myös kaikille, jotka hänen ilmestymistään rakastavat."* (2. Tim. 4:8).

Me olemme puhuneet taivaasta, siitä kuinka sinä voit edetä sitä kohti, sekä taivaan eri asuinsijoista ja kruunuista, jotka palkitaan ihmisten henkilökohtaisen uskon määrän mukaan.

Minä rukoilen Jeesuksen Kristuksen nimessä, että sinusta tulisi viisas kristitty, joka halajaa katoavien asioiden sijasta ikuisia asioita, ja joka etenee uskossa kohti taivasta ja nauttii ikuisesta kunniasta ja onnellisuudesta Uudessa Jerusalemissa!

Kirjailija
Dr. Jaerock Lee

Dr. Jaerock Lee syntyi Muan'issa Jeonnam provinssissa, Korean Tasavallassa vuonna 1943. Kaksikymmenvuotiskautenaan Dr. Lee kärsi useista parantumattomista sairauksista seitsemän vuotta ja odotti kuolemaa ilman toivoa paranemisesta. Kuitenkin, eräänä kevätpäivänä 1974, hänen sisarensa vei hänet kirkkoon. Hänen polvistuessaan rukoilemaan elävä Jumala välittömästi paransi hänet kaikista hänen sairauksistaan.

Siitä hetkestä alkaen, jolloin Dr. Lee kohtasi elävän Jumalan tuon ihmeellisen kokemuksen kautta, hän on rakastanut Jumalaa koko sydämellään ja rehellisyydellään ja kutsuttiin vuonna 1978 Jumalan palvelijaksi. Hän rukoili kiihkeästi oppiakseen ymmärtämään Jumalan tahtoa ja saavutti sen täysin, sekä noudatti Jumalan kaikkia sanoja. Vuonna 1982 hän perusti Manmin kirkon Seoul'iin ja lukemattomia Herran töitä, mukaanlukien ihmeparantumisia ja ihmeitä, on tapahtunut hänen kirkossaan.

Vuonna 1986 Dr. Lee vihittiin papiksi Jeesuksen Sungkyal kirkon vuosikokouksessa Koreassa ja neljä vuotta myöhemmin hänen saarnojansa alettiin lähettää Australiaan, USAhan, Venäjälle, Filippiineille, ja muualle Far East Broadcasting Company'n, Asia Broadcast Station'in ja Washington Christian Radio System'in kautta.

Kolme vuotta myöhemmin 1993 Manmin Central Church valittiin yhdeksi "Maailman 50 parhaaksi kirkoksi" Christian World lehden (Amerikka) toimesta ja hän vastaanotti jumaluusopin kunniatohtorin arvon Christian Faith College'sta, Florida'ssa, USA'ssa, ja vuonna 1996 tohtorinarvon pappeudessa Kingsway Theological Seminary'sta, Iowa'ssa,

USA'ssa.

Vuodesta 1993 Dr. Lee on johtanut maailmanlähetystä monilla ulkomaan ristiretkillä, Tansaniassa, Argentiinassa, Ugandassa, Japanissa, Pakistanissa, Keniassa, Filippiineillä, Hondurasissa, Intiassa, Venäjällä, Saksassa, Perussa, Kongon Demokraattisesa Tasavallassa, ja New Yorkissa Amerikassa. Vuonna 2002 hänet nimitettiin "maailmanlaajuiseksi pastoriksi" Korean johtavien kristillisten lehtien toimesta hänen ulkomaisilla ristiretkillä tekemänsä työn johdosta.

Elokuu 2014 Manmin Central Church seurakunnassa oli yli 120.000 jäsentä ja 10.000 kotimaista ja ulkomaista sivukirkkoa ympäri maapalloa. Kirkko on tähän mennessä lähettänyt yli 123 lähettilästä 23 maahan, mukaanlukien Yhdysvallat, Venäjä, Saksa, Kanada, Japani, Kiina, Ranska, Intia, Kenia, ja monta muuta maata.

Tähän päivään mennessä Dr. Lee on kirjoittanut 93 kirjaa, mukaan lukien bestsellerit *Ikuisen Elämän Maistaminen Ennen Kuolemaa, Minun Elämäni, Minun Uskoni I & II, Ristin Sanoma, Uskon Mitta, Henki Sielu ja Ruumis, Taivas I & II, Helvetti* sekä Jumalan Voima. Hänen teoksiaan on käännetty yli 76 kielelle.

Dr. Lee on nykyisin perustaja ja presidentti lukuisissa lähetysorganisaatioissa ja yhdistyksissä. Hän on puheenjohtaja, The United Holiness Church of Jesus Christ; presidentti, Manmin World Mission; perustaja & johtokunnan puheenjohtaja, Global Christian Network (GCN); perustaja & johtokunnan puheenjohtaja, The World Christian Doctors Network (WCDN); ja perustaja & johtokunnan puheenjohtaja, Manmin International Seminary (MIS).

Minun Elämäni, Minun Uskoni I

Dr. Jaerock Leen omaelämäkerta, joka välittää lukijoilleen kauniin hengellisen aromin. Leen elämän on perustunut Jumalan rakkauteen hänen kerran koettua pimeyden tummat aaallot, sen kylmän ikeen ja syvimmän epätoivon.

Minun Elämäni, Minun Uskoni II

Lukemattomat ihmiset ovat maistaneet elämän sanaa ja ratkaisseet elämänsä ongelmia. Me näemme Jeesuksen elämän hänen uskossa ottamiensa askelten kautta, jotka hän otti katse ristiin suunnattuna.

Taivas I: Kristallinkirkas ja Kaunis

Yksityiskohtainen luonnos ihanasta elinympäristöstä, josta taivaalliset kansalaiset nauttivat Jumalan kunnian keskellä ja kuvaus koko taivaasta, joka muodostuu viidestä tasosta taivaallisia valtakuntia.

Taivas II: Täynnä Jumalan Kirkkautta

Kutsuu sinut uuden Jerusalemin pyhään kaupunkiin, jonka kaksitoista porttia ovat tehdyt kimaltelevista helmistä, ja joka on keskellä laajaa taivasta kimaltaen loistokkaasti kuin hyvin arvokkaat jalokivet.

Ristin Sanoma

Voimallinen herätysviesti kaikille niille jotka ovat hengellisesti nukuksissa. Tästä kirjasta sinä löydät Jumalan todellisen rakkauden ja syyn siihen että Jeesus on Pelastaja.

Helvetti

Vilpitön viesti koko ihmiskunnalle Jumalalta, joka ei tahdo yhdenkään sielun joutuvan helvetin syvyyksiin! Sinä löydät koskaan aikaisemmin paljastamattoman kuvauksen Helvetin julmasta todellisuudesta.